U0929494

旅游电子商务系列规划教材

# 旅游电子商务基础

TOURISM E-COMMERCE FOUNDATION

黄 崎 杜鑫可◆主 编

中国旅游出版社

# 前言 Foreword

我国新时代的旅游业发展更显现出国民对美好生活的向往与追求。2015年旅游业对国民经济的综合贡献度达到10.8%，对社会就业综合贡献度超过10.2%，标志着我国旅游业已经成为战略性支柱产业，我国的旅游业进入高速发展期。在旅游产业链上的景区建设、酒店业发展等已聚集成世界级规模效应。但行业的发展也面临着新技术与跨界竞争的严峻挑战。从国际视野看，高新技术发展与应用不断影响着各行各业的发展轨迹与前程。

在旅游业快速发展过程中，不得不提及电子商务在行业的应用以及为行业发展做出的贡献。旅游电子商务的应用具有创新性、引领性、跨越性和实用性。电子商务的应用为旅游行业跨越式、集约化、规模化发展提供了基础与可能。随着互联网技术、物联网、人工智能技术以及大数据分析应用技术的迅速发展与推广，旅游行业将进一步面临着转型升级的极佳机遇。在此背景下，我国的旅游教育更应该适应和引领行业的发展，为旅游行业输送优秀的专业人才。为此我们编写了这套旅游电子商务系列教材。本书是“第二批上海市属高校应用型本科试点专业——上海师范大学天华学院旅游管理专业”项目建设成果，是旅游电子商务方向七部理实一体化系列教材之一。本书以行业的实际应用为切入点，培养学生应用电子商务的综合能力。通过本教材的教学实践使学生能到旅游行业中参与电子商务的运营，在不断学习与实践的过程中引领电子商务的应用，为行业发展而服务。本书共有八章，由黄崎教授编写了第三、四、七、八章；杜鑫可讲师编写了第一、二、五、六章。教材结构新颖合理，符合旅游电子商务运营发展趋势。

本教材在编写过程中，难免存在疏漏，不足之处恳请各位专家和学者斧正，由衷感谢！

黄　崎　杜鑫可

2018年4月8日 于上海

# 目录 Contents

# 第一章　旅游电子商务

**【本章导读】**

本章从三个方面（旅游消费、旅游服务和旅游市场运行）介绍了电子商务在旅游中的应用，伴随旅游消费市场的不断扩大和电子商务的方兴未艾，我国的传统旅游行业和电子商务结合而涌现了大批旅游电商，通过比较当前优秀的旅游电商企业的案例，对旅游电商的发展现状及影响其发展的有利及不利因素做了分析，电子商务的范围波及人们的生活、工作、学习及消费等广泛领域，其服务和管理也涉及政府、工商、金融及用户等诸多方面。未来的旅游电商行业将逐步趋向高智能化和高集成化的发展方向，未来逐渐精分的旅游电商平台将获得快速发展，进而推动旅游市场的更加多元化趋势。

## 第一节　电子商务应用

改革开放以来，我国实现了从旅游短缺型国家到旅游大国的历史性跨越。我国旅游业取得了举世瞩目的成就，为中国社会经济发展做出重大贡献。"十二五"期间，旅游业全面融入国家战略体系，走向国民经济建设的前沿，国民经济战略性支柱产业基本形成。2015 年，旅游业对国民经济的综合贡献度达到 10.8%。国内旅游、入境旅游、出境旅游全面繁荣发展，已成为世界第一大出境旅游客源国和全球第四大入境旅游接待国。

根据《"十三五"旅游业发展规划》，"十三五"旅游业发展的主要目标如下。第一，旅游经济稳步增长。城乡居民出游人数年均增长 10% 左右，旅游总收入年均增长 11% 以上，旅游直接投资年均增长 14% 以上。到 2020 年，旅游市场总规模达到 67 亿人次，旅游投资总额 2 万亿元，旅游业总收入达到 7 万亿元。第二，综合效益显著提升。旅游业对国民经济的综合贡献度达到 12%，对餐饮、住宿、民航、铁路客运业的综合贡献率达到 85% 以上，年均新增旅游就业人数达 100 万人以上。第三，人民群众更加满意。“厕所革命”取得显著成效，旅游交通更为便捷，旅游公共服务更加健全，带薪休假制度加快落实，市场秩序显著好转，文明旅游蔚然成风，旅游环境更加优美。第四，国际影响力大幅提升。入境旅游持续增长，出境旅游健康发展，与旅游业发达国家的差距明显缩小，在全球旅游规则制定和国际旅游事务中的话语权和影响力明显提升。

“十三五”期间，我国旅游业处于黄金发展期、结构调整期和矛盾凸显期，也面临不少挑战。主要是旅游业发展的体制机制与综合产业和综合执法的要求不相适应，政策环境有待优化；旅游基础设施和公共服务明显滞后，补短板任务艰巨；游客的文明素质和从业人员的整体素质有待提升，市场秩序有待规范等。这些问题要在“十三五”期间重点加以解决。

据国家旅游局发布的数据显示，2016 年，国内旅游、入境旅游稳步增长，国内旅游总收入 3.9 万亿元，同比增长 14%；国际旅游收入 1200 亿美元，同比增长 5.6%。旅游经济继续领先宏观经济增长。仅 2017 年春节假期期间，据国家旅游局数据中心综合测算，1 月 31 日全国旅游接待总人数 3770 万人次，同比增长 14%；实现旅游收入 510 亿元，同比增长 16.3%。而国家旅游局此前公布，春节假日前四天全国旅游接待总人数累计 2.58 亿人次，同比增长 14.2%；实现旅游收入累计 3160 亿元，同比增长 16%。据此，2017 年春节假期前五天，全国旅游接待总人数已接近 3 亿人次，实现旅游收入累计达 3670 亿元。2016 年后我国的旅游业已步入发展的黄金时段，电子商务和网络产业也趋于成熟，网上消费市场商机无限。在此种背景下，旅游、电子商务、互联网络的迅速融合将不可避免，并创造出难以估量的价值，网络旅游将推动 IT 领域内互联网电子商务的迅速发展，也将为旅游业界带来新的生机。

## 一、电子商务在旅游消费中的应用

旅游者通过购买旅游产品来满足个人享受需要的行为和活动就是旅游消

费的过程。随着电子商务的兴起，旅游消费方式不断发生着变化。

（1）电子商务拓展了旅游消费的信息渠道。21 世纪的新型旅游者，已经不再满足于从传统渠道获得旅游消费的信息，他们渴望更迅速、更快捷、更方便的信息获取渠道，旅游电子商务恰恰符合这些特点。电子商务为旅游企业和消费者架起了一座沟通的桥梁。收集到个性化旅游需求的信息后，旅游企业可以在汇总的基础上推出旅游产品的不同组合，以满足不同旅游者的需求。

（2）电子商务引领了旅游消费的新趋势。旅游者渴望个性游、深度游，但面对旅游企业传统的信息发布方式和产品包装方式，他们无法获得足够的信息。但在旅游企业充分利用互联网以后，旅游者就可以事先对人文景观有充分的了解，可以达到更好的旅游效果。旅游者可以根据自身的特点和爱好，有选择地制定一些旅行线路，做到既游得尽兴，又节省了体力。

### 【延伸阅读 1-1】

#### 马蜂窝：全球首个“自由行之选”出炉

马蜂窝旅行作为中国领先的自由行服务平台，以“自由行”为核心，提供全球 60000 个旅游目的地的旅游攻略、旅游问答、旅游点评等资讯，以及酒店、交通、当地游等自由行产品及服务。马蜂窝的景点、餐饮、酒店等点评信息均来自数千万用户的真实分享，每年帮助过亿的旅行者制订自由行方案。“心若自由，行必无忧。”马蜂窝把庞大的用户流量与线下企业共享，“无佣金”的方式使合作伙伴不用砸钱买流量，从而节省高额的推广费用，共同致力于为消费者提供高性价比的自由行产品，实现用户、线下企业、马蜂窝平台三方共赢。马蜂窝旅行网为全球的自由行消费者提供靠谱、有爱、值得信赖的旅行信息，以帮助他们更好地进行消费决策，并获得高性价比的自由行产品及服务。

马蜂窝用户通过交互生成海量的内容，经由数据挖掘和分析，这些内容形成结构化的旅游数据并循环流动。马蜂窝依据用户偏好及其行为习惯，对应提供个性化的旅行信息、自由行产品交易及服务；全球的 OTA、酒店、邮轮、民宿、当地旅行社等旅游产品供应商通过马蜂窝的旅游大数据与消费者精准匹配，节省营销费用，并能获得不菲的收入。

马蜂窝自由行交易平台的出现，标志着个性化旅游——自由行时代的到来。业界通常将旅游划分为三个时代：“鼠标 + 水泥”的时代（以携程为代表）、垂直比价时代（以去哪儿为代表）、以“马蜂窝为代表”的个性化旅游的自由行时代。在移动互联网语境下，“自由行”的实质是旅游社交和旅游大数据，用户通过网络获取并分享旅游信息、产品和服务。

资料来源：马蜂窝，中国旅游研究院．全球自由行报告 2015［R］．

## 二、电子商务在旅游服务中的应用

旅行社作为现代旅游服务业的重要组成部分，具有适用电子商务得天独厚的条件，电子商务正在悄然改变着传统旅游服务的方式和内涵。

（1）在行前服务阶段，强化以信息服务为主的咨询与销售。在传统的旅游服务中，传递信息的手段有限，仅仅凭借电话、传真等手段，不仅信息传递量有限，其成本也阻碍沟通的继续进行。实施电子商务后，旅游企业将信息放在特定的网站中，有需求的旅游者通过主动搜索获取信息，这种信息传递的方式既迅速又充分，而且成本低。

（2）在实地旅游服务阶段，强化以信息化手段为支持的个性增值服务。随着旅游服务的发展和游客需求的变化，千篇一律的规范化服务已经不能满足游客的个性化需求。电子商务对这一问题提供了比较可靠的解决方案，即建立旅游企业客户数据库。游客的一些诸如年龄、职业、习惯、癖好及忌讳等个性化信息，可以看作对游客提供个性化服务的参考。旅游企业如果把这些信息记录存储下来，并做到及时更新和随时调用，那么在为游客提供个性化服务方面，旅游企业的服务能力将显著增强。

（3）在旅游活动结束后，强化与顾客的交流和再营销。旅游企业网站开辟 BBS，为企业和顾客的交流提供平台，既可以收集顾客的意见和建议，又可以为那些个性化服务未得到满足的顾客提供发泄渠道，从而减少负面影响。通过网站、BBS、微信公众号、QQ 群和电子邮件等方式，旅游企业还可以经常保持与顾客的联系，即时送达新产品和服务的信息。营销学认为，企业维系一个老顾客的成本不到赢得一个新客户成本的五分之一。电子商务为旅游企业创造出了这样一种可以维系老顾客的渠道，这既是一种服务过程，又是旅游服务的一种延伸，称为旅游企业营销的重要手段。

## 【延伸阅读 1-2】

### 途牛新推亲子专车接机　打造自助游个性化增值服务

2016 年 9 月，途牛推出在线定制个性化增值服务，途牛的用户不仅可以在线预订“三亚亲子专车接机”，还特别进行了卡通化装饰，配备 Hello Kitty、Mickey Mouse、叮当猫等主题坐垫及玩偶，还有儿童可免费享用的牛奶、小零食等。另外，途牛还为家长提供免费提行李、车内矿泉水、湿毛巾等特色服务，这些特色服务都可以通过在线提前预订，充分满足亲子出游用户需求。

“三亚亲子专车接机”其实只是途牛利用互联网实现亲子自助游个性化服务的一个缩影。针对亲子出游自助游用户，途牛还推出了亲子游产品品牌“瓜果亲子游”。“瓜果亲子游”为用户提供了多主题的跟团及自助游产品，在服务上，也以个性化元素满足亲子游用户需求，如酒店客房的亲子布置、餐饮的亲子摆盘、酒店内亲子活动设施等。

除了以个性化服务提升亲子出游用户体验，途牛还借助互联网技术，从多方面全面提升自助游用户体验。在接送机增值服务上，接送机被称为“自助游用户最后一公里”服务，用户通过飞机、火车等交通工具到达旅游目的地后，往往会发现，前往旅游景区可能会遭遇沟通障碍、排队等车等不便。接送机服务则可通过在线提前预订，有效解决自助游用户出游中“最后一公里”可能遭遇的问题。目前途牛已与国内知名汽车公司联合，在三亚推出一批带有途牛品牌形象的专车，配备专职司机，为途牛自助游用户提供在线预订的点对点服务。

在机票产品开发上，途牛与海航旅业旗下首都航空宣布开展深度战略合作，打造“首航途牛假期”高性价比“机票 + 地接”旅游产品，受到双方用户的热捧与好评。途牛机票频道开设了首都航空旗舰店，直连首航资源。近日，途牛再次与首都航空合作，推出带有途牛品牌形象的主题喷绘飞机，该飞机为全新 AirBus330-200 宽体机，将主要执飞跨洲国际旅游航线，为旅客带来更多的惊喜体验。

作为国内领先的在线休闲旅游品牌，途牛在持续保持跟团游领先的基础上开始加快布局自助游市场并已完成大交通“最后一公里”布局，实现了机票、火车票、汽车票和租车业务全覆盖，能够为自助游用户提供完善的出发地、目的地服务。

途牛还从多方面持续提升自助游用户体验。比如，亲子专车接机服务将陆续落地厦门、丽江、大理、成都、重庆等国内热门出游目的地。途牛还将为自助游用户提供目的地旅游管家服务，解决用户在当地食、行、娱等多方面的个性化需求。

资料来源：途牛小喇叭．途牛新推亲子专车接机 打造自助游个性化增值服务［EB/OL］．搜狐 http://www.sohu.com/a/115288482_386686，2016-09-29.

## 三、电子商务在旅游市场运行中的作用

电子商务为旅游市场的运行提出了新的挑战，加剧了旅游市场内部的竞争，还产生了电子商务税收、电子支付的安全、知识产权保护、旅游服务质量的约束等问题。但这些问题不能抹杀旅游电子商务对改造传统旅游市场的运作方式以及在推动旅游市场运行效率方面起到的巨大推动作用。

1. 电子商务降低了旅游市场的交易成本，提高了交易效率

首先，以互联网进行旅游产品推广，可以实现声音、图像和文字的同步传输，不但效率高，其成本也大大降低。其次，电子商务减少了旅游市场流通的中间环节，使企业和顾客直接沟通和交易更加便捷，因此市场经营成本得到有效控制。最后，电子商务增加了旅游市场的交易机会。旅游企业利用网络突破了传统交易的时空限制，企业可以实现全天候的营销模式而不增加额外的费用。互联网还使旅游企业轻松地把市场拓展到世界的任何地方，而不需要与海外旅游企业建立合作关系甚至设立海外办事处。

2. 电子商务扩大了旅游企业的市场空间

传统的旅游服务推广的是规范化的旅游产品，因为这样才能最大限度地降低成本。而在旅游电子商务平台上，旅游者可以根据自己的需求随意组合各种旅游产品，并且可以查询有多少游客与自己有同样的需求。对于旅游企业来说，本来个性化的散客旅游服务，反而成为一种团队的个性旅游服务产品。

3. 电子商务增进了旅游企业的市场机会

网络营销可以吸引一部分新游客，也可以吸引那些传统营销产品无法满足个性化需求的顾客。顾客可以根据自身需要和企业进行沟通，这本身就是一个新的市场机会。例如，我国的航空公司每年运营的航班数量非常可观，而盈利却显得艰难。原因是，以旅行社为主体的代理商过分压低了机票票价。

为了让航空公司能获得应有的利润，改变航空公司受旅行社制约的环境，航空公司正努力通过自有网站销售机票的直接渠道及电子商务所构建的新型中间商来主导机票的销售，实现航空公司的机票主导行为。

## 第二节 电子商务应用发展

### 一、旅游电商行业的发展现状

伴随旅游消费市场的不断扩大和电子商务的方兴未艾，我国的传统旅游行业和电子商务结合而涌现了大批旅游电商，它们主要是通过电子信息技术调整、调度旅游市场，促进旅游市场的资源整合和深度开发，更好地为消费者提供旅游产品及相关服务，甚至可以提供一站式消费，如携程、途牛等平台，从出行、就餐到观览、住宿，为消费者提供了一整套实惠和完善的消费服务，极大程度上带动了整个旅游电商市场的细分、发展和完善。

目前，我国旅游电商行业基本上采用两种形式：一种是在传统旅游基础上建立的旅游社交网站，如网易旅游频道；另一种是专做旅游服务的门户网站，如携程网、同程网等，这类门户网站通常还有移动手机端的 App，两种形式并无根本上的优劣之分，都是当前旅游市场和电子商务快速发展而结合的产物。

此外，当前旅游行业仍然处于生机勃勃的发展阶段，很多风投、电商都开始涉足旅游行业，特别是旅游电商行业的竞争较为激烈，比如驴妈妈、去哪儿、携程、同程、途牛、阿里去啊、去玩吗等电商平台，它们囊括了机票、酒店、餐饮、门票甚至车辆租赁等方面，不仅有专门的门户网站，也有自己的手机应用 App，就当前中国人民消费水平的日益增长现状来看，未来的旅游电商行业依旧是一片蓝海。但是，如何在需求不断多元化的旅游市场给消费者提供更优质的服务、树立行业口碑，却是目前大部分电商平台的短板，更是当前旅游电商行业面临的发展拐点。

### 二、影响旅游电商行业发展的因素分析

1. 有利因素

其一，旅游与其他行业相比，具有更强的可分享性和可参与性。与电子

商务结合，更有益于旅游产品的宣传和推广，而且旅游不像普通产品那样经过复杂的生产、销售和配送，通过电商平台将产品信息整合即可传达给目标人群，特别是现在 B2B、B2C 等类型电商平台的增多，更方便了旅游行业的电子商务化。根据 2016 年艾瑞咨询数据显示，中国居民过去半年有过出游行为的比例达到了 89.7%，有 71.5% 的人群是通过电商平台获得了信息并购买产品，由此可见旅游电商平台在普通大众中的使用率。

其二，旅游电商行业非常适宜推广运营以散客、小团体等为主体的旅游市场，可以提供更加个性化和人性化的旅游服务。比如驴妈妈的散客游，通过在线购买即可拼成一定人数的散团，借助这种方式把需要购买某种旅游产品的群体都集中起来，这对旅游产品的买卖双方而言都是极为快捷、实惠的运作方式。

其三，旅游电商平台的产品和服务具有得天独厚的价格优势。可以说旅游电商行业是一个进行多方面资源整合的行业，通过电子信息技术降低了旅游企业自身的运行、宣传、销售成本，克服了传统旅游行业宣传度小、覆盖面窄、复购率低等劣势，有利于形成旅游品牌，如我们众所周知的携程、同程、驴妈妈等旅游电商。

2. 不利因素

其一，我国旅游电商市场的集中度过高。携程、途牛、去哪儿、阿里去啊等平台把持着较大的市场份额，而驴妈妈、芒果等最新发展的在线旅游品牌则处于相对弱势的地位，因此，如何利用自身优势开发旅游市场仍然是今后旅游电商行业的重要课题。

其二，整个旅游电商行业的品牌意识薄弱。不少电商平台尤其是新兴的电商平台，大部分会以携程、去哪儿等最先发展起来的旅游电商为蓝本进行网站建设，从而产生了雷同和重复，网站缺乏个性，旅游产品的亮点和特色匮乏，无法在激烈的旅游电商行业立于不败之地。

其三，不少旅游电商的移动 App 下载量少，无法进行有效宣传。由于专业运营人才、产品经理等的缺乏，不少电商平台建成 App 后，不懂得如何引流，甚至产品信息的更新不及时、不完整，从而使得下载量少，使用率低，也就无法完成收益转化，没有能够充分发挥移动电商平台的优势。

其四，旅游电商行业普遍存在信任危机。由于我国旅游电商行业的产品价格高低不等、产品信息不对称等问题，消费者对电商平台存在质疑，特别是新兴电商平台如雨后春笋般地涌现，产品和服务信息更加多样，加之不少电商平台的网站信息更新慢、服务反馈不良等因素，导致消费者对电商平台的信心下降。

此外，旅游电商行业还存在网上交易纠纷、法制不健全、网络支付安全等问题，所以说我国旅游电商行业的发展还处于初级阶段，在很多方面发展还不够完善，有待于进一步改进和提升。

【延伸阅读 1–3】

## 传统旅游企业“电商”路上的种种艰辛

在湖北，较早开发电子商务的，大多起步于2000年前后，经过10多年的发展，有的已经完全转型成为线上旅游企业，有的尝到了电子商务的种种实惠，有的仍是步履蹒跚。

武汉春秋国际旅行社曾经是一家有着多个门市的传统旅行社。2001年，他们招募了一批计算机人才，成立了电子商务部，投入大量资金，开始信息化建设。从最初的“无纸化办公”到“企业综合信息化管理”，从简单的静态展示型网页到实时更新、在线支付的电子商务平台。2008年，武汉春秋关闭了最后一家“门市”，完成了从传统旅行社向现代化电子旅行社的转型。目前，武汉春秋的主要业务包括三块：即批发业务、单项预订、自由行。靠着这三项业务，武汉春秋2011年营业收入突破了2亿元。

同样起步较早的还有宜昌的顺达国际旅行社。2000年，他们就成立了电子商务部，发展线上旅游。由于起步早，宜昌顺达抢注了“三峡”中文拼音的域名，这不仅给网站带来了很高的搜索度，也带来了大批三峡周边的直客地接业务。此外，湖北中国青年旅行社、宜昌峡州国际旅行等湖北省内大型旅行社也多于2003年至2005年起步发展电子商务。

尽管电子商务前景诱人，但是旅行社自主发展电子商务还存在诸多困难和风险。主要表现在投入和推广成本高，盈利模式单一，盈利能力不强等。发展电子商务需要投入大量人力、物力和财力，尽管建设一个专属的初级电子商务平台可能只需要几十万元，但是对于利润微薄的中小旅行社而言，建设和维护费用，仍然令其却步。旅行社，特别是中小型旅行社网站因没有知名度，在热门搜索引擎中的竞价排名不高，很容易在浩如烟海的互联网世界中被淹没。为了在热门搜索引擎排名靠前，每年投入的推广费高达百万元，一年下来，电子商务平台赚的钱全给了搜索引擎，旅行社无利可图。如果不在搜索引擎做推广，行不行？对此，有业内人士称，“旅行社网站在专业搜索引擎做推广，不做叫‘等死’，做了叫‘找死’。不做，排名上不去，无人问津，无异于等死。做推广，价格太高，成本增加，就叫‘找死’”。

为了应对这种“给钱就排在前面，不给钱就排在后面”的情况，某旅游公司建了 4 个网站，成为一个网站群，“一个网站倒下，另一个网站还有可能在前面”。

还有一个不争的事实就是，尽管旅行社热心发展电子商务，但大多数旅行社电子商务的盈利能力并不高。“10%~15% 是比较客观的情况”，一位旅行社负责人在回答记者提出的关于电子商务占传统旅行社盈利总量的比例时这样说。“许多旅行社网站设计没有新意，卖的产品也都是一些传统组团产品，根本就没有真正研究网络营销的特点，没有推出适合网上销售的产品，所以收不到很好的销售效果”，这位负责人表示。由此可见，如何提升盈利能力，仍然是有待旅行社破解的难题。

资料来源：李玲．传统旅游企业“电商”路上的种种艰辛［EB/OL］．中国旅游报·第一旅游网 http://news.cncn.com/183890.html，2013-02-05.

## 第三节　电子商务应用范畴

由于商务活动时刻运作在我们每个人的生存空间，因此，电子商务的范围波及人们的生活、工作、学习及消费等广泛领域，其服务和管理也涉及政府、工商、金融及用户等诸多方面。互联网逐渐渗透到每个人的生活中，而各种业务在网络上的相继展开也在不断推动电子商务这一新兴领域的昌盛和繁荣。电子商务可应用于小到家庭理财、个人购物，大至企业经营、国际贸易等诸方面。具体来说，其内容大致可以分为三个方面：企业间的商务活动、企业内的业务运作以及个人网上服务。

电子商务系统作为信息流、物流、资金流的实现手段，应用极其广泛，尤其适用于以下范畴：

（1）国际旅游和各国旅行服务行业，例如旅店、宾馆、饭店、机场、车站的订票、订房间、信息发布等一系列旅游服务。

（2）传统的出版社和电子书刊、音像出版部门。

（3）网上商城：批发、零售商品，汽车、房地产、拍卖等的交易活动。

（4）Web 工作站和工作网点。

（5）计算机、网络、数据通信软件和硬件生产商。

（6）无收入的慈善机构。

（7）进行金融服务的银行和金融机构，持有各种电子货币或电子现金者（如电子信用卡、磁卡、智能卡、电子钱包等持有者）。

（8）政府机关部门的电子政务，如电子税收、电子商检、电子海关、电子政府管理。

（9）信息公司、咨询服务公司、顾问公司、进行小规模现金交易的金融组织和证券公司。

（10）分布于全世界的各种应用项目和服务项目等。

旅游业是信息密集型和信息依托型产业，对电子商务具有天然的适应性。旅游业是全球最早和最广泛发展电子商务的行业之一，网络旅游已经成为全球电子商务的第一行业。旅游业应用信息技术和网络技术发展电子商务，进行网络营销，已经受到了业界的普遍关注。据艾瑞咨询数据显示，2016 年我国旅游电商品牌综合评价指数前三名分别为携程 79.6%、途牛 75.8% 和去哪儿 74.5%，各企业仍然存有较大的上升空间，但不可否认，旅游电商化为传统旅游市场带来了创新性的变革。

整体来看，未来的旅游电商行业将逐步趋向高智能化和高集成化的发展方向，一方面，未来可以通过旅游资源的整合提供更加具有个性化、创新性的旅游产品和服务，满足更加多元化的市场需求；另一方面，未来将有更加智能的旅游系统如 VR 技术、GIS 技术等应用广泛地适用于旅游电商行业，而且移动电商将会成为未来旅游电商行业的总趋势，以真正实现以人为本的旅游服务，满足旅游市场中各类消费需求和品质化服务；同时，在旅游电商市场的诱惑之下，各旅游电商平台都想从中分得更大的蛋糕，迅速抢占市场份额，而未来逐渐精分的旅游电商平台将获得快速发展，进而推动旅游市场的更加多元化趋势，所以说，旅游电商的未来，谁想争得更多的利益，最关键的是产品品质和服务，谁更优秀谁就能够胜出。

## 【延伸阅读 1–4】

### 阿里旅行未来酒店 2.0 创新极致体验

作为阿里旅行未来战略的重大跨越，未来酒店 2.0 实现了从用户端到资源端，从酒店产业运营链条到行业生态的全方位打造，其目标不仅是让用户的体验更加极致、酒店的运营更加智能，更希望树立未来酒店的行业标杆，共享未来酒店开放平台。阿里旅行未来酒店推出的“信用住”免押金、免查房、免排队，为用户带来前所未有的入住体验，成为行业新标杆。而这次升级到 2.0 的未来酒店，离店提前预约水单发票、在线选房、智能门锁以及自助 check–in，则再次将在线住宿的用户体验做到了新极致。

阿里旅行还将把时下大热的 VR 虚拟现实技术引进在线选房。届时，在阿里旅行 App 上，用户可通过内嵌的 VR 功能，身临其境地感受从大堂到客房的场景，相比传统的 360 度全景图片的客房环境展示，VR 选房临场感更加真实，效果震撼。而这一切，仅凭一部手机，将在阿里旅行 App 上轻松体验。阿里旅行 VR 选房是阿里旅行与阿里巴巴 VR 实验室合作下的创新，将是阿里旅行再次整合阿里创新生态树的成果。

自助 check–in 和智能门锁已成为智能酒店的标配。在阿里旅行未来酒店 2.0 的设计中，将对这两项“高科技”进行革命性的创新尝试，创造性地将“身份信息定向授权 + 虚拟身份证 + 人脸身份特征证明”融合，只需刷脸即可办理入住，并凭安全码打开房间的智能门锁，使得入住流程更加安全、快捷。

随着阿里旅行未来酒店 2.0 的发布，未来酒店营销、结算管理、收益等酒店运营系统也随之升级到 2.0 未来酒店的全面升级，革新了酒店自己运营酒店的最后一米。从用户体验到运营管理，从互联网技术到营销工具，未来酒店 2.0 将建立起新一代的酒店行业服务、技术、营销与管理系统的行业标准，在这个标准之上，除了物业与品牌，其他的互联网运营都可以交给未来酒店系统运营。随着未来酒店战略升级至 2.0，阿里旅行在酒店行业不断技术创新，越来越呈现出影响全生态的互联网电商格局。

资料来源：阿里旅行发布未来酒店 2.0 创新极致体验［EB/OL］. 中国新闻网，http://www.chinanews.com/life/2016/05–19/7876217.shtml，2016–05–19.

# 第二章　旅游电子商务概述

**【本章导读】**

本章首先介绍了电子商务运营的几种分类模式，旅游电子商务按照不同的标准，有多种分类方法。本章重点介绍按照旅游电子商务的交易类型分类，以及线上线下结合实现旅游电子商务的模式类型。随着政府“互联网+”行动计划的提出，互联网日益与各个产业深度融合，推动各个产业内企业营销模式创新发展，我国旅游企业与互联网的结合速度也明显加快，在此分析我国旅游企业实施电子商务的运行特点以及实施意见。近年来，旅游市场快速扩大，旅游已成为居民生活的重要组成部分。推动旅游景区和酒店营销模式与电子商务深度融合，促进旅游产业的供应侧改革，创新营销模式，对扩大旅游消费、促进旅游景区和酒店适应“互联网+”具有重要意义。

## 第一节　电子商务分类

20世纪80年代以来，伴随着互联网的高速发展和普及，以此为基础的电子商务应运而生，并以惊人的速度蓬勃发展。作为国民消费的重要组成部分，旅游也不可避免地受到了互联网经济的影响，电子商务已经逐步渗透到旅游业的各个角落。

### 一、电子商务概述

电子商务是利用微电脑技术和网络通信技术进行的商务活动。各国政府、学者、企业界人士根据自己所处的地位和对电子商务参与的角度和程度的不同，给出了许多不同的定义。但是，电子商务不等同于商务电子化。

电子商务即使在各国或不同的领域有不同的定义，但其关键依然是依靠着电子设备和网络技术进行的商业模式，随着电子商务的高速发展，它已不仅仅包括其购物的主要内涵，还应包括物流配送等附带服务。电子商务包括电子货币交换、供应链管理、电子交易市场、网络营销、在线事务处理、电子数据交换（EDI）、存货管理和自动数据收集系统。在此过程中，需要利用的信息技术包括互联网、外联网、电子邮件、数据库、电子目录和移动电话。

电子商务通常划分为广义和狭义的电子商务。狭义电子商务（Electronic Commerce，EC）所强调的是“Internet”和“交易”，是基于互联网的、以商品交换为中心的商务活动。而广义电子商务（Electronic Business，EB）定义为使用各种电子手段，包括生产、流通、交易等环节从事的商务活动。这些电子手段包括从初级的电报、电话、广播、电视、传真到计算机、计算机网络，到NII（国家信息基础结构—信息高速公路）、GII（全球信息基础结构）和现代网络等现代系统。而商务活动是从泛商品（实物与非实物，商品与非商品化的生产要素等）的需求活动到泛商品的合理、合法的消费除去典型的生产过程后的所有活动。它不仅有网上交易还包括供应链管理（SCM）、客户关系管理（CRM）、企业内部管理（OPS）等。

无论是广义的电子商务的概念还是狭义的电子商务的概念，都涵盖了两个方面：一是离不开互联网这个平台，没有了网络，就称不上电子商务；二是通过互联网完成的是一种商务活动。两者的区别在于：

（1）在电子技术的应用方面，广义的电子商务EB比狭义的电子商务EC包含的范围广。

（2）在商务活动的涵盖内容上，广义的电子商务冲破了电子商务只是网上交易的局限。EB比EC包含的内容多，不仅在商业领域，而且包括政务、金融、出版、服务、教育、医疗等。

随着电子商务应用领域的不断扩大和信息服务方式的不断创新，电子商务模式的类型也层出不穷，在电子商务活动中，一般可分为代理商、商家和消费者（Agent，Business，Consumer，ABC），按此可分为以下8种类型：企业对企业（Business to Business，B2B），企业对消费者（Business to Consumer，B2C），个人对消费者（Consumer to Consumer，C2C），企业对政府（Business to Government），线上对线下（Online To Offline，O2O），商业机构对家庭（Business To Family），供给方对需求方（Provide to Demand），门店在线（Online to Partner，O2P），其中主要的有企业对企业（Business-to-Business），企业对消费者（Business-to-Consumer）2 种模式。消费者对企业（Consumer-to-Business，C2B）也开始兴起，并被马云等认为是电子商务的未来。

随着市场经济体制的进一步完善，推进经济增长方式转变和结构调整的力度继续加大，发展电子商务的需求将会更加强劲。电子商务将被广泛应用于生产、流通、消费等各领域和社会生活的各个层面。这将促使全社会电子商务的应用意识不断增强，有关电子商务的政策、法律、法规将不断出台，电子商务发展的政策法律环境将不断完善。同时，也促使物流、信用、电子支付等电子商务支撑体系建设更全面地展开，从而使电子商务发展的内在动力持续增强。

## 二、旅游电子商务的定义与内涵

旅游电子商务是电子商务在旅游业这一具体产业领域的应用，是通过现代网络信息技术手段实现旅游商务活动各环节的电子化，包括信息发布、电子交易、信息交流、客户管理、网上预订和支付、售前售后服务，也包括旅游企业内部的电子化及管理信息系统的应用，利用信息技术改造商务流程，从而高效地开展旅游服务。旅游电子商务开始于互联网诞生之前的 EDI 时代，并随着互联网的普及而飞速发展，移动网络、多媒体终端、语音电子商务等新技术的发展不断丰富和扩展着旅游电子商务的形式和应用领域。

中国旅游电子商务网站从 1996 年开始出现，目前具有一定旅游资讯能力的网站已有 5000 多家。其中专业旅游网站 300 余家，主要包括地区性网站、专业网站和门户网站的旅游频道三大类。虽然电子商务运用于旅游业仅有数年的时间，但是其发展势头十分强劲。电子商务已经成为信息时代旅游交易的新模式。

这是个社会分工日益明细的社会，专业不仅表现在技术上，在市场布局上也是一样。就像“国美电器”及一些大型超市一样，形成了一大批强大的专业卖场，并打出了品牌、赢得了口碑，从而形成了人流量，带动了销售，这就是专业市场的最大好处。现在的旅游电商处于非常初级的阶段，就像是个蹒跚学步的婴儿，电子商务的发展将经历三个阶段。

第一阶段:“处理存货阶段”。这是工业3.0将要终结时出现产能过剩引起的。新出现的互联网业态从一开始面世，就承担起“处理和解决工业化时代不可避免的库存”的重任。“存货”就是个关键词。

举例：淘宝卖的商品是个性化的吗？不是，卖的是存货；携程卖的度假线路是个性化的吗？也不是，卖的也是存货，供应商只是利用携程作为收客渠道。在这个阶段的电子商务收获了第一轮“互联网红利”。一边是工业化时代遗留下来的过剩产能和库存，一边是在工业时代未被解放的旺盛需求。“连接”产生巨大红利。

第二阶段：电子商务成为常规渠道，就好比人类都吃上熟肉的阶段。产和销进入了深层次的沟通，信息化成为理所应当的必然状态。

第三阶段：智能化时代，产能过剩已成为历史名词，有需要才生产。我们也可以简单理解为C2B或C2F，有定制才做产品，广泛意义上的云工厂出现，信息化和自动化的程度已经消灭了一般意义上的专业分工，云工厂什么都能做。

目前的旅游电商基本都属于工业3.0时代，是“第一阶段”的老电商，售卖的都是行业遗留库存，未能改造旅游产业链。他们要想进入后面几个阶段，因其底层的商业模式限制，即便换汤也换不了药。旅游业势必出现工业4.0时代的“新电商”，去解决“旺盛的个性化需求”和“过剩的个性化服务者”碰撞后产生的巨大市场红利。一帮一游没有杜撰什么新模式，只是使用了几十年沿袭下来的，本就是行业特定的服务模型。一边是完全过剩的旅游从业人员资源，一边是旺盛的个性化需求，其中巨大的市场红利不言而喻。在这其中，对于“商业模式”的判断就成为基本要素，凭空想象的模式无法承接整个行业的升级体量。

## 第二节 电子商务模式

旅游电子商务按照不同的标准，有多种分类方法。这里重点介绍按照旅游电子商务的交易类型分类，以及线上线下结合实现旅游电子商务的模式类型。

## 一、按交易类型分类

1. B2B

B2B（Business to Business）模式指旅游商家之间的电子商务交易，是依托互联网，旅游同业间的交易平台，其基本功能是通过信息化手段，聚合供应商和经销商，打通双方的信息不对称，便于双方进行交易。旅游业是一个由众多子行业构成，需要各个子行业协调配合的综合型产业，食、住、行、游、购、娱各类旅游企业之间存在复杂的代理、交易、合作关系。B2B 电子商务的实现大大提高了旅游企业间的信息共享和对接运作效率，也提高了整个旅游业的运作效率。

近两年，旅游圈、八爪鱼、蜘蛛旅游网等旅游 B2B 同业平台先后获得亿元人民币以上融资以及欣旅通 1.95 亿元被腾邦国际收购的消息接踵而来，中国旅游市场燃起的熊熊烈火正越烧越旺，而 B2B 平台的快速崛起正是给在线旅游行业浇了桶油。这种交易模式主要包括旅游电子信息公布、旅游网上谈判、旅游商品交易三个部分。旅游电子信息公布采用了网络信息检索方式向各旅游企业发布相关信息；网上谈判一般采用网络可视电话和网络安全数据传输相结合的方式，一旦签订旅游合同就可以进入旅游产品交易阶段。

从旅游行业的整体情况来看，2015 年中国旅游市场规模预计超过 40 亿人次，旅游已成为刚性需求，成为改善民生的重要内容，旅游对就业的贡献率将超过 9%，未来五年，中国旅游业将帮助 1200 万人口摆脱贫困。2014 年中国旅游总收入 3.3 万亿元，在线旅游渗透率 8.5%，预计到 2016 年在线旅游渗透率将超过 10%，但年均增速不足 1%，远低于我国互联网网民的平均增速。由此可见，旅游行业在未来仍然会有稳定的增长，不断涌现的新模式也会是投资领域关注的热点，作为旅游行业的 B2B 平台来说，打通产业链各个环节，加快资源整合效率，对于提升旅游行业的线上渗透率有极大帮助。

旅游产业是比较典型的现金流充裕、低毛利、资源分散行业，随着公款出国的减少，中国民众旅游热情的提升，对旅游产品的需求逐渐向个性化、碎片化转移，目的地产品库存单位（SKU）多而分散，更加需要 B2B 平台的交易整合。在旅游产业里，对于 B2B 平台来说，无论切的是哪一段市场，其根本目的就是线上交易提升两端服务效率，通过互联网改造降低原有的人力和营销成本，缩短产业链，从而达到新的利润分配体系，做旅游经济运转的效率放大器。

目前旅游 B2B 平台主要有三种模式。

第一种是渠道运营模式，例如旅游百事通，通过加盟门市的方式聚集供应商和分销商形成分销体系，但这种模式不够开放和中立，只是参与了交易结算。

第二种是供应商或联盟自建模式，例如驰誉旅游，通过吸引原有的经销商在系统上查询下单，这种模式仍然是把线下业务放到线上，从而形成 B2B 平台的自我催眠，参与度和地域性是限制其发展的瓶颈。

第三种是开放平台模式，如旅游圈和欣旅通。这种同业交易平台通过整合形成了交易闭环和旅游生态圈，是未来在线旅游的趋势之一，从 B2B 和 B2C 的角度看，分为由 B2B 向 C 端拓展和 B2C 向 B 端拓展两种。

对于现有的旅游 B2B 平台来说，单做撮合或者形成一定程度的交易闭环的系统能力都远未达到真正的 B2B 平台所需要达到的效率需求，也由于庞大的线下门店体系，实时库存以及相应速度跟不上旅游产品的分销节奏，可能是现在最大的问题。

当然，我们也看到有类似“欢逃游”项目这种旅游分销体系 2.0 版本 GDS（全球分销系统）出现在市场上，利用 2.0 分销系统完成对碎片化境外旅游产品的快速整合，降低人员值守成本。

除此以外，在线旅游平台也势必受到传统旅游平台的挤压，在产品资源、获客渠道、信息不对称等问题上存在一定难度，而在未来行业资源更加集中的情况下，中小旅行社减少也会对旅游 B2B 形成一定的冲击。

纵观旅游市场，未来行业的大整合是个必然趋势，无论是从大交通、住宿向餐饮、娱乐产品的横向业务范围拓展，还是从目的地旅游产品供应商到客户的纵向产业链扩张，甚至是从国内到全球的旅游产品拓展，值得旅游产业整合的环节还给 B2B 平台留有非常大的市场空间。

对于目前的 B2B 旅游平台来说，已有旅游圈、八爪鱼、欣旅通这种跑在前面的具有一定规模的平台，但并不意味着就没有新模式新平台崛起的机会。评估旅游 B2B 的项目，核心是团队，具有切入机会的可以从信息技术、资源把控和资金变现三个维度去衡量，如果具有强大的竞争力，旅游 B2B 市场依然巨大，可取代的空间依然存在，至于是否能够在这块虎视眈眈的肥肉里揩到油水，就看各个项目“八仙过海，各显神通”的本领了。

## 【延伸阅读 2-1】

### B2B 旅游平台“悠比旅行”：灵活整合资源，低价高质提供境外服务

旅游 B2B 在 2015 年迎来高峰，但由于其过长的上下游产业链条，让很多缺乏经验与资源的平台难以把控，只能通过高额返点或补贴营造一时的“繁荣”假象。而悠比旅行却是一个面向境外供应商，灵活整合上下游资源的 B2B 旅游平台。目前悠比旅行平台提供两种产品，目的地游玩和全球酒店预订，有网页和公众号两个端口。面向的 B 端分为企业分销商和个人分销商，即行业内有相关资质的公司和机构及有旅游相关经验的服务者，用户在输入基本信息与资料后系统会先过一遍，审核公司名称和工商注册等，然后客服再一个个进行回访，进行初步了解，然后录入系统，现在平台有 8000 多条 SKU。

在目的地游玩类别中包含海外门票、交通、餐厅、包车接送机和游玩项目等，除此之外，悠比旅行还提供一日游服务，其中包含多种品类，如是否包含导游、餐厅等。当用户选择完成，会根据其不同属性设置不同的支付方式，如个人用户可采用支付宝、微信等一次性支付行为，企业用户相对高频可以是周期性结算。而目前平台的酒店资源达到 15 万家，集中在东南亚地区。

悠比网拥有独特的商业模式，团队会挖掘海外供应商对于全新市场的诉求到底是什么，再随着类型、体量、诉求程度分析出共性，选择几个防线出击。而且比较而言中国的互联网发展速度太快，但大多企业现在还是采用 GDS 模式，这是先从资源端发起 ，建立分销体系后整合数据化、信息化，问题在于现在海外目的地的分销信息化远高于供应端，不可能实现 GDS，因此这还有待解决。中国作为最大的旅游输出国，我们会充分利用国家的技术优势，让用户以最低廉的价格享受境外的高质服务。

悠比旅行的宣传渠道多为参与行业峰会，因为都是境外用户，所以更多地在海外涉猎分支机构。目前一个月用户订单量约为 2 万单，团队共有 38 人，其中 15 人为技术人员。悠比旅行在 2016 年 1 月获得数百万的天使轮融资，10 月获得千万元人民币的 Pre-A 轮融资，计划下一轮融资金额为 3000 万元，主要用于海外市场的扩张。

资料来源：B2B 旅游平台“悠比旅行”：灵活整合上下游资源，以低价高质提供境外服务［EB/OL］. 猎云网 https://www.lieyunwang.com/

archives/268532，2017-02-13.

2. B2C

B2C（Business to Consumer）模式指的是旅游商家与旅游消费者之间的电子商务交易，也就是电子旅游零售。交易时，旅游散客先通过网络获取旅游目的地信息，然后在网上自主设计旅游活动日程表，预订旅游饭店客房、车船机票等，或报名参加旅行团。

对旅游业这样一个旅客高度地域分散的行业来说，旅游 B2C 电子商务方便旅游者远程搜寻、预订旅游产品，克服距离带来的信息不对称。当旅游消费者使用主页中的各种资源，最终确定购买自己中意的旅游产品之后，旅游电子商务网站就先把预订信息通过网络发送到旅游公司，然后接收到预订信息的旅游公司将旅游消费者和旅游商品的相关信息发送到银行认证中心进行认证并登记，最后再由旅游公司将各种票据和凭证发送到旅游消费者手中，通过网上支付系统获得旅游消费者支付的款项。

根据艾瑞咨询数据，2014 年第一季度中国在线旅游市场交易规模达 564.2 亿，这里的在线旅游市场主要是指直接面对散客的 C 端市场。可以说，移动互联网的大行其道，为旅游业的全面升级带来了天然资本。目前在线旅游市场中携程仍然是体量第一的“老大哥”，不过，一批精准定位、打破传统客户和服务商固有思维模式，主打差异化竞争的新型商旅网已如雨后春笋般出现。其中，同程、艺龙、途牛、遨游、马蜂窝等一批在线旅游网站正闯出一片新天地。

纵观在线旅游市场，从携程同程线上线下掐架“一元门票”到携程 2 亿美元入股同程，从途牛赴美上市忙并购到淘宝旅行更名“去啊”，几大群雄占据 C 端市场，分久必合合久必分，你方唱罢我登场，好看程度不亚于一场宫斗戏。所以，尽管在线旅游市场未来的格局目前还不太明朗，前景极为广阔是不言而喻的。

物极必反，淘宝更名去啊，一场“去哪儿”“去啊”体的海报大战吸引了阿里、携程、去哪儿、同程等多家在线旅游网站的加入。表面上看这只是一场欢乐的营销闹剧，实际上我们也可以感受到各大 OTA 对 C 端市场的剑拔弩张，正在变得无比的疯狂。随着阿里“去啊”的强势进入，本就竞争激烈的在线旅游市场已进入战国时代，行业竞争也将因此升级，或许市场从“贪婪”转向“恐惧”的关键节点只在弹指之间，那么中小企业的生存空间也只会越来越小。

旅游电子商务网站应成立专门的“线路审核部门”，帮助旅行社挑选最有吸引力、最具个性化的线路，在一定程度上避免同质化，这对于游客来说，可以摆脱单一线路的痛苦，享受多样化线路带来的乐趣；对于旅行社来说，可以真正摆脱“低价竞争”误区，向品质旅游的良性化发展。游客通过浏览电子商务网站上关于线路的介绍，并且通过对旅行社的在线咨询，可以选择自己喜欢的线路，确认价格后，点击预订并签订电子合同。也就是说，当游客对一条旅游线路感兴趣时，可以在网络上直接下订单，并且可以在网上直接支付交易，使用支付宝账户付款，这样也就不用到旅行社门市店交钱了。旅行社应该实行在线实时预订，例如一条线路显示还有 8 个座席，当一位游客成功预订一个后，它便会显示有 7 个，到人满自动关闭预订功能。游客付款到支付宝后，按照自己选定线路的时间安排，按时参加旅行团，旅游完毕后，填写“游客意见反馈表”。若出现纠纷，在旅游完毕的一周内致电电子商务网站，或在论坛内进行投诉。电子商务网站在接到投诉的两天内，会积极对旅行社和游客进行协调。如果双方调解意见一致，旅游电子商务网站要督促旅行社履行赔偿义务；如果旅行社拒绝赔付，旅游电子商务网站要积极介入协调解决，用网络的力量维护游客的利益，根据游客提供的关于旅行社不按合同约定服务的相关证据，旅游电子商务网站提供先行赔付服务。

## 【延伸阅读 2-2】

### 旅游 B2B 还是 B2C，这是一个问题

随着互联网的普及以及智能手机用户的增加，旅游产业进入了一个信息智能化时代。国家政策的大力扶持也为智慧旅游打造了一个良好的产业环境。在未来 10 年内，中国旅游行业无线新兴公司占 GDP 的份额将越来越大，对于很多致力于在线旅游行业的企业来讲，前景也必然越来越光明，这似乎只是一个 2B 还是 2C 的问题。

如果说 B2C 是大势所趋，B2B 就多少有些不得已的原因。旅游市场 B2B 在早几年就已经开始，只是规模不够，而且运作模式比较初级。但从去年国家出台“八项规定”，严格限制公款出游以来，旅游市场正经历一场从单位团队旅游为主到散客旅游为主的转变，这一转变使得经销商不得不从习惯的关

系营销方式，转变为散客营销方式。而散客在产品的选择上比单位团队更加要求个性化、差异化。因此，经销商对丰富多样的产品的需求就变得比以往任何时候都要强烈。要找到丰富多样的产品，就要解决获取产品的渠道和半径问题，于是，在全国范围内寻找产品成为经销商的共同愿望。

另一个市场变化来自于互联网对传统旅行社的冲击，特别是移动互联网时代的到来，游客选购产品的方式和标准都发生了改变。越来越多符合散客需求的产品在互联网上销售，于是线下旅行社希望得到这些线上的产品，而线上的企业也希望把它们的产品导入线下同时销售，这种O2O的愿望也释放出对B2B平台的需求。

的确，当今旅游行业，竞争日趋激烈，我们早已经告别了靠单打独斗取得成功的个人英雄主义时代，每个独立的个体面对一个复杂的商业环境都有太多不可测的风险，这愈发显示出缔结平台、抱团取暖的重要性。所以我们看到，B2B在旅游业中受关注度明显高于往年，也有越来越多的人参与进来，如旅游圈、票工厂、乐游旅游产品分销平台等。但最大的问题是目前所有的企业都在探索阶段，并没有出现比较权威的标杆性平台，真正的B端参与仍然达不到深度与广度。不过从乐观的角度看，群雄无首恰恰就是最大的机遇，B2B行业大平台也是旅游业一直以来梦寐以求的，前途不可限量，前路挑战与机遇并存。

不管是B2B还是B2C，说到底都是基于市场的需要。正是散客化时代的到来，信息不对称的时代结束了，市场才会比以往任何时候都更需要信息化变革。以往，传统旅游企业各自为政，忽略了市场对渠道品牌的认同度，忽略了游客需要什么样的产品，也忽略了客户关怀。说一句不客气的话，任何不以游客体验为出发点的产品都将被时代淘汰。

而在线旅游的广泛兴起，促使我们反思本来的商业模式，反思我们应该更加看重什么，反思什么是渠道的核心竞争力。C端也好B端也罢，这将会促进渠道的自我完善，使渠道得以在信息化时代的推动下发展到一个新的阶段。在线旅游市场正在以前所未有的繁荣姿态井喷，未来也还会有更多的企业参与到在线旅游的行列中来。面对的市场需求，它们有着各自的特点和运营模式，通过市场的选择，这些模式最终也可以促进中国旅游市场的发展。长期来看，中国旅游市场足够大，各种商业模式在经过市场检验后都能够拥有其发挥的空间，都将有利于中国旅游行业在信息化、智慧化上的进一步提升。

总之，正是因为B2B和B2C两者的商业模式不同，才造就了B2C模式更看重对C端的品牌影响力，而B2B模式更看重对业内的聚合力，从而最终形成消费者想找旅游渠道，企业想找旅游找平台的格局。那么，在没有任何技术壁垒的互联网时代下，企业各司其职，用户各取所需，就只看谁更重客户体验了。

资料来源：卫玉杰．旅游B2B还是B2C，这是一个问题［EB/OL］．环球旅讯，http://www.zyoo.net/News_7826，2014-11-26．

3. C2C

C2C（Customer to Customer）模式指的是旅游个人与个人之间的电子商务。在中国C2C市场，最著名的就是淘宝。在旅游电子商务领域，国内的短租平台均是出自对短租行业的鼻祖美国Airbnb（爱彼迎）网站的模仿，主要形态是以“蚂蚁短租”和“小猪短租”为代表的C2C模式，就是搭建平台让租客和房东直接沟通。这种草根式的在线短期租房模式被业界称为租房界的“淘宝网”。

以蚂蚁短租为例，它在提供一个信息平台的同时也提供了交易的平台，无论是房东还是租客，在注册验证后都可以轻松提供或查找租赁信息，同时，网站提供第三方的资金管理、房东房屋的验证、信息确认、退房保障等服务。作为一个交易平台，用户的订金首先会打到蚂蚁的账上，等用户到实地住了并且没有什么问题，蚂蚁短租才会把钱打给房东。如果描述不符或者房东没有留房等，蚂蚁短租负责赔付。这种为双方担保的平台交易模式无论是对房东还是对房客都是安全的。

## 【延伸阅读2-3】

### TagAlong，淘宝式的C2C个性导游服务平台

“TagAlong”是一个联结游客和当地人“导游”的旅游体验交易平台，旨在为旅游爱好者和世界各地的热心人搭建互相帮助服务的平台。

“TagAlong”的模式与淘宝非常相似，当卖的商品换成了当地城市达人的旅游服务。其同时面向卖家（提供定制化导游服务的当地人）和买家（游客），并作为联系和交易担保平台。游客可在网站上通过目的地、服务时段、语言能力、旅游主题等条件筛选目的地的城市达人/导游。其“商品页面”则

是城市达人的个人主页，其中显示了个人介绍、达人推荐行程、费用、回复率、成交率等信息。

感兴趣的游客可发起预约联系，等待城市达人制定个性化行程，满意其安排和报价后即可付款，并在约定时间进行旅游。而款项将由“TagAlong”保管到游客满意评价后才会转交给达人。而旅游目的地的达人注册并完善资料，进行身份证、手机及邮箱等认证后，即可为游客提供个性化的导游服务，其后期还会引入语言证书、导游资格证等多种认证。

为增加双边用户的信任度，其还为游客提供不满意无条件退款服务，为交易双方进行投保（保额 500 万元）。其以收取服务费盈利，对游客收取 12% 的交易手续费，对城市达人收取 3% 的资金处理费。其招募的城市达人主要为本科或研究生在读学生、专职旅游从业人员和旅行发烧友，并与大学、旅游爱好者论坛和专职导游机构合作。其近期将举办“你旅游我买单”“来一场说走就走的旅行”等专题活动，并在下月初提供英文版向海外推广。

类似的旅游 C2C 平台多以“让外地游客体验地道本地生活”为卖点，并在 13 年中集中涌现，当中有国外 Vayable、Withlocals，国内去哪儿当地人频道、E 地游、主打出境游的丸子地球、主打顾问模式的收留我等。

“TagAlong”某个程度上属于 Airbnb 式的共享经济，利用起兴趣相投和闲置的“导游资源”，解决游客旅行安排问题外，还为当地人提供了零门槛的导游资源出售平台。其商业和盈利模式新颖且明确，也难怪会突然出现这么多同类产品，这也可能是“TagAlong”计划主打出境游避开竞争的原因之一。

虽然平台早期标榜的是志趣相投，但不可否认的是其几乎不能避免的导游专业化倾向。有精力、有资源并有持久动力去吸引游客的，恐怕多是专业的导游机构人员，平台可能会变成专业导游的“淘宝门店”或变相的旅行社门户。

资料来源：动点科技（微信公众账号）。

4. C2B

C2B（Customer to Business）模式是由旅游者提出需求，然后由企业通过竞争满足旅游者的需求，或者是由旅游者通过网络结成群体与旅游企业讨价还价。旅游 C2B 电子商务主要通过电子中间商（专业旅游网站、门户网站旅游频道）进行。这类电子中间商提供一个虚拟开放的网上中介市场，提供一个信息交互的平台。上网的旅游者可以直接发布需求信息，旅游企业查询后双方通过交流自愿达成交易。

旅游 C2B 电子商务主要有两种形式。第一种形式是反向拍卖，是竞价拍卖的反向过程。由旅游者提供一个价格范围，求购某一旅游服务产品，由旅游企业出价，出价可以是公开的或是隐蔽的，旅游者将选择其认为质价合适的旅游产品成交。这种形式，对于旅游企业来说吸引力不是很大，因为单个旅游者预订量较小。第二种形式是网上成团，即旅游者提出其设计的旅游线路，并在网上发布，吸引其他相同兴趣的旅游者。通过网络信息平台，愿意按同一条线路出行的旅游者会聚到一定数量，这时，他们再请旅行社安排行程，或直接预订饭店客房等旅游产品，可增加与旅游企业议价和得到优惠的能力。

旅游 C2B 电子商务利用了信息技术带来的信息沟通面广和成本低廉的特点，特别是网上成团的运作模式，使传统条件下难以兼得的个性旅游需求满足与规模化组团降低成本有了很好的结合点。旅游 C2B 电子商务是一种需求方主导型的交易模式，它体现了旅游者在市场交易中的主体地位，对帮助旅游企业更加准确和及时地了解客户的需求，对实现旅游业向产品丰富和个性满足的方向发展起到了促进作用。

C2B 定制旅游经历了三个时代：1.0 时代就是单项组合定制，也就是自由行的机票 + 酒店。而在 2.0 时代，我们说就是在常规旅游产品的基础上增加了主题定制，如奢华旅游等，有具体行程和主题，其实就是针对小众的特色旅游线路。而现在，定制旅游已经进入了 3.0 时代，它完全是基于 C2B 模式的定制旅游，是一种在互联网时代供给侧改革的典范。其实真正的 C2B 模式应该具备几个很明显的特点，如图 2–1 所示。

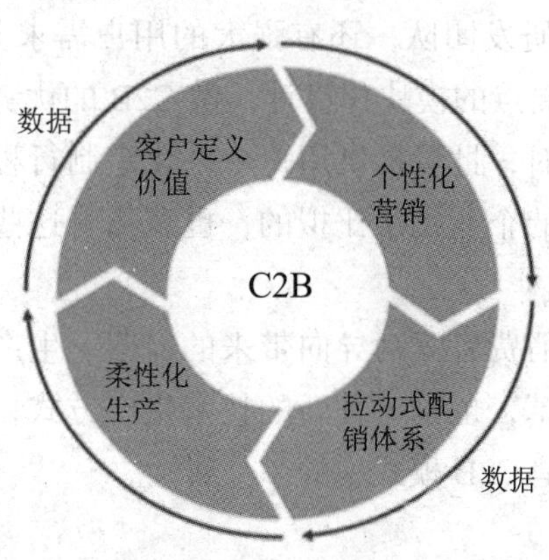


图 2–1　C2B 模式的特点

（1）个性化定制。

这个是最重要也是主打的，C2B 的产品肯定要满足用户千奇百怪的个性化需求，从传统旅行社时代延伸出来的主题旅游，到现在自己制定行程等，无不彰显用户个体的强烈需求。

但前提是这些需求是可模块化、可批量化的，否则太个性化。一是用户不够专业无法选择；二是很容易变成小众化高成本的定制模式，背离了 C2B 模式。所以，应当先把景区（游）、住、行以及服务等模块化才是硬道理，可以让用户在定制时像点菜一样的方便。

（2）较强的数据处理能力。

传统生产模式衍生出的是大规模、流水线、标准化、成本导向的 B2C 运作模式，所有环节都是厂家驱动和主导，而 C2B 则是消费者驱动，以消费者需求为起点，在商业链条上一个一个环节地进行波浪式、倒逼式的传导。但是这种需求导向并不仅仅是请消费者对需求点进行投票，随后根据投票结果，安排取得票数最多的配置进行批量生产，在 C2B 模式里需要企业对消费者数据进行大规模的收集、整理和分析，从而使商业决策可以做到随需而定，最终实现商业运作的成本构成发生变化，规模化地从事个性化生产成本下降。

（3）具备全产业链。

企业要做 C2B 的原因，除了满足用户的个性化需求，更多的还是想通过减少环节减少库存等方式提高利润率，同时将中间环节损耗让利给用户降低成本，所以在 C2B 模式里全产业链很重要。

像世界邦、驴妈妈、中青遨游网、走客、自在客这类企业既有自己的销售渠道，又有自己的研发团队，还有强大的用户需求分析和产品设计团队，能够了解和满足用户痛点的模块化设计，做 C2B 的优势就会很明显，在掌握资源和控制成本的同时，批量提供用户个性化定制行程，这是一些简单的只做前端预售后端外包的企业无法比拟的，也意味着这些旅游企业很难实现真正意义上的 C2B 模式。

总之，C2B 是由消费者驱动导向带来的经营、生产理念的变革，是一种商业模式的供给侧改革，也是一种新的技术生产方式，而仅仅针对特定人群的个性化定制，则只是 C2B 模式中的一个属性。

## 【延伸阅读 2–4】

### 比得网：全新的 C2B 模式　打造国内最佳的在线旅游平台

随着互联网技术的发展，如果你还在票务中心、机票代理公司网点或者机场柜台直接购买高价机票，那就真是落伍了。在线票务网站为我们提供了实惠的机票价格、便捷的购买渠道并且已经成为商务人士乃至普通民众飞机出行的购票首选。随着在线票务平台的发展，C2B 的电子商务模式逐渐在旅游行业流行起来。C2B（Customers to Business）是一种全新的互联网商业模式，“你出价，我打单”，以此来改变旅游电子商务 B2C 模式中用户一对一出价的弱势地位。比得网就是 C2B 模式下有代表性的平台。比得网，运用全新的 C2B 模式，在尊重客户定价的模式上，开启了在线旅游的新时代，成为广大用户出行的新选择。

成立于 1998 年的美国 Priceline 在线旅游公司，以用户出价的方式成为广大用户最为信赖的订票平台。它的成功经营在于尊重了用户的需求，以用户为中心，充分体现了在机票开始出售前、中、后的一个全方位的预售机制，也就是说，当客户出价之后，由 Priceline 向供应商协调，供应商在能够接受的价格之内运行，那么在这样的一个过程中，满足的是客户的需求，是自身的需求。

根据经济学中价格与价值相互关系的原理，当机票上的飞行时间越靠近登机时间，机票价值远远要少于它的票面价值，当飞机起飞，其价值为 0。如果能够在飞机起飞之前，多销售出一张机票，其实对于航空公司来说还是盈利了。

2014 年比得网互联网平台全新上线，它与美国的 Priceline 有着相同的经营模式，也就是“Name Your Price（用户自我定价）”。同时它也是一个全新的 C2B 模式，消费者可以全面参与到机票与旅游产品的定价中，让消费者成为受益者。

在线旅游行业传统的经营模式是，经营旅游产品的机构（旅行社、酒店等）→供应商→代理商→消费者。在这四个群体中，传统的定价模式是供应商与经营旅游产品的公司协商出一个价格，再通过某些代理平台进行销售，这个过程中代理商会增收部分费用，消费者最后接受这个定价，在这样的过程中，消费者则是站在一个被动接受定价的局面。但是在比得网，完全砍掉了多余的环节，直接由消费者出价，比得网与经营旅游产品的机构调节，旅行社、酒店、航空公司等认为消费者出价的范围是自己可以接受的，那么此项业务也就谈成，消费者可以用低于常规的价格来享受更为实惠的飞行。

目前，比得网机票业务已臻成熟。2015 年 6 月，比得网旅游业务也开始上线。其产品在持续 C2B 模式的同时，还增加了尾单销售方式。所谓尾单，是旅行社组织的跟团游，在临近出发日，如果跟团游的客人不够，往往会低价抛售的剩余空位。比得网与多家旅行社达成合作，销售旅游尾单产品，价格优势十分明显。

比得网的成功不是空穴来风，而是结合国内外在线旅游市场的发展情况，运用人性化的 C2B 模式，为更多的旅客带来更为独特和实惠的出行体验。

资料来源：比得网：全新的 C2B 模式 打造国内最佳的在线旅游平台［EB/OL］. 零点新闻网，http://www.wax-o.org/news/china/32009.html,2015-07-14.

## 二、线上线下模式（O2O）

1. O2O

O2O（Online to Offline）模式是指线上服务到线下服务。互联网行业加上旅游，就是一个很典型的O2O模式。将线下商务机会与互联网结合在一起，让互联网成为线下交易的前台，通过互联网聚合线下闲置的资源，消费者线上筛选并进行支付，而后线下消费。

追溯中国 O2O 模式，携程旅行网可以说是中国最早的 O2O 模式，只是早期模式仅注重信息流的传递，资金流和服务流一般线下实现。而团购模式的出现，将信息流与资金流一举通过线上实现，商业流与服务流在线下实现，标志着中国 O2O 另一全新阶段，团购仅仅是中国 O2O 市场的极小缩影。

（1）线上（online）。对消费者来说，线上展现能力更加丰富、全面，降低消费者比价成本，消除支付门槛，点评、反馈更易实现。对商家来说可以更好地记录、收集消费者行为信息，为精准营销提供便利。

（2）线下（offline）。提供真实、直观的消费体验，弥补线上交易的缺陷。线上支付，线下消费。O2O 可以通过打折、提供信息、服务等方式，把线下商店的消息推送给线上用户，进而将他们转换为线下客户。

2. O2O 模式的在线旅游应用

O2O 适应于非标准化、个性化的必须进行线下交互或缴费的商品及服务，如酒店、机票、度假线路、租车等旅游产品。携程早期的线下发卡，吸引用户网上预订酒店，再回到线下消费的模式算是O2O的雏形，但真正的旅游O2O是在移动互联网高速发展、行业产业结构升级、消费者体验需求提升的综合背景下爆发的。飞机订票是一项相当普及的O2O服务应用，随着电子机票的普及，旅客可以在网上订购飞机票，然后到现实的机场去接受航空旅行服务；同样，对传统租车市场模式产生颠覆性影响的打车软件，也是O2O模式的典型应用。

旅游服务与传统的商品交易有很大的不同，旅行是一种复杂的服务产品，从产品预订，到消费过程，到售后保障，需要强大的体系化服务。在线预订只是旅游服务过程的一部分，还需要有完整的线下服务特别是目的地接待体系，才能有效地完成旅游消费服务，并且保障旅游服务质量。

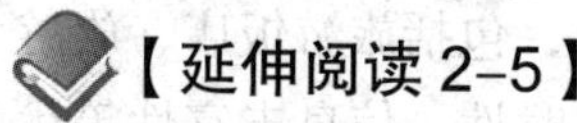

**【延伸阅读 2-5】**

### O2O模式途牛如何颠覆传统行业

当互联网思维撞上O2O模式，就注定了途牛在OTA领域的不平凡。从最开始的流量导出站转变为现在的在线平台自运营，如何把线下的生意做到线上，又如何把线上的成交落实到线下，这是一个O2O的生态，途牛在不断地尝试。

途牛首先从旅游产品上下功夫。相比携程、艺龙的酒店、机票等标准化产品而言，休闲旅游度假产品是复杂程度最高的产品之一，因为它卖的是打包产品，除了包含机票和酒店，经常还包括门票、导游、领队、服务、车、餐饮等各种项目的打包。

面对如此复杂的旅游产品，途牛成立前五年的主要精力就是研究怎样将它们从线下搬到线上，变成标准化的产品。用他的话来说，“做的事情都是怎样更接地气”。经过反复尝试和改进后，他们的系统能将产品划分成三个维度：出发地、目的地、品类（比如，邮轮是一个品类）。三个维度相互交叉组合，能构成不同的产品线，形成不同的价格，而且价格能动态变化。产品线不同，订单处理的流程也不一样。

途牛招股说明书显示，其产品线由超过10万个跟团游库存单位（SKU）、超过10万个自助游SKU以及海内外超过1000个旅游景区的门票构成。而途牛的系统能将这些产品线清晰显示出来，包括对应的价格、当天的库存状态。所有的预订完全可以通过系统实现，前台预订完之后，后台会生成一个详细的数据库。毫无疑问，这需要强大的IT技术作为支撑。

资料来源：途牛网：O2O模式如何颠覆传统行业创业邦［EB/OL］. 电子商务研究中心，http://www.100ec.cn/detail--6175624.html，2014-05-30.

## 第三节　旅游企业电子商务

随着信息化工程的推进，旅游业在信息技术应用方面显示出得天独厚的优势，从20世纪50年代美国航空公司使用计算机实施票务预订开始，经过半个世纪的发展，信息技术已触及旅游业的各个角落，包括旅游饭店、旅游目的地、旅行社和旅游交通等。互联网的交互性、实时性、信息丰富性等优势促使传统的旅游企业迅速融入网络经济的浪潮中。

据世界旅游组织调查，人均GDP达到1000美元之后，大众旅游时代就要到来。2003年我国人均GDP已超过1000美元，2016年我国电子商务交易量已超20万亿，旅游电子商务居领先地位。据世界旅游组织预测，2020年我国将成为世界第一大旅游目的国和第四大旅游客源输出国，所以我国正面临着发展旅游产业的大好时机，从而为旅游电子商务的发展提供了广阔的发展空间。

### 一、旅游企业电子商务运行的特点

近年来，我国旅游企业与互联网的结合速度明显加快，不仅各种旅行社、景区、酒店纷纷创建了自己的网站，各级政府也积极牵头创建旅游目的地网站来宣传本地旅游资源，还有大量的第三方平台式的旅游网站大量涌现。我国的旅游业正以整体电子商务化的模式与知识经济日益接轨。旅游企业电子商务的特点主要表现在以下三方面。

第一，产品和价格受关注。出游者希望能够选择一个最适合自己的旅行方案，此时产品和价格就成为出游者关注的首要信息。

第二，游客散客化。游客出游前多数希望以参加旅行社或自己组织团队的形式出行，而通过单位组织出游的比例相对较低。所以每个旅行团大多是在当地拼凑而成，甚至有的旅行团是从四面八方来到统一景点才聚成团，这使得现在的游客呈现出明显的散客化趋势。

第三，互联网成为出行前主要了解信息的渠道。随着信息时代的到来，网络已成为当前绝大部分游客出游前了解相关信息的主要渠道，亲朋好友对旅游目的地的评价也是居民出游的动力和重要信息来源。

## 二、旅游企业电子商务实施的建议

1. 营销手段多元化，扩大网站知名度

第一，搜索引擎推广。需要旅游服务的人多数会通过搜索引擎来寻找网站或途径，购买百度、谷歌等搜索引擎的推广产品就可以使消费者在搜索旅游相关信息的第一时间找到我们的网站，从而增大消费群体，并提升网站知名度。

第二，事件推广。由于现在的旅游业政策不够完善，普遍看到的关于旅游的报道都是旅途中受到的不平等待遇，旅游企业网站可以抓住这一特点，通过营造正面事件，如旅途中的危机处理事件、提供导游服务事件等营造噱头，从而提高本企业商务网站的知名度和口碑。

第三，传统推广模式。通过电视、广播、报刊、交通的广告版等渠道播放网站广告的传统方式，以及通过论坛贴吧甚至人人网、开心网等发帖、转帖、分享视频、日志等形式进行推广，从而提高旅游企业商务网站的知名度。

2. 整合技术人才，提高网站质量

优质的网站是电子商务形式实践的基点，网站赏心悦目，服务更加周到全面，内容更加详尽细致，才能留住浏览者的目光，从而扩大消费群体。因此，旅游企业实施商务网站的时候，应将旗下的网站技术人才进行整合，网站由总部专门聘用的网络技术性人才完成设计和制作环节，由不同门店的技术人才进行网站维护，其中包括登录后台对线路进行更新，制作优美图片、更新网站项目、内容，并对网站的论坛进行管理和维护。这些工作将使得本企业的商务网站获得更佳的口碑，以及更广泛的消费群体，很好地避免了信息更新缓慢的劣势。

3. 完善在线咨询功能，使更多浏览网站的人定制旅游企业网站上的服务

商务网站没有在线咨询功能无疑是该网站的一大弊端，当消费者在网站浏览海量信息后，必然会有大量的问题需要咨询，只有问题得到解答，才有

可能定制服务。旅游企业通过旗下各个门市店，在每个门店选择业务熟练、熟知旅游服务产品的工作人员担任客服工作，用轮班形式为消费者提供网站咨询服务，让浏览网站的人们放心地购买服务。

【延伸阅读 2-6】

## 锦江国际线上线下融合

相对线上旅行社，传统旅行社有很好的地面操作经验，有导游、计调等专业人才队伍。传统旅行社掌握的固定客源较多，能为景区和酒店提供比较稳定的客流，所以能享受到更好的优惠政策。此外，在游客接待方面，传统旅行社大多亲自操刀，或交给长期合作、彼此信任的地接社操作，服务质量有保障。“所以，采用电子商务进行营销，再用传统旅行社操作模式接待游客，这种线上与线下互动，‘两条腿走路’的模式，最能体现传统旅行社的优势。”

对于传统旅行社而言，在积极发展电子商务的同时，要着力于自身优势和特点，寻求突围之路。旅行社应注重对目的地资源的掌控能力和资源的配置能力，大力发展品质旅游、个性化和定制化旅游，以满足部分高端市场的需求。此外，还应该发挥和放大“一条龙”服务，全程有保险等传统优势，以争取更多客源。

品牌估值140亿元的锦江国际集团，在许多业界人士眼中，是一艘不折不扣的旅游业航空母舰。而旗下拥有4家上市公司、固定资金超过千亿元、全球雇员及关联员工超过6位数的锦江国际，在经济学者眼中，则是一个大象般的重资产企业。传说中，能让大象跳舞的，是一支魔笛；而在现实生活中，使排名旅游集团十强的锦江国际集团，按照创新驱动、转型发展的“曼妙旋律”，从传统服务业向现代服务业“起舞”的魔笛之音，正是诞生两年的锦江电商公司。

近年来，随着我国人民生活水平提高和可自由支配收入的持续增加，尤其是国家将旅游业作为拉动内需的优先发展战略，为旅游业的蓬勃发展铺就了金光大道，以综合旅游服务业为主营业务的锦江国际集团，无疑面临着难得的发展机遇。锦江国际拥有和管理着亚洲第一、世界第九的众多酒店物业，旗下拥有的4家上市公司和相关企业，业务遍及旅行社、旅游汽车、出租车、货运、仓储、广告、会展等领域，从资产规模上来论，无疑是上海旅游业的老大。但锦江国际集团的领导班子并没有被眼前的辉煌所迷惑，他们深刻认识到，当前的行业发展是机遇和挑战并存，特别是迈入信息社会后，重型资产在与轻质资产的竞争中，越来越难以占领上风，特别是旅游业的传统服务业属性，给企业转型造成了不少先天性制约。

锦江国际集团办电商公司，曾被外界认为是“赶时髦”，以为申城又出了一个照猫画虎的企业。但就在短短的一年中，锦江电商扎扎实实、一步一个脚印的发展模式，不仅让集团内部的不同意见逐渐减少，也让外人看出锦江电商的与众不同。

“依托锦江国际集团强大的实体资源，持续提升客户消费体验是我们当前的主要目标，集团领导交付给锦江电商两大任务：一是整合集团内主要业务板块资源，把原来各自为战的‘信息孤岛’，整合成统一的电商平台，形成集团的一站式服务能力；二是改变生产模式，把供给管理转变成需求管理，创新产品形式，为锦江赢取新时代青年人消费群体。”锦江电商高层的战略发展思路相当明确，锦江电商的主要目标是要成为锦江国际集团转型现代服务业的“动车头”。因此，锦江国际电商平台不会效仿携程、艺龙等预订平台，做成一个在线旅游产品的大卖场。而是要利用锦江国际拥有的庞大产业链上的各类产品优势，打造锦江国际集团各项业务的在线营销产业链与业务运营平台，特别是在为消费者提供个性化精准服务上，提供更高性价比的增值服务。

锦江的优势之一，就是可以利用手机客户端等移动终端，通过数据库营销，分析客户消费习惯，向他们推送更多个性化、交叉型的增值服务。而这些增值服务，不仅是集团的优势所在，也是旗下其他企业所期盼的增量业务。锦江电商的功能，不是简单地把不同板块的产品集中在电商平台上销售，而是根据需求，用交叉营销方式，实现 1+1 ＞ 2 的增值效应。统计数字显示，锦江电商成立两年来，会员俱乐部“锦江礼享 +”的会员总数已达到近 800 万，比以前散落在不同板块的锦江各类会员总数增加了一倍，整体销售额也有明显增长。

这仅是一个直观的显性战绩，当然还有一个隐形战绩，即锦江电商发挥了“信息中心”功能，使锦江国际集团及其下属各企业间的“信息孤岛”逐渐打通，整体竞争力和核心竞争力正在形成，集团各成员间的“命运共同体”意识日趋高涨。

为锦江的会员提供更好的增值服务，是未来的重点工作，若把会员的活跃度提高10~15个百分点，就能为整个锦江国际集团及其下属企业带来两位数的增长。据悉，为了实现上述目标，锦江电商将会大力加强App（多指第三方智能手机的应用程序）功能的开发，预计将有“大动作”推出，届时，让大象起舞的笛声将吹奏得更加曼妙动听。

资料来源：郝凤苓．锦江国际电商平台全面上线：一场O2O的试验？[EB/OL]．21世纪经济报道，http://tech.huanqiu.com/Internet/2012-05/2758578.html，2012-05-26.

## 第四节　景区电子商务应用

电子商务在旅游业中发展迅速，但作为旅游产业链中最重要的一环的景区电子商务发展却相对滞后，这严重影响了旅游产业链的效率。近年来，旅游景区电子商务的应用受到越来越多的关注，因此，探究制定景区电子商务发展策略就显得尤为重要。

景区是旅游目的地客流的入口。在越来越多的旅游景区，虚拟旅游、二维码导览、景区Wi-Fi全覆盖、手机刷卡消费、高智能消防管控预警等手段将为游客在信息后继、酒店预订、行程安排、旅行安全等方面提供智慧化服务。

### 一、景区发展电子商务的必然性

迅猛发展的信息化技术正在改变着景区的经营管理和营销手段，已经有部分景区开始探索景区电子商务系统的建设，其本质就是以旅游景区为核心，通过先进的信息技术手段改进旅游景区的内部管理，对外包括旅游者和其他旅游企业进行信息交换、网上贸易等电子商务活动。

旅游景区电子商务的发展，主要是出于以下几个方面的需要：

1. 整合旅游资源

为适应旅游业快速发展的需要，现在旅游景区正在由单一观光型向多业态型转变，这就需要景区整合区域内的旅游资源，降低边际成本，提升效益，实现规模效益。传统的整合方式可能会产生庞大的机构，成本巨大；只有运用电子商务的优势，才能加强协同管理，有效整合产业链资源，提高景区的核心竞争力。

2. 完善旅游设施

积极开发、有效保护和可持续发展是现代旅游业发展追求的目标。传统开发和保护方式很难把二者协调起来，同时游客逐渐增多，也使景区的安全事故频繁发生。而运用电子商务手段建立起来的景区OA系统、景区生态预警系统、景区安全监控系统、ICT系统等，能使景区人员提高管理质量和效率，及时采取措施，实现景区的经济效益与环境效益协调发展。

3. 扩大旅游市场

在我国，散客游、自助游正在成为游客的出行方式主体。与团体游不同，这些旅客面临的最大问题就是如何获得景区充分方便、快捷经济的服务，所以他们会对景区信息表示出极大的渴求，而旅游电子商务无论是在加强与顾客的互动交流，还是提供信息服务、实现个性化服务增值等方面都有优势。通过电子商务手段，景区景点的产品及形象也能得到高效低成本的传播，这也能满足游客个性化的需求，增加他们选择景区景点的机会。

4. 塑造旅游品牌

电子商务环境下信息的透明性与对称性将使旅游景区的品牌形象显得尤为重要，依托独特景观资源的景区开展电子商务服务，可迅速提高景区的影响力、知名度，塑造良好的品牌形象，良好的品牌形象可以减少游客的决策成本，提升形象价值，从而使景区成为旅游电子商务市场的盈利者和优胜者。

## 二、“互联网+”模式下的旅游景区营销模式构建

随着政府“互联网+”行动计划的提出，互联网日益与各个产业深度融合，推动各个产业内企业营销模式创新发展。近年来，旅游市场快速扩大，旅游已成为居民生活的重要组成部分。推动旅游景区营销模式与电子商务深度融合，促进旅游产业的供应侧改革，创新旅游景区营销模式，对扩大旅游消费和促进旅游景区适应“互联网+”具有重要意义。从电子商务营销模式构建主体分析看，销售方、购买方和中介方是三个主要构建主体，三方分别主导了不同的电子商务营销模式。

1. 销售方为主体模式

销售方为主体模式是目前电子商务营销模式的主要构成，旅游景区销售

方是供给侧的相关资源联合体，即自办模式、联办模式和区域联办模式。自办模式主要通过网站建设，为旅游消费者提供信息查询、门票销售、虚拟旅游等服务，提高景区的知名度，区域联办与区域联合可以扩大景区影响力，提高营销的覆盖面，降低营销分销成本，提供更多一站式综合服务，从区域营销提高旅游消费人数，实现规模效益。随着加盟旅游景区的不断增加，各旅游景区均可从增值服务中获取增值收益。九寨沟景区和张家界景区等电子商务平台应属于销售方主体模式，较好地利用了“互联网 +”电子商务营销模式，实现了景区高速发展。

2. 购买方为主体模式

购买方为主体模式主要是以旅行社为代表，旅行社是商品或服务提供方，通过旅游景区信息发布、旅游景区线路查询等服务，为旅游消费者提供电子商务营销服务。此种模式一般被旅游业内的大型企业所采用，如大型旅行社自办网站：春秋旅游、中国国旅、中青旅等大型旅行社是此种模式的典型代表，分别构建了以旅行社为主导的电子商务网站来开展旅游等各种营销。在“互联网 +”快速发展背景下，购买方为主体模式提高了旅行社辐射能力，降低了旅行社营销成本，方便了旅游消费者信息查询，也将成为旅行社转型发展的重要平台。

3. 中介方为主体模式

中介方为主体模式是由销售方、购买方之外的中介建立的电子商务营销模式，即第三方模式，以互联网发展为背景，充分利用“互联网 +”融合发展契机，通过电子商务网站发布旅游景区相关信息，为旅游消费者提供全方位、一体化和个性化的立体服务。中介方为主体模式是目前“互联网 +”旅游景区营销模式的主要发展方向，高效率地实现了旅游资源的优化、重组和价值提升。

中间供应商类模式是中介方为主体模式的典型代表。主要包括门户网站，例如网易、搜狐等门户网站的旅游网站板块，这类网站属于专业性互联网企业，基于电子商务丰富的营销业务经验，网站市场占有率高，其主要职能在于旅游景区营销推广，介绍旅游景区概况、旅游线路、旅游购物和旅游住宿等信息，网上交易与在线订票不是其主要业务内容。支持服务类中间商功能较多，它是中介方的主要构成，也是竞争力最强的中介方，携程网、同程网、途牛网等都是这种模式的典型代表。此类模式服务内容全面，主要包括门票预订、机票预订、酒店客栈、旅游度假、景区介绍与评价等，信息发布是其最基本功能，增值服务、价格优惠和市场覆盖全面性更是其竞争力的体现。

此外，地方性旅游服务网站也有以中介为主体的模式，以区域旅游信息服务为主，属于政府所创建的非营利性电子商务平台。一定区域内旅游景区可借助“互联网+”电子商务的平台开展信息服务起步，逐步向网上交易、网上结算等深层次推进。

随着“互联网+”行动计划的推进，电子商务营销模式必将成为旅游景区适应经济新常态的重要发展方向。旅游景区要加快适应这一发展趋势，主动适应以互联网为主导的营销模式，再加以其他营销模式和中介方模式相互融合、相互渗透，整合旅游景区资源，深化旅游供给侧改革，为人们提供满意的旅游服务。

**泰山：让“智慧”提升游客体验**

2017年1月16日，“智慧泰山”微信服务号正式上线运营，4大板块10余项功能，将进一步推动泰山景区及泰安市信息产业与旅游产业相互促进发展，引领智慧旅游产业新模式。

此次借助微信扫码、微信支付，跨入“互联网+智慧旅游”新时代。据悉，本次上线的“智慧泰山”微信服务号以游客智慧旅游体验为中心，以微信购票、微信支付、刷身份证进山为核心功能，减少游客排队购票环节，真正让游客体验到“智慧泰山”的便捷和魅力。同时平台还集成微信电子导游、微信直播、微信打印、微信上香等在线互动游览栏目，游客在手机上就可以随时看到景区高清直播图像，同时享受免费的语音导游服务。此外，景区空气质量报告、景区公告等板块也已经上线。

下一步，泰山景区管委会将通过微信服务号逐步把来泰山景区游客资源转化成景区线上微信粉丝，并完善平台电子商务功能，逐步增加宾馆、餐饮、交通、自驾车停车场等服务，一条龙服务游客。

“智慧泰山”作为泰安市“智慧城市”“智慧景区”建设的样板工程和示范工程，从智慧营销、智慧门票、智慧服务、智慧导游4个战略层次全方位打造“互联网+智慧景区”。项目全部投入运营后，可解决景区淡旺季差别大、游客不均衡的问题，塑造全新的“智慧泰山”旅游品牌形象、引领全国山岳旅游与互联网的融合发展和转型升级。

资料来源：山东省旅游数据和信息中心。

## 第五节 酒店电子商务应用

借助于互联网，传统行业的工作效率及工作质量有了很大提高，互联网规划下的酒店业，颠覆了传统的服务业的营销理念，这种不可逆的营销浪潮帮助酒店提高了经营水准，提升了顾客体验，提高了经营业绩，增强了企业市场竞争力。网络拉近了酒店与顾客之间的关系，顾客在来酒店消费之前，可以通过网络了解到酒店的介绍、服务的类型、房间的环境、地理位置信息、房间价格等，从而能够从自己的实际需求出发做出合适的选择。这种消费习惯的转移是酒店服务业最应该重视的，酒店业要想在互联网时代不被淘汰，只能迎合这种时代的发展趋势，相应地调整及改革自己的营销策略，大力做好网络营销。

目前我国提供网上酒店预订的运营商主要有四类：一是产业链上游企业（主要指酒店官网）；二是在线代理商（如携程、艺龙、芒果等）；三是平台运营商（如淘宝、拍拍旅游频道）；四是网络媒介和营销平台（如点评网站：到到网；垂直搜索引擎网站：去哪儿网、酷讯等；社交媒体：人人网、腾讯微博等；营销平台：同程网等）。四种酒店在线预订渠道分别代表不同的酒店电子商务模式。

### 一、电子商务在现代酒店管理中的作用

1. 拓宽了酒店的销售渠道

互联网提供了全球性的、面向大众的服务，增强了开展电子商务的酒店的服务能力，顾客不会再受某个酒店地理位置或者其他条件的限制。酒店电子商务可以通过互联网向全球的潜在目标顾客提供网上信息查询服务，进行酒店网上宣传活动，并通过网上预订系统，让潜在顾客在任何时间、任何互联网的网点上进行酒店预订，快速地完成酒店预订活动，为顾客提供了极大

的便利，拓宽了酒店的市场销售渠道。

2. 降低了酒店的管理成本

虽然酒店电子商务的开展，要求酒店构建内部管理信息系统和网站，在建设时期也需要投入较多的资金，但是从长远角度看，酒店电子商务的开展还是会大大降低酒店运行开支和管理成本的。例如，酒店电子商务利用电子数据交换、电子邮件等工具大大减少了各种交易、订货过程和营销过程中的资金花费，从而大幅度地降低了运行开支和管理成本。很明显，利用互联网上的酒店网站发布产品的销售信息和所需物品的采购信息，不仅速度快、覆盖面广，而且还可以减少纸制印刷品及其发行的费用。另外，在互联网上进行企业宣传活动和在传统媒体（如电视广告等）上相比，费用也更加低廉。

3. 加快了酒店的销售速度

酒店电子商务使酒店无须到处去散发酒店说明和宣传单等印刷品，也不再完全依赖于在电视、报纸上登广告等宣传手段，这样就节省了信息传递的时间，可以大幅度减少销售环节。在一般情况下，电视和报纸广告这些环节不仅费用高，而且需要较多的时间。通过酒店网站或者在一些商业门户网站上进行宣传则很迅速，而且酒店能够以一种富有吸引力的、高度可视化的方式展示本酒店的特色或提供相关服务信息，从而能够鼓励潜在顾客加快购买决策，迅速进行网上预订：酒店网上预订系统也可以帮助顾客完成预订过程中的各个环节，提高酒店的销售速度。顾客的增多，自然也就提高了酒店的入住率，实现了经济效益。

4. 保障了酒店个性化营销的实现

实现电子商务的最大潜在价值在于可以将高度专业化的市场进行细分，进一步促使商家和企业对自己顾客的需求有更为广泛和具体的了解，从而向广大顾客提供他们所需要的信息、产品及服务。通过电子商务，商家和企业可以获得有关顾客的想法、兴趣、爱好以及特殊需求等更具体的信息。这一点对于酒店企业来说，显得更为重要。目前，酒店业的竞争越来越激烈，顾客的个性化要求也越来越高，实现个性化营销将是现代酒店生存、发展的必要条件，是现代酒店的一个重要特征。顾客通过访问信息化酒店网站发送的购买信息，可以使酒店企业进行更为准确的市场预测，以便采取更有力的促销措施有针对性地对顾客进行广泛的宣传。此外，酒店还可以通过创立“网站会员”等手段建立新的、更有效的营销模式。

## 二、“互联网+”背景下酒店营销思维的创新

1. 消除痛点思维

所谓痛点就是人们在反复使用某个产品时，把各种不满所积累下来的一种感觉。如当前星级酒店客房、餐饮产品的同质化问题，让客人对酒店产品失去了新鲜感，服务的“机械呆板化”极大地降低了客人的满意度。有些酒店对于客人住宿的三大核心需求“睡觉、洗澡、网络”做得不尽如人意。床的舒适度、尺寸与客人的要求存在差距，洗浴水的大小和温度总是令客人失望，Wi-Fi 的覆盖面、网速达不到客人的要求等。要想令客人满意，酒店就必须按照互联网思维中的“痛点思维”的逻辑，及时发现目前自己所提供给消费者的产品的所有痛点，并加以梳理，找到解决方案，帮消费者消除痛点，找到快乐，才能赢得顾客。

2. 体验经济思维

客户为王的体验经济，最根本的是享受以人为本的体验服务，关注宾客体验并反馈整改是第一生产力。“互联网 + ”背景下，未来酒店将成为 O2O 体验平台，客户可以把在酒店体验较好的产品带回家去，如亚朵酒店开了淘宝店、微店，如果客人喜欢酒店内的某样产品如床垫、茶具等，都可以扫码到亚朵网店下单，在家收货。体验思维还体现在价值后移思路方面，许多免费的或者低成本的体验，目的在于通过客户的满意体验带来后续性的商机。例如，途家在 2013 年十一黄金周开展了“花多少，返多少，0 元入住途家公寓”的活动，体验房的推出不仅利用了闲置资源，也让广大用户意识到“除了酒店，还有居家似的不一样的体验入住”，从而开拓公寓住房市场。

3. 粉丝经济思维

“80 后”“90 后”已经开始成为当前市场消费的主力军，公款消费市场的急剧萎缩使得这种替代更为凸显。其消费行为与移动互联网密不可分，智能手机成为其生活中不可或缺的组成部分，他们不但要求线下好吃，还要求线上好玩，消费带有明显的娱乐性，于是产生了“粉丝经济”。因此，酒店要想赚取更多利润，就需要花足够的时间主动去研究、理解和适应“80 后”“90 后”，进而开发出“迎合其胃口”的酒店产品，最终让其成为酒店的“粉丝”。这也是当前许多酒店建立微博、微信、App，并在一些社交媒体上营销的主因之一，有了众多的粉丝，就有了市场基础，同时还能够产生“乘数效应”，也

为日后危机公关奠定了基础。

4. 交互共享思维

“一个人可以走得很快，一群人会走得更远。”互联网思维要求我们要重视合作联盟，资源共享，合作要不图虚名，要优势互补，要为我所用。客源是世界的，客源是大家的，只有合作才能共赢。如 2014 年 9 月开元酒店集团与城市名人酒店集团正式签约联盟，双方将充分利用互联网、大数据分析等技术，实现信息互通，平台互联，会员互用，从而丰富各自酒店产品，优化用户体验，真正做到资源共享和优势互补。

## 三、“互联网 +”背景下酒店销售渠道创新

（1）整合酒店网络资源，加强酒店官网建设，提高在线直销产量。经过长期研究发现，国内很多高星级酒店都建立了自己的官方网站，但大多仅仅停留在形象展示层面。加上没有专业人员从事后台维护，无法实现官网信息实时更新。对于在线营销功能的开发与应用缺少实施基础。在“互联网 +”时代背景下，酒店更应该高度重视酒店官网建设，大力推进官网直销战略，全面提升品牌影响力和在线直销量。除了在官网上展示酒店基本信息和主要产品，还应该开发预订功能，并安排专人负责后台维护，接受客人预订，让客人能够更加方便快捷地预订酒店产品。

（2）利用微信平台挖掘酒店客户，减少对 OTA 在线分销渠道的过度依赖。微信的出现为酒店行业的发展带来契机，微信作为一种便捷的交流沟通工具，同时具有很多实用性功能都可服务于酒店的营销宣传推广。酒店可以通过微信公众号平台，向关注的粉丝及时推送各种促销优惠信息，这对于进一步发展酒店潜在客户、塑造酒店品牌形象将起到很好的推广作用。在设计推送消息内容时，不要与同行业的内容同质化，通过对客户数据的分析，深度采集客户的关注点和兴趣点，保证内容的真实性和实用性。在保证第一时间推送最新促销优惠信息的同时，还要控制推送频率和时间段。如今，越来越多的酒店微信公众平台除了使用推送功能外，还通过与“点点客”等第三方平台合作，开发微信预订功能，有的还开发出微信会员卡，客人通过公众号平台预订客房，积分累计到一定数量还可以在线兑换酒店产品。

（3）构建多元化在线分销渠道，以分销带动直销，提升酒店入住率。目前，国内比较著名的在线代理商如携程、艺龙、芒果等。作为酒店如果分销

渠道单一，最终将影响酒店价格体系正常维护，损害协议客户的利益。通过构建多元化的分销渠道，有利于开拓更多的潜在客户，降低了单一平台的过度依赖。在线分销渠道可以给酒店带来大量的首次入住客流量，此时酒店不应该以客源成本价低的不良心理来应付这些网络客户，而应该将此作为一种难得的机遇，通过优质化服务，强有力的宾客关系维护系统，将这些通过在线分销渠道过来的客户引导至酒店自身的在线直销渠道中来，如官网预订、微信预订等，提高酒店直销量，提升酒店入住率。

（4）重视网络在线点评，做好宾客意见反馈，维护酒店良好声誉。高星级酒店越来越注重口碑传播，去哪儿网发布的高星级酒店大数据报告中显示“高星酒店点评覆盖率是酒店整体点评覆盖率的 2.4 倍，四、五星级酒店点评覆盖率均在 90% 以上”。对于众多不熟悉目的地酒店的网络预订客人来说，点评分数、好评率高的酒店，在排名时更容易靠前，其他顾客的点评对他们的选择也起着十分重要的作用。顾客的好评会让网络预订客人对酒店产品产生足够的兴趣，促进订单的产生。相反，差评会让网络客人在选择酒店时，产生疑虑，甚至直接选择其他酒店。因此，酒店应该高度重视自身的服务质量和产品质量，健全相关考评机制，成立专门的公关小组，负责网络点评的回复、网络舆情的监测，第一时间处理差评，并快速作出积极回应，消除客人的误解，努力让客人删除差评或修改点评，维护酒店品牌形象。

【延伸阅读 2–8】

## 72 变携首旅如家推智能酒店

72 变智能生活平台联合首旅如家酒店集团共同举办——如家精选酒店客房试睡活动，现已圆满结束。如家精选酒店客房试睡活动获得大众用户的广泛支持及关注，在为期近 2 个月的活动中，宣传覆盖人群超百万，共有 13907 位用户报名参与，角逐如家精选酒店试睡体验名额。在本次活动中，共有两款房型可供挑选：如家精选酒店智能客房，如家精选酒店印象房。

如家精选酒店主推智能酒店系统，通过掌上如家 App 可以实现预订、支付、选房、开门、退房等功能。同时，可以远程调控客房里的温度、灯光模式、音乐、空气湿度和洁净度。创新的“智能酒店方案”全面入驻，移动互联网时代的酒店顾客体验获得跨越式的升级。

在本次的如家精选酒店客房试睡活动中，10 位体验达人分别从酒店环境，智能酒店系统，客房设计及空间布局，客房配套设备等方面介绍了如家精选酒店客房的体验感受。特别要提到的是，10 位体验达人一致肯定了掌上如家 App 的使用便利性，预订入住的流程简化，智能设备的远程控制提高了舒适便利性。

自 2016 年 7 月，首旅如家酒店集团与 72 变签署战略合作协议以来，深度对接，全面合作，共同打造智慧酒店。此次如家精选酒店客房试睡活动，更体现出首旅如家酒店集团对原有酒店的升级改造，不断提升酒店智慧化信息水平和服务能力，变革了传统意义上的酒店业竞争方式和经营管理模式，将以往酒店装潢、客房数量、房间设施等质量竞争和价格竞争，转变为在智能化、个性化、信息化等方面竞争，更注重酒店的软服务水平。

资料来源：彭志强 . 72 变携首旅如家推智能酒店 万人试睡报名［EB/OL］. 南方网综合，http://tech.southcn.com/t/2017-02/13/content_165098753.htm，2017-02-13.

# 第三章　旅游企业电子商务运营技术基础

【本章导读】

本章主要介绍旅游企业的计算机技术（IT）应用。旅游企业对计算机技术的应用是企业电子商务运营的基础。我国的旅游业是较早和国际接轨的行业之一，为了使旅游业的经营管理尽快达到国际水准，行业较早开始应用计算机技术，如酒店管理信息系统（PMS，MIS）等。目前旅游线上电子商务发展迅速，旅游行业应用计算机技术领域越来越广泛，旅游电子商务应用也非常超前，行业各方面的经营管理和计算机技术融为一体。为此本章将介绍旅游企业信息技术应用的硬件基础（综合布线、系统硬件架构、计算机网络硬件配置等）以及旅游企业的软件应用（旅游企业软件架构及发展趋势）。在应用领域重点研究酒店企业计算机管理信息系统、网络营销、后台管理系统等。对景区与旅行社的计算机架构与运行模式也做了介绍。本章我们探究旅游企业应用计算机技术的现状和发展趋势，最终目标是为旅游企业经营管理提供先进的平台和经营服务模式。

## 第一节　旅游企业计算机系统

### 一、旅游企业的综合布线

我国的旅游业正处于高速发展阶段，怎么把旅游大国变成高度集约型旅游强国，是旅游行业人士思考和践行的课题。旅游业的高质量的发展，离不开信息技术应用。一方面，旅游企业日常经营需要管理信息系统（MIS）、办公自动化系统、财务管理系统、网络预订系统、通信系统等的支持。另一方面，旅客旅途中，需要使用微信、微博、QQ、人人网、各种 App 等，与家人、公司、同学、合作伙伴等保持联系，还需要收发邮件、访问所需的网页等。旅客需要的是全方位、全天候使用计算机网络，总之游客需要与世界保持联系。很难想象，目前的旅游、商务移动，如果没有互联网、没有电子商务的应用，几乎不能成为可能，不能成行。

上述计算机网络的构建，需要旅游企业先进行网络框架的建设，其中综合布线系统是基础。综合布线是一种模块化的、灵活度极高的建筑物信息传输通道。它既能使语音、数据、图像设备和交换设备与其他信息管理系统彼此相连，也能使这些设备与外部相连接。综合布线还包括建筑物外部网络，即与电信网络的连接点，与应用系统设备之间的所有线缆及相关的连接部件，这种链接包括有线的、无线的。综合布线系统由不同系列和规格的部件组成，其中包括传输介质、相关连接硬件（如配线架、连接器、插座、插头、适配器）以及电气供电和保护设备等。这些部件可用来构建各种子系统，它们都有各自的具体用途，不仅易于实施，而且能随需求的变化而平稳升级。

综合布线系统最早由美国电话电报公司的贝尔实验室，于 20 世纪 80 年代末期率先提出，后由计算机工业协会、美国电子工业协会和美国电信工业协会一起制定了 ANSI/EIA/TIA568 即《商业大楼电信布线标准》，国际标准化组织（ISO）制定出相应标准 ISO/IEC/IS11801。制定这些标准的目的是：首先，建立一种支持多供应商环境的通用电信布线系统；其次，可以进行商业大楼的结构化布线系统的设计和安装；最后，建立各种布线系统配置的性能和技术标准。在国内，2000 年国家标准化委员会颁发了《建筑与建筑群综合布线系统工程设计规范》（GB/T 50311—2000），对布线系统规定了各种国家标准，并将其命名为综合布线，2007 年又以《综合布线系统工程设计规范（附条文说明）（GB 50311—2007）的新标准替换了原标准，以适应日新月异的计算机技术发展以及“互联网 +”技术的发展。

综合布线系统在各类企业虽然应用时间不长，但是应用推广迅速，从酒店到旅行社、从医院到各类写字楼、从交通系统到政府办公大楼，几乎所有的大楼在设计建造时都会应用综合布线系统。特别是旅游（酒店），一直以来都是站在新技术应用的前沿，对于综合布线系统的应用也更广、更深。

1. 旅游企业综合布线系统的需求分析

旅游企业的综合布线（酒店、餐厅、旅行社等）属于建筑综合布线的范畴，也就是说，旅游企业的综合布线是建筑综合布线在行业中的具体应用。综合布线同传统的布线相比较，有着许多优点，是传统布线所无法相比的。它的特点主要表现在兼容性、开放性、灵活性、可靠性、先进性和经济性六方面。综合布线在设计、建造和维护方面也给人们带来了许多便利，维护成本也远比传统布线低。

（1）兼容性。

综合布线的首要特点是它的兼容性。这是指综合布线系统本身是完全独立的一套系统，与应用系统相对无关，可以适用于多种应用系统在这个平台上应用。过去，为一幢大楼的语音或数据线路布线时，往往是采用不同厂家生产的电缆线、配线插座以及接头等。例如语音交换机（通常是指电话交换机）通常采用双绞线，计算机系统通常采用粗同轴电缆或细同轴电缆。这些不同的设备使用不同的配线材料，而连接这些不同配线的插头、插座及端子板也各不相同，彼此互不相容。一旦需要改变终端机或电话机位置时，就必须敷设新的线缆，以及安装新的插座和接头。

综合布线系统将语音、数据设备的信号线经过统一的规划和设计，采用相同的传输媒体、信息插座、连接设备、适配器等，把这些不同信号综合到一套标准的布线中。在使用时，用户不需要事先定义某个工作区的信息插座的具体应用，而只要把某种终端设备（如个人计算机、电话、视频设备等）插入这个信息插座，然后在管理间和设备间的交接设备上做相应的跳线操作，这个终端设备就被接入到各自的系统中了。在综合布线过程中也无须考虑以后用户采用哪个厂家的交换设备，使用哪种品牌或不同型号的终端设备，因为各厂家提供的设备、接口都是统一标准的，都可以直接与布线系统相连接。

（2）开放性。

对于传统的布线方式，只要用户选定了某种设备，也就选定了与之相适应的布线方式和传输介质。如果更换另外的设备，那么原来的布线就要全部更换。对于一个已经完工的旅游建筑来说，这种更换是十分困难的，不但增加了投资，也影响了旅游的正常运行。例如：如果建筑采用小型计算机作为计算机管理系统的主机，一旦更换成服务器，那么就得重新布线。综合布线由于采用开放式体系结构，符合多种国际上现行的标准，因此它几乎对所有著名厂商的产品都是开放的，如计算机、交换机、打印机设备等；并支持所有通信协议，如ISO/IEC8802-3，ISO/IEC8802-5等。

（3）灵活性。

传统的布线方式是封闭的，其体系结构是固定的，若要迁移设备或增加设备是相当困难且麻烦的，甚至要变动整个系统的架构。综合布线采用标准的传输线缆和连接硬件，采用模块化设计。因此，所有的通道都是通用的。每条通道不但支持语音终端，也支持数据终端以及视频终端。所有设备的开通及更改均不需要改变布线，只需增减相应的应用设备以及在配线架上进行必要的跳线管理即可。另外，组网方式也灵活多样，甚至在同一房间可有多用户终端，以太网工作站、令牌环网工作站并存，为用户组织信息流提供了必要条件。

（4）可靠性。

传统的布线方式由于各个应用系统互不兼容，因而在一个建筑物中往往要有多种布线方案。因此，建筑系统的可靠性要由所选用的布线可靠性来保证，当各应用系统布线不恰当时，还会造成交叉干扰。综合布线采用高品质的材料和组合压接的方式构成一套高标准的信息传输通道。所有线槽和相关连接件均需要通过ISO认证，每条通道都要采用专用仪器测试链路阻抗及衰减率，以保证其电气性能。应用系统布线全部采用点到点端接，任何一条链路故障均不影响其他链路的运行，这就为链路的运行维护及故障检修提供了方便，从而保障了应用系统的可靠运行。各应用系统往往采用相同的传输媒体，因而可互为备用，提高了备用冗余。

（5）先进性。

综合布线一般都采用光纤与超五类混合布线方式，极为合理地构成一套完整的布线。所有的综合布线均采用当前最新的通信标准，主干部分采用光纤进行传输，以保证速度。而水平链路均按8芯双绞线配置。5类双绞线带宽标准可达到100MHz，6类双绞线带宽可达200MHz，可以实现百兆到桌面或者千兆到桌面，对于特殊用户的需求甚至可以实现光纤到桌面。语音干线部分用铜缆，数据部分用光缆，为同时传输多路实时多媒体信息提供了足够的带宽容量。

（6）经济性。

综合布线比传统布线具有经济性优点，综合布线可适应相当长时间的需求，一般都要求超过10年以上的寿命。传统布线的改造不但浪费时间，还会影响到企业的正常运行，由此造成许多旅游企业建筑不愿更换新的计算机系统。

通过综合布线的六个特点可以看出，综合布线较好地解决了传统布线方法存在的诸多问题。随着现代科学技术的迅猛发展，人们对信息资源共享的要求越来越迫切，以电话业务为主的通信网正逐渐向综合业务数字网过渡，人们越来越重视能够同时提供语音、数据和视频传输的集成通信网。综合布线系统可以把整个旅游（大楼）的所有线路集成在一个布线系统中，统一设计、统一安装，这样不但减少了安装空间、改动费用、维修和管理费用，而且能够轻易地以较低的成本及可靠的技术接驳最新型的系统。因此，综合布线取代单一、昂贵、复杂的传统布线，是“互联网＋”的要求，是技术应用发展的必然趋势。

2. 旅游企业综合布线的六个子系统

按照综合布线标准，技术人员把旅游企业建筑的综合布线系统划分为六个子系统。

（1）工作区子系统。

工作区是一个独立的需要设置终端的区域，如图 3–1 所示，如酒店的一个客房、商务中心、办公室等就是一个工作区。工作区子系统由水平子系统的信息插座，信息插座到终端设备处的连接电缆及适配器组成。工作区子系统中所使用的信息插座必须具备有国际 ISDN 标准的 8 位接口，这种接口能接受大楼智能化系统所有低压信号以及高速数据网络信息和数码音频信号。工作区是综合布线使用面和应用点最多的区域，如酒店客房、旅行社或者景区的工作区域就有很多的使用点。

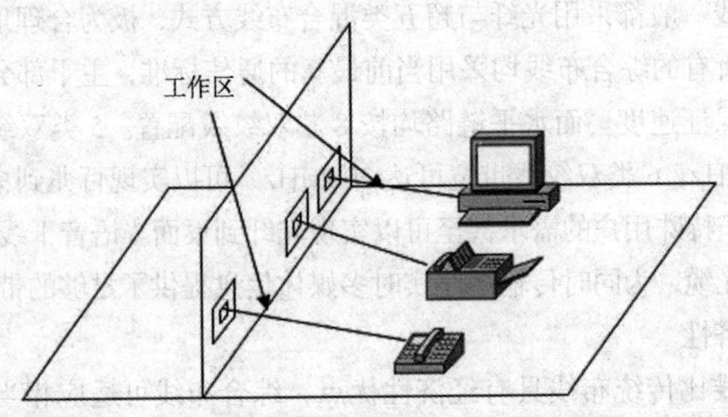


图 3–1 旅游企业内部综合布线工作区子系统示意图

（2）综合布线水平子系统。

水平子系统由使用点的信息插座（如旅游企业的销售部等），楼层配线设备到信息插座的配线电缆，楼层配线设备以及跳线等组成，如图 3-2 所示，也称为配线子系统。水平子系统由 8 芯网线组成。某些特殊需要高带宽的场合，如酒店会议中心，也可以由光缆组成，即实现光纤到桌面的布置，用光缆还需配置相应的光端机。

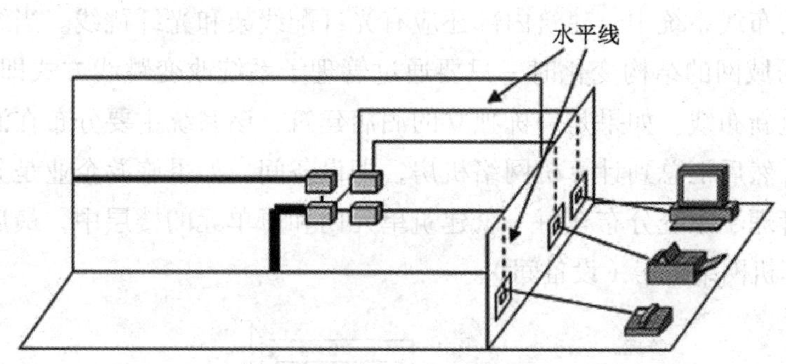


图 3-2 旅游企业内部综合布线水平子系统示意图

（3）综合布线垂直子系统。

垂直子系统由酒店设备间的配线设备和跳线以及设备间至各楼层配线间的连接电缆组成，如图 3-3 所示，也称为干线子系统。它用于实现计算机设备、程控交换机（PABX）、监控或者消防控制中心等与各管理子系统间的连接，常用介质是大对数双绞线电缆、光缆等。大型酒店会使用垂直走光缆的方案，旅行社可以根据自己的需求，特别是规模较小的企业，垂直使用六类线的技术方案。这种方案经济上投资少，但对于一个层面较多使用点的企业

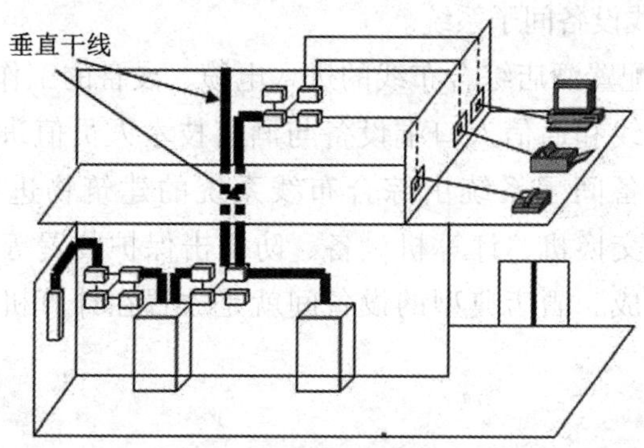


图 3-3 旅游企业内部综合布线垂直子系统示意图

而言，网络速度会比较慢，尤其是在高峰时段。

（4）综合布线管理子系统。

管理子系统设置在楼层配线内，如图 3–4 所示。管理子系统由交连、互连配线架组成。交连和互连允许将通信线路定位或重定位到建筑物的不同部分，以便能更容易地管理通信线路。它是垂直子系统和水平子系统的桥梁，同时又可为同层组网提供条件。一般包括双绞线、配线架和跳线等。在有光纤需要的布线系统中，建筑内部还应有光纤配线架和光纤跳线。当终端设备位置或局域网的结构变化时，只要通过管理子系统改变跳线方式即可解决，而不需重新布线。如果是一栋独立的酒店建筑，该系统主要分布在酒店的各个楼层，然后汇总到计算机网络机房，即设备间。如果旅游企业是分布式建筑群，管理子系统分布在每一个建筑单元内和每单元的楼层中，最后汇总到企业计算机网络机房（设备间）。

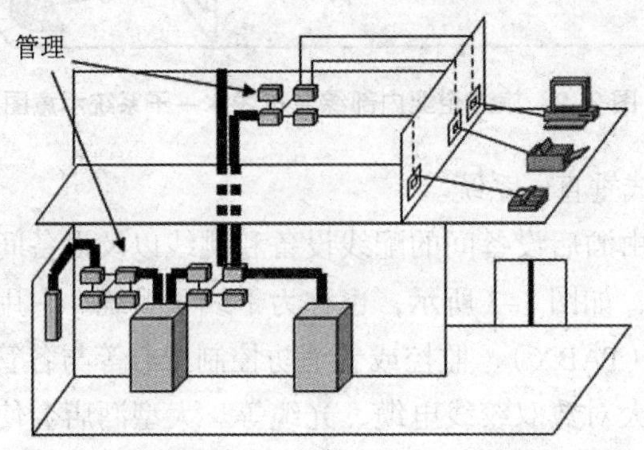


图 3–4　旅游企业综合布线管理子系统示意图

（5）综合布线设备间子系统。

设备间主要配置酒店综合布线的进入电缆、设备的工作区，一般设置在建筑物适当的进线和通信入口端设备与酒店技术人员值班的工作区域，如图 3–5 所示。设备间子系统由综合布线系统的建筑物进线设备、程控电话交换机、网络交换机、计算机设备、防雷击保护装置等各种主机设备及其保安设备等组成。酒店典型的设备间就是放置在计算机机房和程控交换机房。

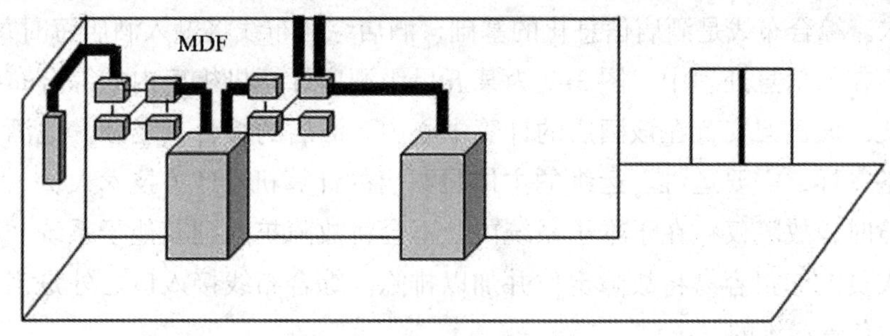


图 3–5　旅游企业综合布线设备间子系统示意图

以上企业内部综合布线水平子系统、垂直子系统、管理子系统和设备间子系统的日常技术管理、维护、更新等工作，一般由旅游企业的计算机技术人员运维。一旦网络外部发生故障，将请当地的电信公司进行处置。

（6）综合布线建筑群子系统。

当旅游企业规模较大时，如酒店建筑的综合布线系统覆盖两个或两个以上的建筑物时，就形成建筑群子系统。建筑群子系统由连接各建筑物之间的缆线和配线设备组成，如图 3–6 所示。通过它来实现建筑物之间的相互连接，常用的通信介质是光缆。如果是单建筑构成的酒店，该建筑群子系统会和当地的通信公司连接，日常的运维也由当地的电信部门负责，酒店的技术人员配合。这个子系统一般状况下，维护率并不高。

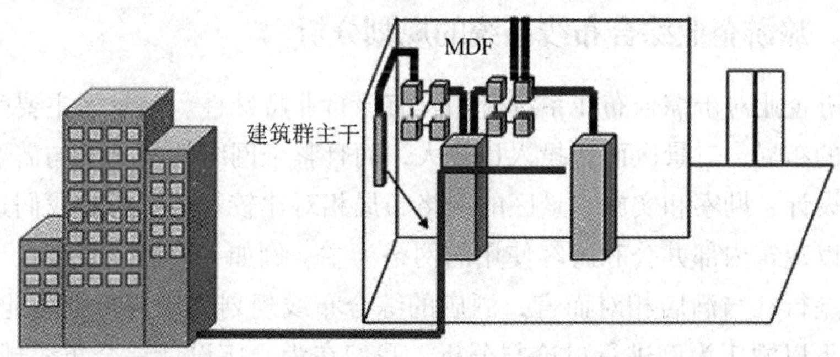


图 3–6　旅游企业综合布线建筑群子系统示意图

综上所述，旅游企业综合布线系统的各个子系统既相互独立，完成独立的功能；又相互有机链接，成为一体。其目标就是将酒店数据、语音、视频等信息在各个子系统内依次传递，最终完成宾客和酒店使用者对于业务的处理要求。综合布线是酒店信息化的基础，酒店综合布线将融入酒店每时每刻、无处不在的信息处理中。图 3–7 为某五星级酒店计算机机房内的综合布线配线机架，该机架安置在该酒店的计算中心内。酒店的综合布线和其他酒店工程设备一样，需要运维。运维的主体是酒店的计算机（IT）技术人员，当出现故障时，故障仅存在于本子系统内，不会将故障扩大到其他子系统，因而技术人员能够很容易将故障定位并加以排除。综合布线接入口之外是当地电信部门负责运维的。

图 3–7 某五星级酒店综合布线配线机架

## 二、旅游企业综合布线系统的规划分析

旅游企业对于综合布线系统应用具有该行业特殊性。如景区主要完成无线网络的布局，对景区而言投入比较大，而且整个网络的技术架构需要专业的公司设计、勘察和实施，景区的网络布局相对比较复杂。为此我们这里主要讨论以建筑内部办公和游客使用的网络为主。例如：酒店、旅行社、餐厅等。就旅行社与酒店相对而言，酒店的综合布线规划要比旅行社企业复杂，由此以下以酒店为例进行讨论与分析。我们在为酒店设计综合布线规划时，应该充分考虑到酒店综合布线系统的特殊需求。在系统设计、布点密度、布点方式上做一些特殊处理，以满足酒店日常经营的需求。同时，酒店对于新技术的应用一般较为积极，应充分考虑在综合布线系统生命周期内（一般为 10~15 年）的可扩充性，以满足酒店引进新技术时对综合布线系统的要求，避免重复投资。

1. 综合布线系统的应用

在酒店运行过程中，综合布线系统占据基础和关键的作用，如图 3–8 所示。其他的系统，如计算机管理系统、通信系统等都依靠综合布线系统进行工作。如果综合布线系统出现问题，势必影响计算机管理和各种计算机应用系统、通信系统等的正常工作，给酒店的正常运行造成障碍。所以，综合布线系统必须是高质量和稳定可靠的，建议将 IT 系统预算的 10% 作为综合布线系统的投入。有的业主认为这种网线可以廉价，这为酒店今后经营埋下了工程隐患。酒店的综合布线是隐蔽工程，要和其他隐蔽工程一样，需引起高度重视，按工程规范进行设计、施工和验收。

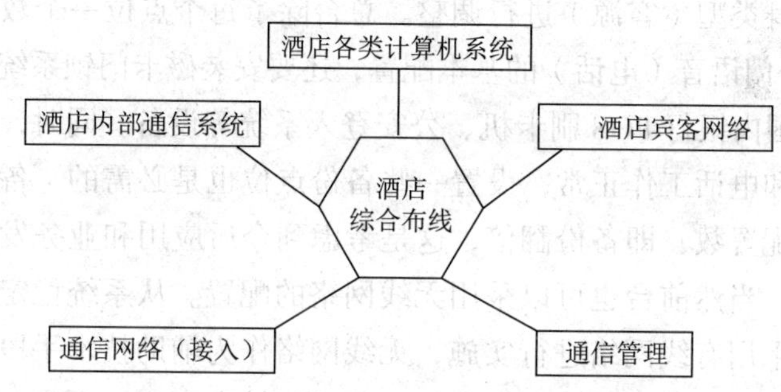


**图 3–8　酒店综合布线系统交换基础地位**

2. 综合布线系统的特殊性

旅游企业，如酒店的应用区别于普通居民大楼。普通民宅大楼用户对象较统一，功能要求比较单一，对综合布线系统的要求相对比较简单，而酒店则要复杂得多，在酒店的日常运行中，既有酒店员工对网络和通信系统的需求，也有住店宾客、参会人员对网络和通信系统的需求，并且随着科技的进步，宾客对于网络的依赖度越来越高，而酒店面临的网络安全风险也越来越高。所以，在为酒店进行综合布线系统设计时，应考虑酒店日常办公和住店宾客对于网络的不同需求，既要确保各使用者正常使用，又要保证酒店内部各系统的运行安全。为确保酒店办公网络的安全，酒店办公网络和客房网络必须进行物理隔离，以避免酒店办公网络受到来自客房网络的攻击和病毒威胁。这就要求对某些既有客房又有办公室区域综合布线的酒店，垂直子系统采用设置两套线路，管理子系统也需要设置两套，这样才能确保这些区域对于办公网络和客房网络的物理隔离。另外，对于某些区域，还需要考虑实际运行中会碰到的各种问题，酒店规划设计时，适当进行冗余设计，以满足日后运行需求。

3. 酒店各个关键区域的布点规划

酒店各个重要区域的数据点规划和设计，是根据酒店的市场、环境与经营管理设定的，具体分析如下。

（1）总台区域的布点。

总台是酒店的门户，是住店宾客入住登记、结账离店、宾客服务信息交汇的地方，是酒店的重要岗位。总台的数据点配置是根据酒店的规模设定的，表 3-1 是根据酒店客房规模对总台数据点和语音点配置的建议，酒店配置时，可以根据自身类型（客源）进行调整。总台除了每个点位一个数据点（计算机终端）、一门语音（电话）的基本配置，还要安装磁卡门锁系统制卡机、网络打印机、国内银行 POS 刷卡机、公安登入系统等设备。同时，为保证总台区域的网络和电话工作正常，设置一些备份点位也是必需的，备份数一般为前台数据点配置数，即备份翻倍，这是考虑到今后应用和业务发展的需求和维护的保障。当然前台也可以采用无线网络的配置。从系统稳定性认定，还是建议总台采用有线网络进行实施，无线网络作为辅助技术手段。酒店的总台是综合布线的重点区域，数据点相比普通区域密度应该更高一些，一定要按技术标准规划好。

**表 3-1 酒店总台数据和语音点的设定（数）**

| 酒店规模（客房数/套） | 前台数据点配置（点） | 语音点配置（点） | 备注 |
|---|---|---|---|
| <100 | 2~3 | 2~3 | 包括磁卡门锁、公安登入 |
| 200~300 | 3~5 | 3~5 | 包括磁卡门锁、公安登入 |
| 400~500 | 5~8 | 5~6 | 不包括磁卡门锁、公安登入 |
| 600~800 | 5~10 | 5~8 | 不包括磁卡门锁、公安登入 |

（2）酒店会议室区域的布点。

酒店承接的会议形式多种多样，既有一般的工作会议、谈判会议，也有新闻发布会、视频会议、电话会议等。有的酒店在会议室还接待讲座、培训班、科研研讨会等各种活动。由此一来，不同形式的会议对于会议室网络和语音的要求是不一样的，为了能确保大多数会议对于网络和语音的要求，会议室应该安装尽可能多的点位，不但周围墙面要安装，还应该在适当的地面安装一定数量的地插，以备不时之需，来满足不同形式会议的需求。有的酒店为了满足视频会议或其他对于带宽要求较高的应用，在高标准的会议室，应该一个座席配置一个数据点。在通信电缆的规划上，必要时为宾客提供光纤到桌面的应用。

（3）酒店餐厅区域的布点。

为酒店餐厅进行综合布线规划时，必须考虑到酒店餐厅的运行模式。根据不同的模式会有不一样的布点规划。

第一，传统的点菜模式，该模式是餐厅服务到餐桌旁为宾客进行点单服务，服务生将完成的宾客点单提交餐厅收银台操作员，由收银台的服务员（收银员）将点单信息输入到餐厅计算机管理系统，该系统根据菜品进行分单并完成各个厨房（出品点）的出单打印，各个厨房工作人员根据打印出的菜单进行加工、出品。这里要求每个出品区域必须设置一台厨房打印机，一般包括热菜厨房、冷菜间、点心间、酒水吧（台）等。这种模式数据点的敷设一般到各个餐厅的收银台。目前此模式应用较多，适用于高端西餐、中餐。

第二，无线点单模式，随着无线网络的发展，许多餐厅采用无线点单机（Personal Digital Assistant，PDA），采用无线点单机（见图 3–9）进行点单服务会更加便捷和“时尚”，一般餐厅中每 20~40 个餐位就需配置一个无线点菜器（PDA），在餐饮收银台附近架设无线路由器，点单完成，服务生按点单最后确认键，点单信息就会通过无线路由器传入到餐厅计算机管理系统并进行后续的服务。

上述两个模式，要求厨房预设统一的打印机电缆井道，将信息电缆接入到个电缆管道中，以便在配置打印服务器时综合利用，使维护便捷并降低运维成本。

图 3–9　酒店餐厅使用的无线点菜机（PDA）

第三，如果餐厅采用“明档”点菜模式，如图 3–10 所示，这种运行方式，需要在点菜区域架设足够带宽的无线路由器，来满足宾客集中点菜时的通信需求。餐厅的收银台和各个厨房的布点及电缆管道设计与上面两种模式要求是一致的。

图 3–10 某些酒店餐厅的点菜区（明档）

以上餐厅运行模式的综合布线要求根据酒店的实际需要进行规划和设计，具体要求如表 3–2 所示，供规划时参考使用。

表 3–2 餐厅不同点单模式数据语音点的配置要求

| 餐厅的运行模式 | 餐厅数据点配置（点） | 计算机配置建议 | 语音点配置（点） | 技术说明 |
|---|---|---|---|---|
| 餐桌点单服务 | 1~2 | PC终端或触摸屏终端 | 1~3 | 各个出品点需配置厨房打印机并敷设从餐厅收银点到各个厨房的电缆 |
| 无线点单服务 | 1~2 | PC终端 | 1~3 | 满足上述技术要求的同时，需在餐厅收银点附近或合适的区域架设无线路由器 |
| 明档点菜模式 | 1~2 | PC终端 | 1~3 | 需在明档区域配置足够带宽的无线路由器 |

（4）酒店客房内的布点。

酒店的客房是宾客逗留时间较长的区域，现代酒店客房至少配置 1 个数据点和 1~3 个语音点。目前酒店数据点的设定有以下两种模式。第一种方案为有线接入，数据点一般设置在写字台上即可；第二种方案是采用无线网络。就目前无线网络的发展状况，在酒店客房应用无线网络（Wi-Fi）技术已经成为标准配置，游客可以使用笔记本电脑上无线网络，更可以用手机上网，目前大部分酒店均在客房提供免费的Wi-Fi。有的酒店在电视机上增加一个数据点，以便网络电视（IPTV）与数据网络的相互联网，这个点位必须与写字台的数据点走不同的垂直主干线路，因为网络电视对带宽要求很高，如果和写字台的数据点共享同一条垂直主干线，将会影响客房内的网络质量，也会对网络电视的信号质量产生影响。

酒店语音点设置可以根据客房的等级进行规划，一般客房没有必要把3个语音点全部放线缆到楼层配线间，因为每个房间设置在写字台、床头柜、卫生间的号码都是同号的，即把这3个点在房间里选择合适的位置进行并接，然后通过一根总线连接到楼层配线间。这样既节约了水平线缆的投资，也节约了楼层配线架的数量。如果是高级别的套房，则需要配置大于1个语音点的配置，可以是客厅设一个语音点，卧室配一个语音点，卫生间一个语音点。

（5）酒店其他区域数据点的布点。

酒店咖啡吧、酒吧、娱乐和康乐等场所，现在一般会使用无线网络覆盖并在收银点配置有线网络点，这样配置将满足宾客移动信息交换的需求。

4. 旅游企业无线网络

随着信息技术的持续高速发展，各种手机、手持终端和平板电脑层出不穷，如iPad、iPhone、PDA等设备已经成为旅客的随身之物。这些终端设备需要使用无线网络接入。因此，对客房区域、会场区域和公共区域进行无线覆盖，为住店宾客营造良好的体验环境，已经成为现代酒店的必需配置。

在酒店架设无线网络环境，一般将其并入客房网络拓扑中，这样可以利用原有的网关设备，对宾客上网账号等信息进行统一管理，既方便管理，又可以减少投资成本。无线网络的设备必须支持IEEE802.11a/b/g/n等标准，无线频段为2.4G或5.8G，无线网络的速度可以从11M~150M不等，传输距离从几米到100米不等。速度和传输距离受无线设备的发射功率、阻挡物（墙体）的材料、客房的布局等因素影响，所以，架设无线网络不能简单地凭经验，随意放置无线访问点（Access Point，AP），而是要对现场进行无线信号测试，确保AP能够覆盖到所需要的区域，信号强度能够达到正常工作的范围。

无线信号还存在干扰的问题，相邻的AP之间会产生电波串扰，导致接收设备无法正常连接AP，影响网络访问。所以，有必要在系统中设置无线控制器，通过无线控制器，可以对所有的AP设备进行统一管理、统一配置，在AP参数需要改动的时候，只需要在控制器上进行修改，由控制器通过网络将配置下发到所有的AP，无须对AP进行逐个修改，极大地减少了网络管理员的工作量。同时，无线控制器还能对AP的无线信号进行优化，适当调整AP的发射功率和频道，使得相邻的AP不会产生干扰现象，确保无线网络工作正常。为了方便宾客使用无线网络，酒店内的无线网络一般为开放式访问模式，而不设置访问密码。如果设置密码，要通过一定安全渠道告诉宾客。酒店还需培训会进行密码设置的服务生，提供这类的技术支持。

景区的无线网络架设比较复杂，技术要求高，地域相对广。有的景区是山地等比较复杂的环境。这个一般委托当地的电信运营商进行前期测量、规划、设计、施工与维护。景区的技术人员，要监控整个的网络运营状况，随时与电信运营商保持联系，使网络处于良好的运行状态。

5. 旅游企业（酒店）各区域网络拓扑图

这里主要介绍酒店两个主要区域的网络拓扑图，一般在规划酒店网络系统时，设计单位会提交酒店各个区域的网络拓扑图，给企业管理方（甲方）审阅，管理方根据拓扑图，提出自己的意见。由此学会看懂网络拓扑图成为技术交流的工具。

（1）客房区域网络拓扑图。

酒店客房区域网络的规划，既要配置传统的有线接入方式，又有无线网的入口端。这样可以满足宾客各种智能手机、平板电脑、笔记本电脑、台式电脑等设备的网络接入，并通过网络处理各种事务。目前在客房区域网络配置中，一般会有线与无线两套系统同时配置，这样才能满足不同层次的宾客的不同需求，为宾客提供网络的服务。另外为了满足一些宾客对特殊的网络访问需求，如访问虚拟专用网络（Virtual Private Network，VPN），不得设置防火墙设备（Firewall），避免防火墙拦截这些特殊的网络访问，给宾客带来不便。根据相关部门和酒店自身对网络管理的需要，酒店会配置专用网关设备。网关设备将完成动态主机配置（Dynamic Host Configuration Protocol，DHCP）的管理功能，同时为宾客提供即插即用功能，宾客计算机设备无须更改网络设置，即可以通过网关设备访问外网。网关的设计既可以对客房网络端口进行管理，也可以对宾客的上网账号进行管理。网关设备还可以对客房网络活动按照预先定义的计费规则进行计费，并实时传送到酒店管理信息系统（PMS）中，计入宾客费用数据库中，以便在退房时统一结账（要收费的酒店）。同时，网关设备还能够对所有端口的网络活动进行日志存档，以便在必要时调用日志，审核网络行为，确保其网络行为的安全性与合法性。图 3–11 是典型的客房网络拓扑图，该系统完成了客房的有线和无线接入，动态主机配置（DHCP）和客房日志记录等功能性管理。

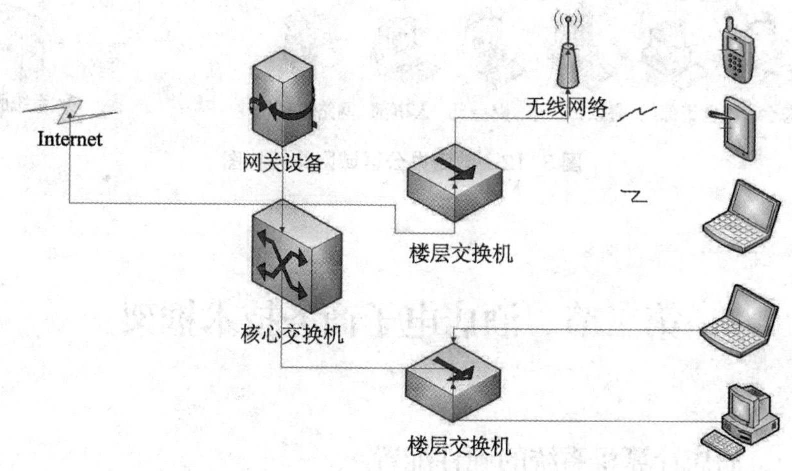


**图 3–11 酒店客房区域网络拓扑图**

（2）办公区域网络拓扑图。

办公区域网络与客房区域网络的配置要求正好相反，为了保障办公设备及各酒店管理系统的安全运行，必须在 Internet 访问前端设置防火墙，以避免来自网络（Internet）的各种攻击。而内部办公无须计费，计算机设备大多也采取配置静态地址的做法，专用网关设备也可以省略。图 3–12 是一个典型的办公网络拓扑图，酒店会把面向宾客直接服务的网络分为前台区域，如总台、餐饮、娱乐、客房等。酒店把财务、采购、人事等部门划归“后台”部门，这样在网络配置时可以进行域控管理，目的是安全可靠运行和协调各个计算机系统。

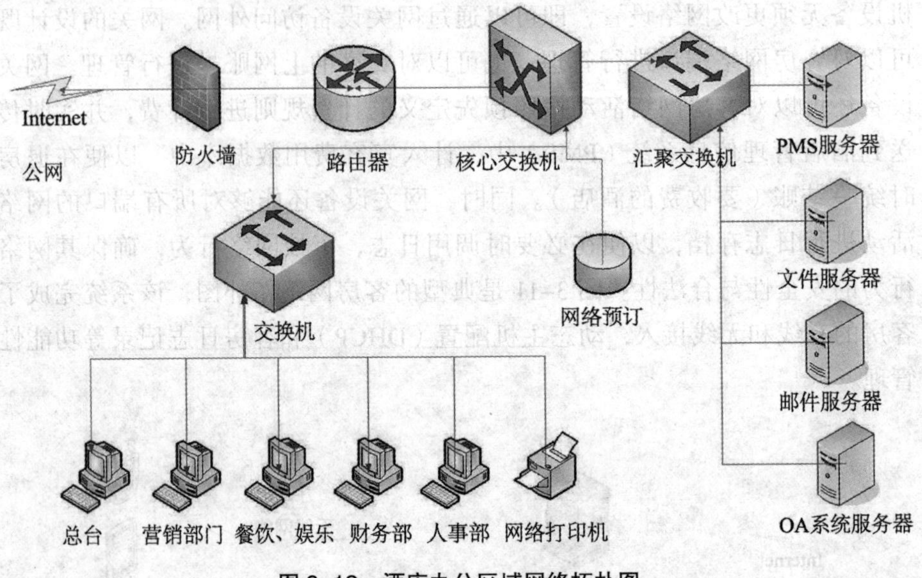


图 3-12 酒店办公区域网络拓扑图

# 第二节 酒店电子商务技术框架

## 一、酒店计算机系统的硬件配置

酒店需完成各种经营管理业务数据处理的需求，在构建上述综合布线基础上，还必须配置各种计算机系统的硬件。

1. 酒店计算机系统的服务器配置

酒店计算机系统的应用经历了小型计算机、诺威尔网络（NOVELL）和服务器 / 客户端结构（Clients/Servers）的主要三个阶段。第一阶段是改革开放初期，我国引进了国外的酒店管理模式，在当时计算机背景下，应用最多的是小型计算机。这种架构简便、技术管理模式方便，但价格高、业务变动困难。第二阶段是过渡阶段，为诺威尔网络（NOVELL）的应用。这个阶段很短，运维也比较复杂。随着视窗（Windows）操作系统的普及，目前应用最多的是服务器 / 客户端结构（Clients/Servers）。酒店企业的很多业务都在这个架构上运行（run），因此酒店的服务器的配置需要有一定的规划。表 3–3 是对不同规模酒店服务器配置的建议，供参考。

**表 3–3　酒店计算机系统服务器配置（数）**

| 酒店规模 | 服务器配置 | 建议 | 特点 |
|---|---|---|---|
| 小规模 | 1 | 备用1台 | 投入少，但系统风险较大 |
| 中等规模 | ≥ 3台 | 采用域控 | 要求稳定，服务器可采用冷备份或热备份技术方案 |
| 大规模 | ≥ 5台 | 不同业务服务器分开运行 | 服务器应该采用热备份技术方案 |

在服务器选型上，建议采购机架式服务器，如图 3–13 所示，将服务器统一安装在计算机机架内，这样既符合规范，又便于管理。当然小型酒店也有的采用台式服务器，作为主服务器。具体应该从酒店的规模和管理要求而定，但大的趋势是采用机架式服务器。

**图 3–13　酒店应用较多的机架式服务器**

随着计算机技术和运行模式的发展，酒店的管理软件也有了“软件即服务”（Software–as–a–service，SaaS）的运作模式，这种模式酒店业主不用购买计算机服务器，只要有网络就可以运行。许多酒店软件厂商推出了适合酒店管理的云平台软件，这个对酒店的硬件配置发生了变化，具体在以下章节中介绍。

2. 酒店应用点计算机终端的配置

酒店应用计算机的部门和业务点越来越多，根据酒店的业务特点每个使用点的计算机终端配置会不一样，如总台使用台式 PC，可以适应较多、频繁的数据录入，具体配置建议如表 3–4 所示。

表 3–4 酒店计算机终端采用形式

| 使用点 | 计算机终端的建议配置 | 特点 |
|---|---|---|
| 前台 | 台式PC或笔记本 | 适应较多数据录入 |
| 餐饮 | 触摸屏终端 | 适应操作简便、快速 |
| 娱乐 | 触摸屏终端 | 适应操作简便、快速 |
| 客房 | 台式PC | 适应较长时间使用 |
| 销售 | 笔记本 | 携带便捷 |
| 财务 | 台式PC | 适应较长时间使用 |
| 人事 | 台式PC | 适应较长时间使用 |

## 二、酒店电子商务的技术架构

酒店的电子商务运营平台的构成是从计算机的技术应用角度分析的，即酒店的计算机管理信息系统、酒店的自营网站、酒店集团的网络及第三方预订的业务平台等。我们可以和其他领域应用计算机类似，把酒店电子商务的技术构成分为网络结构和软件两大部分，网络结构包括计算机服务器、终端（PC）和一系列基础设施，如网线（见图 3–14）、网络配线架、桥架（见图 3–15）、电源、管道、网络交换机（见图 3–16）等。有时把这些称之为计算机系统的硬件。

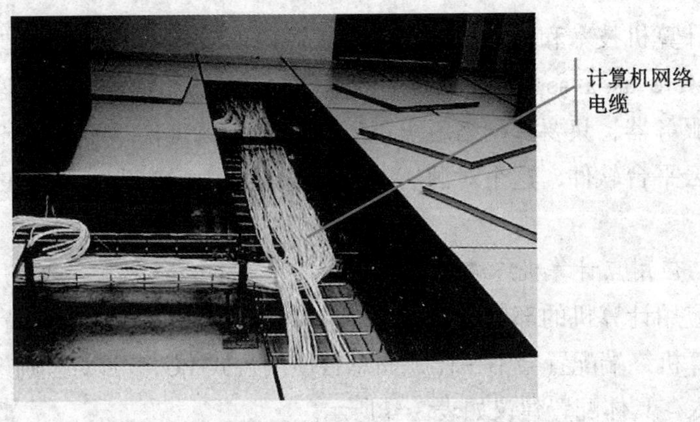


图 3–14 某酒店计算机机房中的网络电缆（网线）

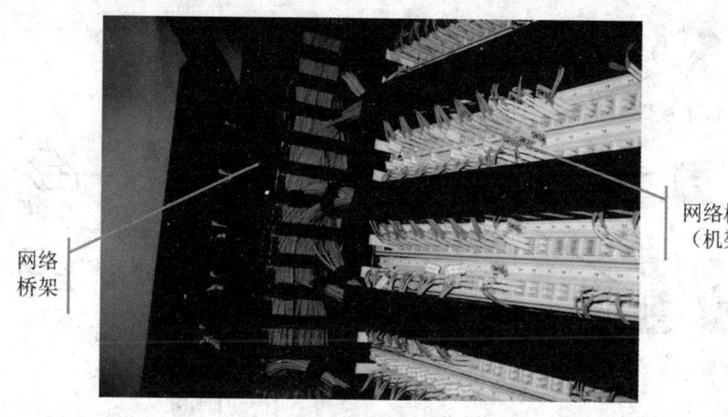


图 3–15　某酒店计算机网络机架、桥架

图 3–16　通信器件（网络接口、网络交换机、无线路由器）

软件包括操作系统、桌面软件、数据库、各种应用的专业软件等。

从计算机网络的组网模式上看，目前一般采用客户机 / 服务器（Client/Server，C/S）模式和浏览器 / 服务器（Browser/Web Server ，B/S）两种模式，结合酒店应用做介绍。

1. 客户机 / 服务器（Client/Server，C/S）模式

客户机 / 服务器（C/S）模式是目前酒店应用较多的管理信息系统的架构模式。酒店网络架构上，计算机系统分成客户机和服务器两类。其中服务器是运行的关键部件。图 3–17 是典型的 C/S 模式的酒店计算机网络结构图。

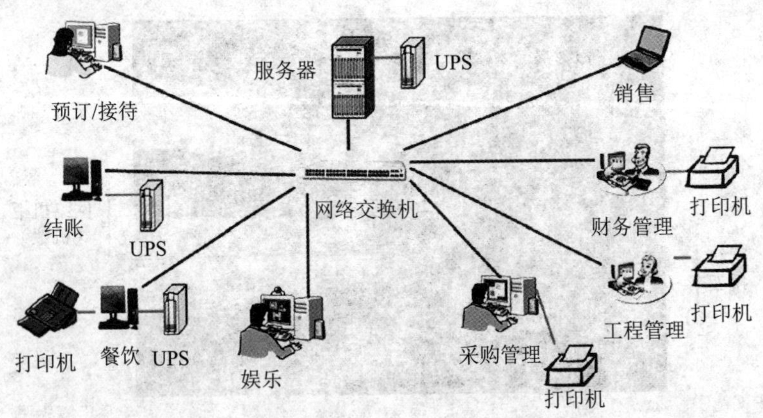


图 3–17 酒店计算机网络 C/S 模式的结构图

酒店常用的 C/S 模式有两层结构和三层结构。两层结构相对比较简单，如图 3–18 所示，适应一些小型酒店，一台服务器既承担应用软件的运行，又承担数据库的运行。对于容量大，有一定规模的酒店，需要把应用软件和数据库运行分开，这样就形成了三层结构，如图 3–19 所示。所有这些结构的形成，一定是为系统高效的运行而产生的。当然具体的技术方案，要根据酒店的实际情况而定。

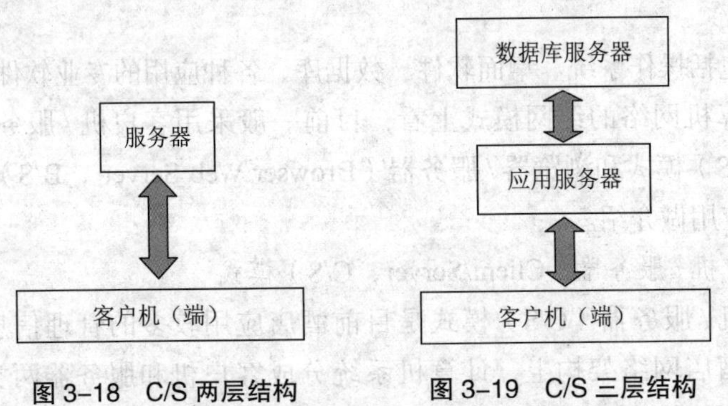


图 3–18 C/S 两层结构　　图 3–19 C/S 三层结构

2. 浏览器 / 服务器（Browser/Web Server，B/S）模式

随着互联网技术的发展，技术上和使用上有了新的需求并产生了新的模式。浏览器 / 服务器（B/S）架构由此产生，如图 3–20 所示，这里客户端是采用浏览（器）方式登入到服务器端进行一系列工作的。浏览服务器是以“页面”形式给浏览器（客户端）提供信息，在 B/S 三层和四层的架构中，浏览

服务器与数据库服务器进行协议接口并实现数据交换。酒店应用 B/S 架构有以下几方面的优点：

第一，由于采用基于超文本协议的 Web 服务器和可以对 Web 服务器上超文本文件进行操作和信息交换，使得酒店管理信息系统的信息交换实现了文本、图像、声音、视频信息为一体的交换功能。

第二，由于采用 Web 服务器，使得酒店客户端可以跨越更大的时空，进行登入，处理信息。

第三，对酒店应用端而言，整个系统的维护和更新，尤其是软件的更新或升级，变得方便，维护可以不到酒店现场进行，效率更高、更便捷。

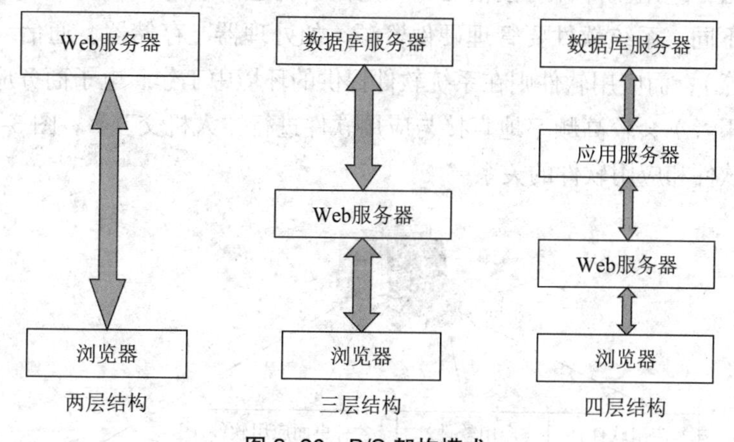


图 3-20　B/S 架构模式

上述的网络架构模式，或是网络架构模式下的两层、三层架构，在实际使用时，要根据旅游企业的应用情况，采用相应的方案。我们提倡的选择原则是：只要合适就是最好的。

## 第三节　旅游电子商务的软件应用

旅游电子商务运营除了上述的计算机系统硬件，还将依靠多种软件系统进行工作，软件应用是全方位的，存在于数据的输入、处理、加工、输出、存储、显示等一系列工作中，是和硬件完全融合在一起工作的。

## 一、旅游电子商务软件应用

计算机软件总体上可以分为两类：一类是系统软件；另一类是应用软件。计算机系统软件是系统运行的软件基础，应用软件是针对具体任务目标的，可以说是专业或者专用的。例如，酒店应用比较多的酒店管理信息系统（PMS、HMIS）就是典型的应用性软件，这款软件是针对酒店行业的。在餐饮经营管理中，有专业的餐饮管理软件，该软件就是针对餐饮业开发的应用软件，在餐饮软件中，还分中餐和西餐管理应用软件。再如：旅行社的经营管理软件，是针对旅行社业务开发的，适应于旅行社的流程管理。从这些案例可以看出，应用软件针对性很强，就是同一行业的软件，也因经营模式不同而有所不同。系统软件要管理硬件资源（如处理器、存储器、通信、输入输出设备等）；而应用软件则在系统软件提供的环境中工作。电子商务应用中用户（使用者）会较高频率地直接与应用软件进行“人机交互”。图 3-21 表述了系统软件和应用软件的关系。

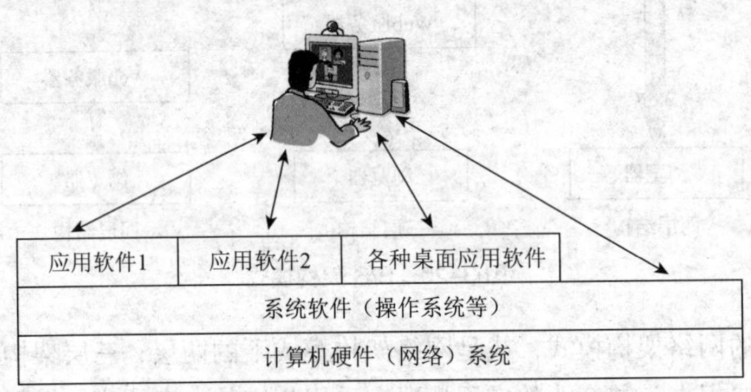


图 3-21 旅游电子商务系统软件和应用软件关系

## 二、旅游企业软件应用发展方向

旅游行业的电子商务应用，从管理信息系统（MIS）开始，从 20 世纪 80 年代逐渐形成行业的计算机系统，管理信息系统是在实际应用中得到完善和发展的。管理信息系统的发展很大程度上是需求驱动的，尤其在广大的企业经营管理中的应用，不断提出要解决的问题，企业家提出更尖锐的问题（需求），计算机技术自身的发展结合了市场的需求，推动了管理信息系统快速向前开拓。但旅游企业应用管理信息系统是远远不够的，随着“互联网 +”的发展，电子商务应用越来越广泛，从目前的应用层面看，有以下几个方向：

1. 网络化方向发展

网络化是后 PC 时代发展的最大特征，网络化技术在市场上迅速扩大，使用的范围，应用行业快速膨胀，目前已渗透到各个领域。管理信息系统作为计算机应用领域之一，也不能远离这个浪潮。在过去管理信息系统应用，有过与外网分离的技术管理模式，其中原因之一，就是为了避免计算机病毒和网络攻击。但到了今天，我们不仅用微软产品，还要使用谷歌、百度。前几年网络还没有普及，但今天不仅宽带普及家庭，更是无线网络覆盖在迅速扩张，智慧小区、智慧城市在不断冒出。我们有微博、人人网、微信等新型网络传递交流方式、平板电脑等系列新产品，更有第三方平台（销售、支付等）产业的兴起。由此不能阻挡网络（有线和无线）的迅猛扩张和渗透。例如：酒店的管理信息系统必须和网络连接，这个连接不仅在软件上，更在功能上。管理信息系统要迎合、拥抱网络技术的发展。在此方面管理信息系统要完成以下几项拓展。

（1）计算机硬件和网络的连接，但这个连接是有目标的、有选择的。至少在管理层面会做出一定的取舍。例如：酒店企业会和公安入住系统、银行的 POS 等系统链接。

（2）计算机软件接口，这个接口主要是针对功能性的。例如：企业要和外部交换信息，有的信息会直接录入到企业管理信息系统中，进行后续的工作。同样企业的管理信息系统会把加工后的信息向外输送。例如：有的酒店管理信息系统（如“西软”等）会和当地公安住店入住系统做接口，将宾客入住信息传递给当地的公安部门。再如：酒店管理信息系统（Opera 等）会和酒店的程控交换机（PABX）做接口，完成对酒店所有电话的计费任务和电话长途等级的控制。

（3）计算机系统的安全问题，这是永久的问题和工作。由于管理信息系统与外界交流信息，因此比过去安全问题更加突出和重要。管理信息系统的安全包括计算机病毒的防范和清除、防攻击、数据备份（灾备）和恢复、硬件维护和恢复等。

旅游企业管理信息系统在目前的状况下，和外部网络链接（接口）的状况，如图 3–22 所示。系统链接从数据交换上是完成上传和下载，从功能上是酒店需要业务的数据交换，其目标就是更高效地为企业提供信息服务。

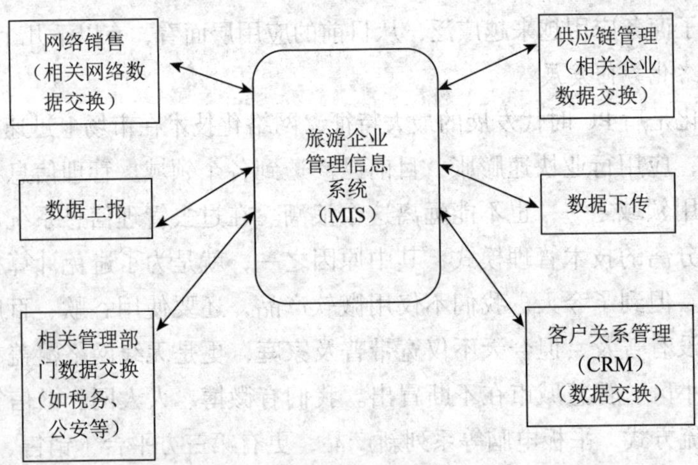


图 3-22 旅游企业管理信息系统数据交换示意图

上面简单描述了管理信息系统在当今网络化的时代下，再也不是一个封闭系统，该系统会和外部链接，和许多系统做接口，和更多的第三方平台进行数据交换。在此要明确的是，这种状况会不断地扩大，系统任务变得更加繁重，维护和安全任务更加重要。

2. 向智慧化应用方向发展

上面我们从网络化的发展趋势讨论了旅游企业应用软件的发展，这是横向的扩张应用，随着计算机技术和经营管理的结合，许多新的电子商务模式与技术被开拓，如：计算机智能技术（BI）、决策支持系统（DSS）等。这些可以认为是电子商务向纵深发展的结果。智慧旅游是目前发展与应用比较前沿的技术，智慧旅游涉及“互联网 +”、物联网、VR、大数据处理、云计算等新型技术。作为应用领域的旅游行业，应该积极拥抱这些技术的应用，为旅游行业发展服务。

# 第四节 酒店电子商务技术解决方案

酒店电子商务技术解决方案，是一个系统的、全面的方案。技术方案是随着“互联网 +”技术、电子商务模式的变革而发生变化与前行的，由此解决方案将随着时代发展而变化。下面就酒店电子商务技术解决方案与发展进行介绍。

## 一、酒店计算机管理信息系统

1. 管理信息系统基本概念

管理信息系统（Management Information System，MIS）是计算机技术较早应用于企业管理的系统（工具）之一，是各类企业对信息处理的基本方法和途径。管理信息系统有各种定义，下面结合酒店行业对管理信息系统的定义做介绍。

从管理系统自身存在的客观角度将其定义为：是一个由人、计算机及其他外围设备等组成的能进行信息的收集、传递、存贮、加工、维护和使用的系统。管理信息系统的运行基础目标是实测（映射）企业的各种运行情况（数据）。系统的主要任务是利用现代计算机和网络通信技术，对企业的各类经营信息进行处理，以求得相对应要求处理事务的正确、高效、存储、再使用等。企业通过对管理信息系统的投入，期望达到信息（事务）处理的科学性，提高企业的效率和效益。

从企业管理的需求角度可以将其定义为：管理信息系统（MIS）是企业或组织对要管理的事务、流程、产品等生产要素进行信息化处理，它通过程式化、架构化的程序从各种相关的资源（公司外部和内部的）收集相应的信息，为企业的运作提供各层次的需要功能和信息。由此表明管理信息系统（MIS）的本质是一个关于内部和外部信息的数据库，这个数据库可以完成企业对信息处理的功能性需求，因此管理信息系统是从信息收集、传递、运算、处理、保存、再使用、挖掘等一系列的行为过程，其中收集、传递是管理信息系统的基础。目标是处理复杂、烦琐的信息，期待提高企业的整体运行效率。

如果站在更全面的视角可以定义为：管理信息系统是以人为主导，利用计算机硬件、软件、网络通信等资源，进行信息的收集、传输、加工、存储、更新和维护，以企业提高效率和效益、竞争占优，为企业决策打基础的管理体系。这里的认识的提高，就是将最关键的人纳入系统中，成为系统的主角。由此管理信息系统不仅是一个技术工程系统，更是包括人在内的人机系统，它是一个管理系统，也是一个社会系统。从这个定义来认识，我们可以把信息管理系统（MIS）最直接地表示出来，如图 3–23 所示。

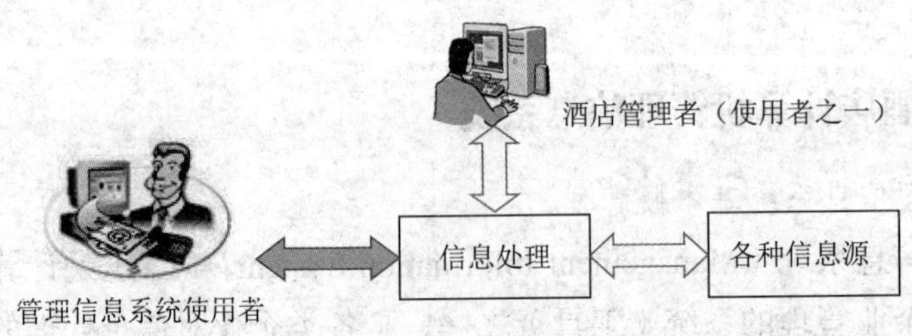


**图 3–23 酒店计算机管理信息系统（MIS）示意图**

我们可以把复杂的定义变为简单的描述。信息管理系统（MIS）就是：各种用户（人或组织）用设计好的计算机网络系统，为他们做信息服务的系统。

例如：我们在其他课程学习的酒店信息管理系统就是管理信息系统应用的最好的案例之一，我们酒店在预订时，就要建立宾客基本信息（profile），这个过程就是信息的收集，当预订完成后信息会自动传输（传递）到系统的服务器中，供前台等有关部门查询之用，经过预先设定好的程序，计算机系统会对刚收集的信息进行加工（运算），酒店管理信息系统的信息加工主要是指对该宾客个人信息存储的基础上，提供按各种方法的检索，即应用 Opera 系统进行宾客信息的查询，在宾客住店的过程中，系统会对宾客的信息进行实时的更新，最典型的就是对宾客消费记账，如：拨打长途电话（IDD、DDD）的自动计费，在晚上 0：00，Opera 系统进行过房费（对宾客房费进行自动累加）等，这些操作从管理信息系统的定义层面上认识，就是对信息的加工、更新和维护。从对一个宾客的信息维护，到酒店层面对整体宾客信息进行维护、储存。有了这些基础信息，酒店销售部门可以对储存宾客的信息（尤其是客史）再使用，进行查询、统计，有的会对宾客历史数据进行挖掘等操作。这一系列的行为是符合企业的经营管理目标的，更是建立酒店管理信息系统（PMS）的目标。

2. 酒店管理信息系统的工作原理

上面我们从各种视角表述了管理信息系统基本定义，但从用户（使用者）的角度，还必须具体认识管理信息系统的工作原理，从而为酒店企业的管理信息系统的建构和有效使用提供思路和方法。管理信息系统的工作原理我们可以从以下几个角度来认识。

（1）酒店管理信息系统的体系架构。

酒店管理信息系统的体系架构是指我们要建立这个信息系统的组成成分以及组成成分之间的关系，有时我们可以称为信息系统的工作原理模型。这个是从酒店管理信息系统工作运行的目标高度来分析系统的工作原理的。如果是酒店企业构建管理信息系统的话，那么一定是最高决策层要认识的问题。酒店管理信息系统和其他企业管理信息系统一致，体系架构由五个部分组成：人员、管理、数据库、计算机软件、计算机硬件。我们可以从图 3–24 加以理解。我们在这里要认识，一个管理信息系统一定是由人员、管理、技术系统（硬件、软件）组成，有的专家提出这个信息系统是一种全面反映社会—技术系统特征的系统架构体系。这样更全面地分析问题，强调人员和管理对系统运行最终的影响和效果。任何的管理信息系统都和人员密切相关，离开人员系统将一事无成或者效果极差。由此我们在管理上，尤其在高层管理上必须充分认识到这个原理。从这个原理我们可以引申出，一个酒店要应用好管理信息系统并创出效益，酒店企业的高层领导对管理信息系统的行为是成功与否的关键所在。为此，管理信息系统是企业管理者进行经营管理最基本、重要的工具和手段。

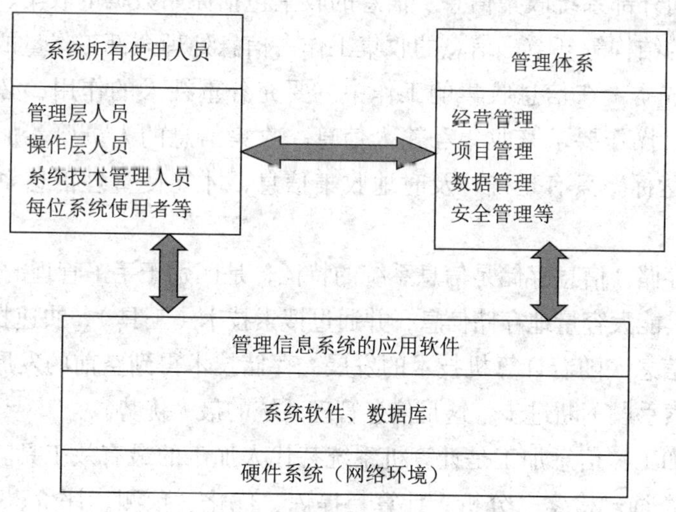


**图 3–24　管理信息系统的体系架构**

（2）酒店管理信息系统的功能架构。

酒店管理信息系统最直接的层面，就是描述系统的功能架构。这也是使用者或企业最关心的问题。按照管理信息系统的一般规律我们可以把系统分为信息收集、信息存储、信息加工、信息交流、信息管理的功能架构，功能架构是从系统的工作功能上来描述其工作原理的。图 3–25 表达了这个功能模块。

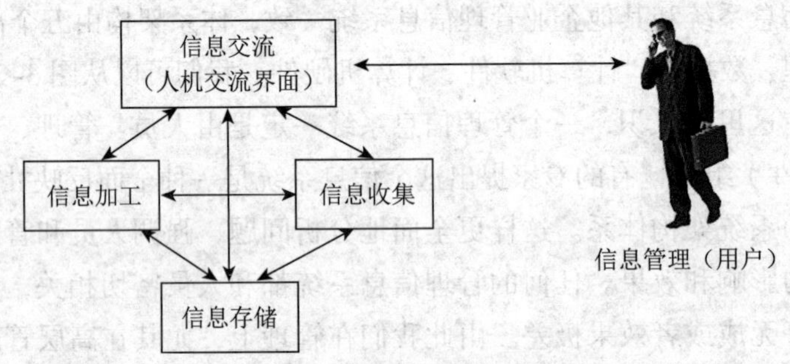


**图 3–25 管理信息系统的功能架构**

我们通过上面的功能架构图，对管理信息系统的功能模块做一简述。

信息收集：信息收集是整个系统运行的基础，使用者不但向内部收集信息，还要向外部系统收集信息。信息的收集包括原始数据的收集、信息的分类、信息的结构等环节。信息的收集工作占信息处理全部工作量的很大一部分时间和成本。在信息收集的工作中，要充分重视人的作用，必须按照统一的规范、操作要求来收集和输入信息。收集信息的人员要参加相关的培训且操作达标。只有正确、及时地收集信息，才能使管理信息系统有效地运作。

信息存储：信息存储是信息系统的特征，是区别于手工管理的最优特性。计算机工具能大容量地存储信息，并通过搜索技术（工具），快速找到我们需要的相关信息。随着计算机技术的发展，存储技术得到空前的发展，我们的存储、检索手段不断进步。这是信息管理系统的最大优势。

信息加工：信息加工是计算机系统替代人加工的最有效工具。信息加工包括信息查询、检索、分析、计算、提炼、优化、预测、评价、报表处理、综合等工作。信息加工是管理信息系统的核心，是业务运行的关键所在。信息加工涉及数据收集、模型、方法、经验、知识等要素。信息加工对各个行业有着不同的侧重点，这是行业特征所决定的。加工的要求是使用者提出的，如企业各个层面的管理者，更确切地认为，行业管理软件的要求（需求）是该行业管理者要求的集合。加工的方法可以由使用者和IT技术人员通过软硬件系统来完成。

信息交流：信息交流对任何管理信息系统而言都是基本的需求，没有交流功能，就没有使用者。信息的输入、输出是面向广大的使用者（特别是一线的操作者），由此信息交流的界面要清晰、简练、具体、易懂、方便。管理信息系统的最终用户就是各类管理人员、操作人员，对于计算机技术，他们是非专业人员。由此一个良好的管理信息系统，一定要具备功能强、易操作的特性。随着计算机技术的发展，信息交流能方便、正确地输入、输出文字、图像、声音、影像。网线网络技术的发展，在信息交流上更加突破时空的限制，可以通过各种手段、渠道、空间向信息系统交流信息。信息交流最大的表现力是经营管理过程中的信息实时查询和报表输出，一个好的管理信息系统会输出有价值的各种报表，该系列的报表是信息系统有效性的显现。

信息管理：信息管理（用户）是管理信息系统的使用者和组织结构，负责制定和实施管理信息系统的各项操作规程、标准和制度，并对该系统的运作进行监督、操控、协调等工作。信息管理者（用户）以及对应用系统的完善也是管理信息系统发展的原动力，他们的需求可以驱动信息系统的发展和完善。在企业中，为了实现企业的整体目标，信息管理已经成为企业管理者的重要工作之一。在目前网络经济大发展的状况下，信息管理成为许多企业营销的手段和销售工具，信息资源的管理成为一个战略资源的管理。在此我们可以表明，管理信息系统诸多要素中用户是最重要的要素。

## 二、酒店管理信息系统（MIS）在酒店经营管理的效用

随着社会向高度信息化方向的发展，酒店的“信息”价值成为继人员、物品、资金之后的第四个经营资源，其重要性迅速提升。众所周知，今天在管理能力及信息处理能力方面的差别是影响到产品及服务品质的重要因素。酒店必须掌握经营管理、统计分析以及信息处理等要素，酒店要应用信息技术，对包括信息在内的经营资源进行应用管理的能力。酒店行业是最早应用信息技术的行业之一，早在20世纪80年代，酒店行业较早引进酒店管理信息系统为本行业服务。正因如此，酒店行业无论在应用信息技术上，还是在

信息技术建设的标准上，都是起步较早的行业之一。下面就介绍一下，酒店MIS系统在整个行业发展中起到的作用。

1. 酒店管理信息系统要解决的问题

酒店管理信息系统（HMIS）要解决的问题，是酒店企业要解决的问题。酒店企业要解决以下几大问题。

（1）提高酒店的服务质量，提高酒店业务运作的效率和准确性。

由于计算机信息管理系统，在管理上处理速度快，对酒店行业每天重复的预订、登记、结账、信息查询等工作，尤显突出优势。信息交换和加工是计算机系统的强项，用计算机管理系统处理酒店信息，是目前最好的工具和方案。例如：我们用Opera系统处理酒店的宾客预订、接待、结账、查询等，是典型的应用计算机管理信息系统提高范围的成功案例。

（2）扩展酒店服务项目。

酒店企业是以营利为目标的。不断扩大和增加新的服务项目是追求利润的手段之一。在这个过程中，无论在管理上还是在新的项目应用上，往往会涉及IT技术，特别是酒店管理信息系统，因为酒店管理信息系统会管理（项目的录入、营运的数据等）项目的运行，由此一定会和管理信息系统关联。例如：酒店会经常增加新的服务项目（增加娱乐项目等），减少不符合酒店发展的项目（减去VOD点播系统等）。这些项目的增减在酒店MIS系统中要做相应的操作（初始化等）。

（3）拓展客源市场，扩大销售。

酒店业之间竞争是激烈的，怎样才能在市场中增加自己的客源，提高市场的占有率，是每个经营者要思考的问题，而旅游电子商务的发展，为每个酒店提供了新的途径和方法。有些酒店在这方面很有作为，取得了骄人的成绩，有的酒店还没有在这方面下功夫，需要进一步跟上这个应用领域的发展。例如：计算机网络的兴起，使得销售手段发生了变化，相对于酒店的MIS系统要适应销售渠道、销售员、市场分析上的变化。为酒店企业的统计提供新的统计方法和报表。有的网络预订系统可能会和酒店MIS系统做相应的预订接口。这些都是酒店MIS系统应用的新的任务和课题。

（4）提高酒店的经济效益。

应用计算机管理信息系统，会提高管理的效率和准确性，也可以控制资金和物资等资源要素，因此管理信息流已经成为各级管理层的最主要手段，如图 3–26 所示。经营管理酒店需要对各种信息进行处理，如酒店资金信息、客源信息、人才信息等。在没有计算机技术的时代，也要管理和控制上述信息，但手段是落后的，速度是慢的，信息查询是不方便的，数据统计正确性不高并且慢，服务往往跟不上宾客和市场需求。信息处理上只有到了信息时代，用计算机网络处理，才充分解决了这个问题。

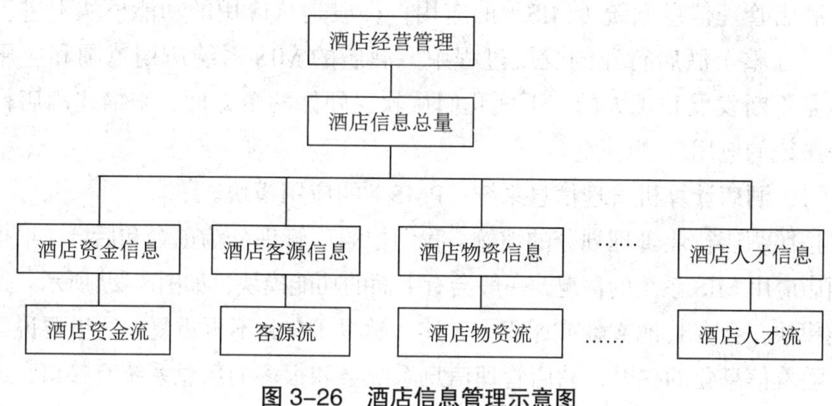


**图 3–26　酒店信息管理示意图**

由此酒店的管理层，特别是高层管理人员，一定会掌握和运用信息技术来为自己服务，在这个层面上，才能管理欲掌控的资金流、物流、人流等企业经营要素。这样才能提高管理水平、提升经济效益。

（5）完善酒店经营决策水平和对市场的综合分析能力。

酒店经营管理的今天，各种信息很多。有外部和内部的，有市场经营数据，也有很多管理的数据。在众多数据中，怎样给经营管理层提供有力和有用的决策数据，这一直是学术界和技术人员思考和探索的课题。计算机技术发展到今天，有很多这方面的解决方案，如智能（BI）系统、决策支持（DSS）系统、收益管理（Revenue Management）等。在这里要强调，信息技术的发展一方面为运用层提供了引领性的理念、思路、方法，另一方面应用者也应该积极提出需求。需求驱动是科研的原动力之一，酒店行业要完善经营决策水平和对市场综合分析能力要靠多方努力，使整个行业的综合分析和决策能力有较大的提高。例如：集团（连锁）酒店，应用计算机管理信息系统后有大量的数据（特别是客源的数据），这些数据可以用智能系统（BI）进行数据挖掘，为酒店集团提供高层次的决策数据。这方面的工作需要科研人员努力，更需要酒店集团的高层领导提出需求。

上述的酒店需要解决的问题，往往就是经营管理者一直要解决并为此努力的方向，酒店管理信息系统就是为解决这些问题而产生和发展的，酒店管理信息系统就是经营管理者最好的工具，是最好的支持系统之一。我们要会使用和应用这个系统来为酒店经营管理服务。

2. 酒店管理信息系统在经营管理领域的应用

酒店管理信息系统（MIS）的应用，一般是从应用的功能模块上进行描述的。在整个酒店行业的发展过程中，酒店的MIS系统应用范围和应用模块也是不断发展和扩大的，下面我们从软、硬件两个方面，来描述酒店行业MIS系统的应用。

（1）酒店计算机管理信息系统（PMS）的应用模块。

按照酒店行业管理划分的惯例，我们把酒店管理分为前台和后台，根据目前酒店应用MIS系统的情况，一般会有下面的功能模块，如图3–27所示。这些功能模块，会在其他文献或课程中表述、学习，在此不再重复。这里要说明的是，随着信息化的提升，酒店管理信息系统会和很多的信息系统有接口，这个发展趋势使得酒店管理信息系统（HMIS）越来越和外部网络结合，应用的范围在扩大，数据交换变得频繁，酒店管理信息系统也会因此而不断地发展。

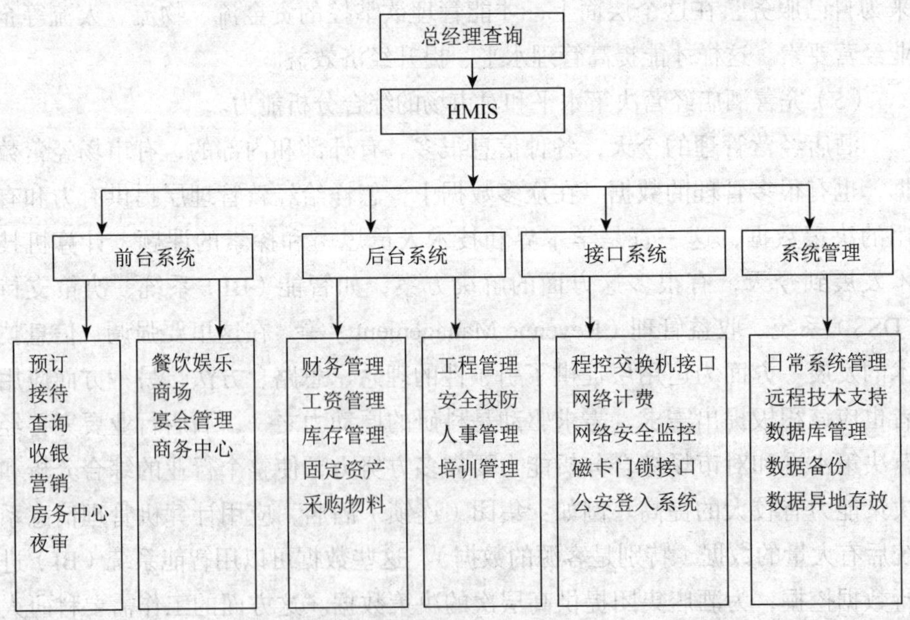


图3–27 酒店管理信息系统（HMIS，PMS）功能模块

（2）酒店计算机管理系统的网络架构具体案例。

酒店管理信息系统的硬件架构是随着计算机的应用技术发展而发展的，较早的网络架构是采用集中式处理结构的。如：典型的 ECI（EECO）酒店系统，国内的浙江计算技术研究所推出的酒店管理系统等。后来 HIS（Hotel Information Systems）采用 Novell 局域网络，后期推出 C/S 体系架构的网络方案。目前国内采用最多的是星形网络结构，主流酒店计算机管理系统产品一般是 NT 的 C/S（见图 3–28）或 B/S 结构，B/S 结构更能实现 SAAS 模式的运行。

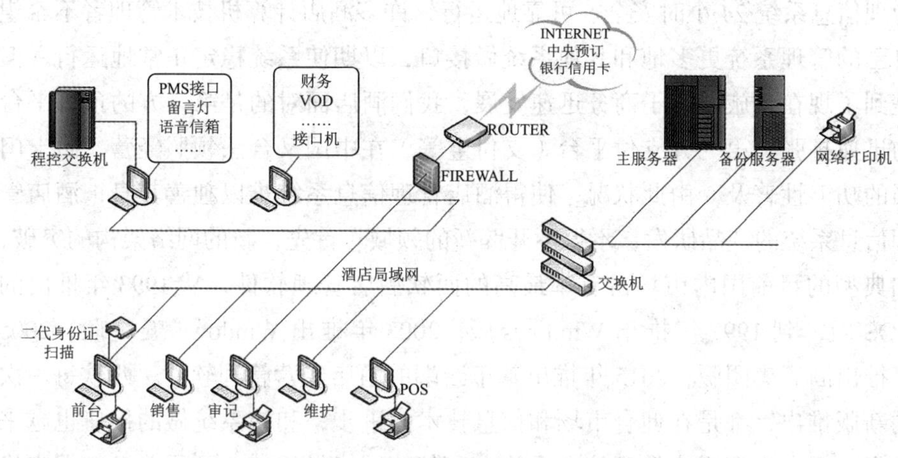


图 3–28　典型的酒店管理信息系统的网络结构

## 三、酒店管理信息系统的需求发展

信息时代的发展是迅速的，微软帝国刚兴起多久，谷歌便开辟了无限网络的资源时代，谷歌还没有来得及独霸网络，社交网来了，乔布斯（Steve Paul Jobs）来了，他推出了平板电脑，把手机变成了终端，把计算机放进了口袋。大家会问，这些和我们酒店管理信息系统有关吗？答案是肯定的，和我们酒店业息息相关。如：目前有的酒店用 iPad 作为点菜系统的点菜终端，并且已经在酒店的餐厅使用。我们有的酒店在用人人网、微博进行营销，销售员在酒店的办公室和客户进行交流并能下订单，有的取得了较好的销售成绩。有的酒店把销售部改为“网络销售部”。这些新的理念、手段、工具不仅影响我们的日常生活，也波及我们酒店的经营管理以及管理信息系统。酒店管理信息系统是随着信息时代而发展，更是根据需求而不断更新的。我们认为酒店管理信息系统（HMIS）将向以下几个方向发展。

1. 网络架构的突破

我们这里提及的网络架构的突破，是指管理信息系统网络架构的突破。最早的ECI（EECO）系统、HIS、浙江计算技术研究所等的酒店管理系统的产品，其网络的结构就是集中式管理的，要和其他的网络接口很难，最典型的就是和程控交换机（PABX）做接口，完成了电话计费、房态管理、叫醒等功能。当时网络还没有普及，酒店这样的应用已经是领先了。为了酒店的管理信息系统24小时安全、可靠地运行，许多酒店计算机技术管理者不希望自己的管理系统更多地和其他系统做接口，以期使系统稳定正常地运行。但是到了现在，旅游电子商务迅速发展，我们酒店面对的是第三方的预订平台的迅速扩张，第三方支付平台（支付宝等）在中国又合法领照经营，磁卡门锁的功能性普及，由此状况，使得酒店管理信息系统难以独善其身，酒店管理信息系统的产品研发，不得不开辟新的领域。首先，新的网络架构的突破，如典型的目前国内市场占有率最高的西软酒店管理软件，从1993年推出的DOS版，到1997年推出Windows版，2003年推出Windows五星版，2005年推出酒店集团版，2015年推出基于云端的酒店经营管理软件。西软每一次的新版推出，都是在迎合市场和信息技术的进步，和该系统做的接口也越来越多。现在许多酒店管理信息系统在和其他网络做连接，开展业务数据交换已经很多了，并且往往会在公众Web平台上完成连接。如：预订平台的对接、自主登记系统、第三方支付平台等。有些酒店计算机技术公司推出集团的预订平台，这个预订平台最大的突破就是希望与正在使用的酒店管理信息系统链接，与预订模块对接。以期得到预订平台的简便、快速和市场占有率的提高。随着网络进一步的普及、应用的广泛、网络产品的多元化，酒店以管理信息系统为核心的计算机网络将和各种系统做接口、链接，以期网络化和立体的信息交换，这样的发展趋势不可挡。

2. 业务层面需求的变化

我们这里说的业务层面的变化，是指酒店管理信息系统的供应商们。过去酒店要搞酒店计算机管理系统，只有一个模式，那就是购买计算机硬件的基础上，购买相应的酒店管理软件，如Opera系列产品、西软、中软产品等。但今天的计算机软件的服务模式发生了变化。云计算的兴起，使得许多公众计算机平台进入“百姓家”。所谓的云计算，是分布式处理、并行计算和网格计算等概念的发展和商业实现，其技术实质是计算、存储、服务器、应用软件等 IT 软硬件资源的虚拟化，云计算在虚拟化、数据存储、数据管理、编程模式等方面具有独特的技术。

个人和企业将享受各种公众云的服务。我们的酒店管理信息系统不例外，酒店管理软件的供应商们在运行模式上发生了变革，他们推出了软件即服务（Software-as-a-Service，SaaS）的经营模式。所谓的 SaaS 模式是一种通过 Internet 提供软件的模式，用户不用再购买软件，而改用向提供商租用基于 Web 的软件，来管理企业经营活动，且无须对软件进行维护，服务提供商会全权管理和维护软件。对于许多小酒店而言，SaaS 是采用先进技术的最好途径，它不需要酒店企业购买。例如：有公司推出的基于 SaaS 模式的酒店管理软件，如图 3-29 所示，已经在成都地区的许多酒店应用。

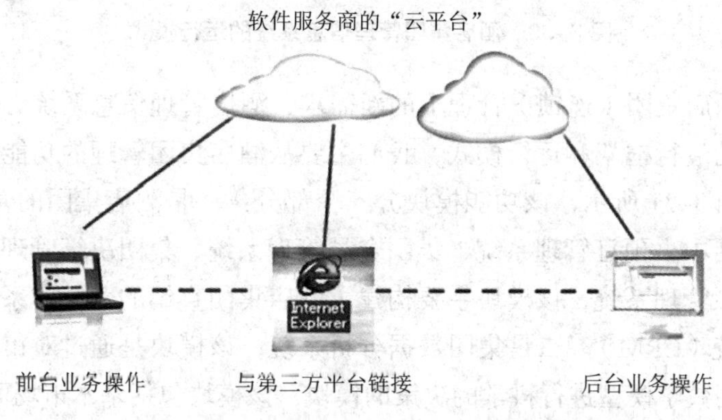


**图 3-29 SaaS 模式下的酒店管理信息运行原理图**

3. 向经营集团化方向发展

酒店业的发展，在经营管理模式上，有着向集团化迈进的快速进程。高端的国内外酒店集团（雅高、万豪、锦江、洲际、金陵等），商务型的连锁酒店（如家、7 天等）无不向集团化的经营模式扩张。酒店管理信息系统是为这种企业服务的，由此必定向这个领域推进。酒店管理信息系统的集团运行模式，如图 3-30 所示。其有着重大的突破，突破主要表现为规模效应，如集团预订平台、集团采购、集团的人才管理库、集团财务预决算中心、集团会员管理、集团收益管理等。

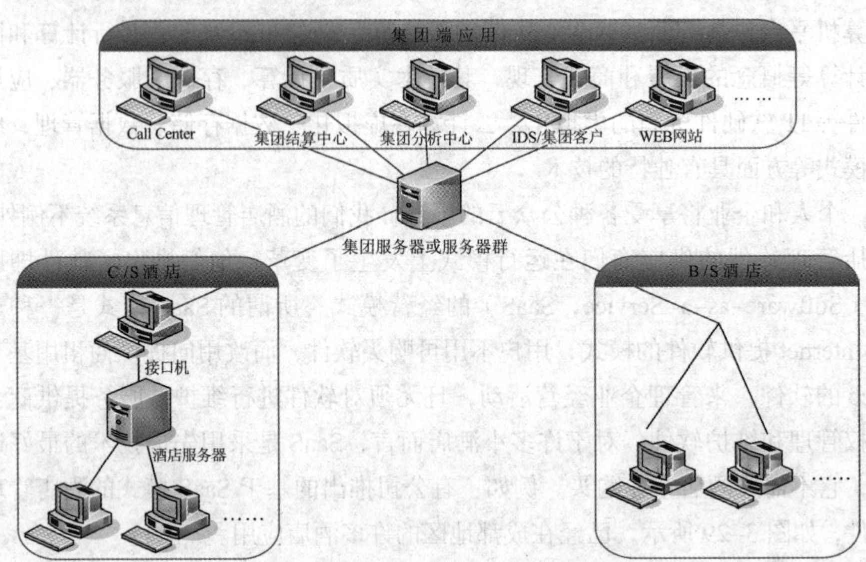


**图 3-30 酒店集团管理信息系统的运行模式**

针对酒店集团（连锁）管理上的新需求，酒店管理信息系统必将走上集团化管理的运行框架和运行模式，我们主要从酒店集团管理的功能模块进行讨论，如图 3-31 所示，该功能模块分三个部分：一是酒店集团的营销模块，该模块包括中央预订管理系统、集团会员管理系统、集团决算管理系统、集团客户关系管理系统，该模块主要构建了酒店集团直销的营销体系和客户关系管理系统（CRM）。二是集团数据分析系统，该模块是通过对市场的数据分析，运用数学模型进行科学的决策的模块，该模块包括基本市场面的分析，收益管理、预订分析等，这个模块是集团酒店应用的发展趋势。三是集团数据接口系统，该模块主要是酒店集团针对第三方的在线预订和在线支付系统，在线预订和支付包括有线和无线网络。上述系统是酒店集团运行和市场竞争的必要手段和工具。国内集团酒店已经在应用这些系统，这种系统的投入运行，为酒店集团的发展起到了关键的作用。这样的酒店集团数据处理中心有几个特点。

（1）数据处理量大，具备了大数据处理的标准。

（2）数据需求实现实时处理的要求。

（3）数据运作在集团统一的平台上。

（4）云存储的科学管理。

（5）为数据挖掘和商务智能打下基础。

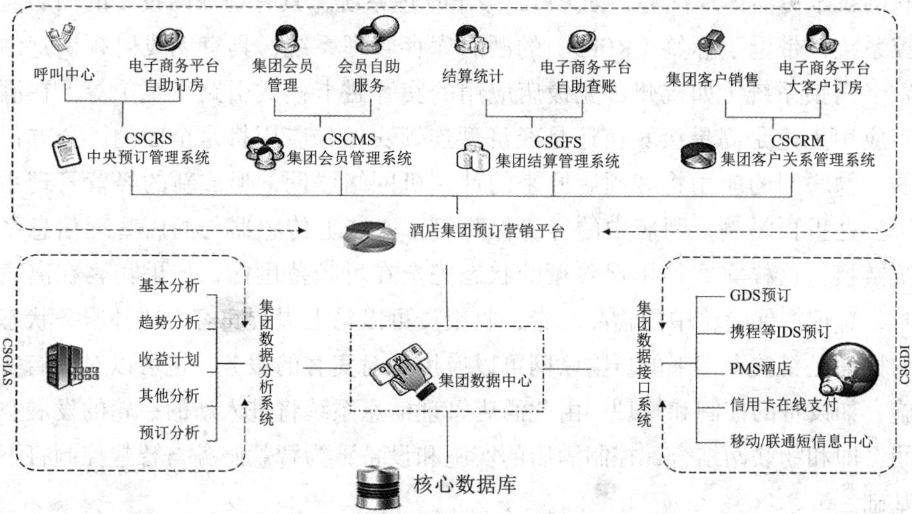

呼叫中心 电子商务平台自助订房 集团会员管理 会员自助服务 结算统计 电子商务平台自助查账 集团客户销售 电子商务平台大客户订房
CSCRS 中央预订管理系统 CSCMS 集团会员管理系统 CSGFS 集团结算管理系统 CSCRM 集团客户关系管理系统
酒店集团预订营销平台
CSGIAS 基本分析 趋势分析 收益计划 其他分析 预订分析 集团数据分析系统
集团数据中心
集团数据接口系统 GDS预订 携程等IDS预订 PMS酒店 信用卡在线支付 移动/联通短信息中心 CSGDI
核心数据库

**图 3–31　酒店集团计算机运行数据中心平台**

4. 向信息资源管理型方向发展

过去开发的酒店管理信息系统，主要是满足基本的日常管理，是事务性的，如收银、房务处理、电话计费等。但酒店的经营和发展，更依赖于对各种资源的调配和管理，也就是说，酒店的管理信息系统要把客户资源、技术资源、信息资源、人文资源、社会环境资源等集成在一起以发挥信息资源的综合效益。新的酒店管理信息系统能更好地重视信息资源在组织管理决策中的作用，可以更好地支持酒店管理决策层在经营过程中做出决策。酒店管理信息系统会向资源管理发展，可以改变人们对信息资源作用的认识、理解，帮助酒店进一步提高管理效率，增强对市场的反应能力，使信息资源得到有效和充分的使用。酒店行业近几年的发展，表明在集团的运行模式上，越来越依靠对信息资源运作的依赖。例如：上海的 Motel168 酒店连锁集团（目前和如家酒店集团合并）每天通过集团预订平台的客房数为 1 万间次 / 晚，下属酒店对预订平台有一定的依靠，这样提高了整个集团的信息资源利用率，使集团的竞争力得到了提高。

5. 向物联网（The Internet of Things）应用方向发展

物联网就是把所有物品通过射频识别等信息传感设备与互联网连接起

来，实现智能化识别和管理。在酒店方面的应用，更是前景广阔，使用物联网技术更能体现优势，如 RFID 停车管理系统，具有物联网技术的酒店监控系统，带电子标签（RFID）的酒店库存管理系统，具有无线射频识别的磁卡门锁系统（如杭州黄龙饭店应用的宾客磁卡模式引路系统）等。在酒店应用无论是高星级宾馆还是经济型连锁宾馆，应用将是全面的、全方位的。物联网的应用将和酒店原来的计算机网络联网，形成新的经营管理系统。这里再举例，酒店中的客房保险箱，安装上传感器与酒店管理信息系统链接，这样宾客使用保险箱的状态完全在可控范围内，如果宾客在离店时，忘记把保险箱中的物品拿走，收银员可以马上提醒宾客，这种服务状态的提高是新技术带来的。物联网可以应用到对宾客的服务，也可以对酒店实施，如设备的控制和管理。由此酒店管理信息系统将进入新的一轮的发展空间，即和物联网结合，控制酒店的实施和设备，为智慧服务与智慧控制打下基础。

## 四、酒店后台综合计算机管理系统

酒店行业习惯将为宾客直接服务的部分，称之为前台，如餐饮、客房等，与此对应，把间接为宾客服务的部门称为后台。前台的计算机技术应用，起始于为宾客服务的前厅、客房，构建在以宾客收银的主干业务上。随着酒店行业管理的发展，酒店企业逐步开始后台应用计算机进行管理，后台管理的核心业务是企业的财务管理、人事管理等。从表现形式看后台的管理系统，既有满足部门之间的文档流转，还要完成每个职能部门管理的信息化。其目标就是：减轻事务性重复性的工作，提高效率，更为企业整体效益提高服务。目前酒店会在主要三大领域使用计算机系统；财务管理系统、人力资源管理系统和仓库成本管理系统，下面简单介绍这三个系统。

1. 酒店财务计算机管理信息系统

我国酒店财务管理信息系统起步于 20 世纪 80 年代末，随着国家财政部推行新的会计制度，会计电算化得到迅速发展。先后经历了单机版、网络版，到目前多人多部门协作处理的系统。系统也经历了从 DOS 操作系统，到 Windows 平台下 C/S 结构，再到集团层面应用的 B/S 结构的发展历程。经过 20 多年的发展，已经形成了一个标准化、通用化、商品化、专业化的酒店财务管理软件产业。酒店行业的财务管理信息化和其他行业一样，迅速普及并向智能化和数据挖掘方向发展。

最初的财务管理系统是为了解决财务工作人员工作量大、重复劳动、易出错等问题而出现的，功能单一而简单，只有记账和报表处理等功能。经过软件技术人员对系统的不断深化和新功能的开发，目前酒店财务管理信息系统具有总账、报表、工资、固定资产、现金流量表、资金管理、应收账款、应付账款、成本核算、存货核算、预算控制、财务分析和相关的采购管理、库存管理、销售管理等近 20 个功能模块。现在的财务管理系统，是以财务控制为核心，进行销售、客源、成本控制等管理要素配置的系统。酒店财务系统可以帮助酒店完成从部门级应用向企业级应用的跳跃式发展，实现财务业务一体化管理的要求，在酒店管理中实现事中预警控制、事前预测，帮助酒店有效地降低财务风险，进行收益管理，以获取最大效益。

目前市场上的财务管理系统品种繁多，大部分都是以生产制造企业为模板，虽然能够满足酒店财务运行中记账、凭证、报表、固定资产、应收应付等方面的需求，但是真正能够满足酒店个性化应用的产品不多。究其原因，财务管理系统主要还是以账务管理为基础，多数功能的设计开发都是围绕着账务来进行的，如工资模块，虽然可以很方便地进行工资计算、发放、统计等账务方面的操作，但是对于酒店更关心的“人力资源”管理方面并没有涉及。又比如库存管理，通用的财务管理系统更关心存货的账面金额，而酒店运行中则更关心物品的采购比价、领料的审批流程、使用部门的最终成本核算。在日常使用中往往会出现捉襟见肘的现象，所以，酒店在选择财务管理系统的时候一般仅选择一些常用易用的模块，而通过另外的系统来进行补充操作，再通过数据接口将需要的数据导入到财务系统中，以完成最终账务集中管理的需求。酒店财务管理系统主要模块配置和与相关酒店管理各个系统的信息交换如图 3–32 所示。随着酒店管理的集约化、网络化、协同化、平台化的推进，酒店财务管理信息系统与其他管理信息系统的信息交流在不断增加，财务管理系统会实时性、预见性、全局性和精准性地为酒店管理高层的管理和决策服务。

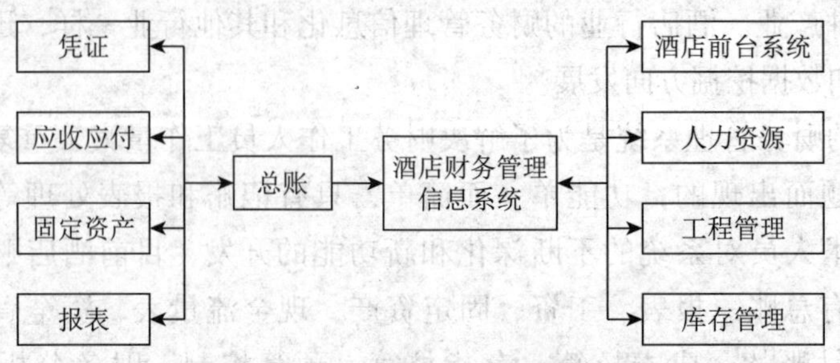


图 3-32 酒店财务管理系统常用模块

2. 酒店人力资源管理系统

酒店之间的竞争，往往是酒店人才的竞争。再好的酒店产品设计、服务标准，如果没有人去执行、管理，也不可能达到预期的目标。对于酒店来说，一直存在专业人员缺少、人员流动率高的困境。那怎样才能在现在这种现状下找到好人才，留住好人才，并且根据不断变化的人力资本市场情况和投资收益率等信息，及时调整管理措施，从而获得长期的“人才投资”价值回报呢？这就要求酒店能够对各部门员工进行统一管理，各员工信息在部门之间进行共享。以实现对员工的优化管理，择优使用，充分发挥专业人员的特长。为此在酒店（集团）层面建立人才库，整合、调用专业人员的资源，是高层管理者的所需。由此酒店人力资源管理系统能在这个领域，帮助和支持酒店的高层管理者。

酒店行业最初使用人力资源计算机管理系统是为了解决手工管理存在的烦琐、劳动强度大、易出错等问题而设计的。随着技术的进步，管理理念的更新，现在更多地加入了“人才经济”的管理概念，以实现对“人力资源”这类特殊资源的优化管理和综合利用。酒店人力资源管理系统应该包括以下招聘管理、员工管理、薪资管理、考勤管理、培训、知识管理等功能。这样整个系统才能涵盖员工在酒店工作期间各个环节，为酒店人力资源的调配发挥作用。

（1）招聘管理信息模块。

使用部门在员工离职或者因为岗位调整，需要增加员工时，通过招聘管理功能，进行人员申请。使用部门发出人员申请时，应根据系统设定，对于员工岗位描述、岗位职责、学历要求、定编人数、拟招聘人数等逐一进行说明。

人事部门在收到使用部门的招聘申请后，对岗位、部门定编进行核定，如果是正常的招聘申请，则审核通过，发布招聘信息，进入市场操作。如果是特殊的招聘申请，则需要上级部门对招聘申请进行再次审核，在系统中进行同意或拒绝的操作。

人事部门在收到应聘者发来的求职申请时，也需要将其录入系统中，一方面可以通过系统进行初步筛选，另一方面也可以让应聘者公平竞争，避免暗箱操作。同时，对于未录取者还可以建立备用人才库，下次需要相关人员时可以直接从备用人才库中选取，而无须进入市场操作，降低了招聘成本。

（2）酒店员工日常管理模块。

这是日常使用最多的功能之一。在员工进入酒店开始工作之时起，人事部门就应该将员工信息录入到系统中，建立员工档案，从而将其纳入日常管理中。在这里可以对员工信息进行基本信息修改、员工入职、试用期转正、劳动合同签订、职位工资调整、离职等操作。同时，还可以录入奖惩记录、考评记录、年假、调休等信息的输入，对这些信息进行跟踪管理。

员工管理是为了共享、完善和实现对人员信息的跟踪管理而建立的。人事部门应当授权各部门经理查看本部所管辖人员的适当信息，以方便使用部门了解员工的动态。同时，各部门也可以根据需求生成各种系统自带的或者自定义的报表，必要时可以导出到 Excel 表进行二次加工利用。

在员工管理功能中，还可以根据酒店的需要，配合不同的打印设备，调用预先设计好的打印格式，实现员工铭牌、员工卡等的套打设计。这类设计，不但可以调用固定的文字字段，还可以调用员工照片、酒店 LOGO 等图片资源，既美观又方便快捷。

（3）酒店员工薪资管理模块。

在薪资管理模块中，人事部薪资管理专员可以对酒店薪资项目进行增加、修改、减少等操作，对工资计算过程可以自行定义计算公式进行计算。计算公式要简易明了、易懂，能够符合酒店的运行需求，满足日常操作要求。所有的修改都是立即生效的，也不影响过去已发放月份的薪资。系统对上月及以前的薪资数据是锁定的，一旦薪资生成报表，进行发放后，就禁止任何形式的修改，避免产生漏洞被非法利用，并且系统还要能够满足酒店要求的工资单、工资统计表、银行划账电子报表、个人所得税报税表、社保缴纳明细表等，以减轻工作人员的工作量，保证计算准确。所有对员工薪资相关的修改，都要保留电子存档记录，记录操作时间、操作人、操作过程等信息，以便在需要时对这些记录进行检查、审计，以确保数据的安全。

（4）酒店员工考勤管理模块。

作为对员工上下班时间的管理措施之一，打卡考勤制度是酒店通行的做法。利用非接触式 IC 员工证，配合考勤机，就可以实现电子打卡。考勤机必须是离线式的，打卡数据可以存储于考勤机内，记录数可以达上万条，不会因为掉电而丢失数据，也不会因为与系统的通信线路故障而不能正常工作。考勤机的系统时间由系统统一管理，现场不能修改，确保员工打卡时间的准确性。人力资源管理系统通过接口程序定时采集员工打卡数据，并将之存入考勤数据库中，形成考勤数据，从而实现系统数据采集、计算、存储的自动化运行，无须管理人工干预，大大降低了工作人员的工作量。通过与预先设定的排班信息的对比，系统还可以计算出员工的加班、缺勤、请假、迟到、早退等信息，并实现与薪资模块的挂接，自动计算出加班费、缺勤扣款等信息。

（5）酒店企业培训和知识管理。

酒店的员工流动频繁，培训部门的工作量巨大。新员工进店不但要进行入店培训、酒店基础知识培训，使用部门还要对其进行岗位培训。进入工作岗位后还要不断地进行各种技能培训，知识更新的培训等。据统计，酒店员工的培训量每年为 50~100 小时。通过培训管理，建立起培训体系，可以清楚地了解到每一位员工参加培训的记录，以及未来的培训计划，以方便使用部门管理人员掌控员工的技能掌握情况。

另外，员工的流动同时也意味着知识的流失。这里的知识指的是各种工作经验、操作技能、程序规范等。这些信息大部分来自操作人员的日积月累，来自于日常工作，多以个人的形式保存在员工心中或者计算机中，不能很好地进行管理、分享、归档，也容易由于员工的流动而失去，从而导致酒店资源的损失。如果酒店建立起一个所有员工都能访问的知识库，将知识进行集中管理，不但可以避免由于员工流失而造成的知识流失，还可以让更多的员工分享好的经验，提高经验、技巧的利用率，提高服务质量，减小培训部门员工的工作量。同时，员工拥有了自主学习的平台，不但可以学习本岗位的知识，还可以跨岗位、跨部门进行学习，给员工提供了“择优而栖”的机会，提高了员工对酒店的忠诚度。

人力资源管理系统解决了人事管理过程中烦琐、易出差错、档案寻找困难等难题，大大地便捷了酒店管理者对于员工的管理。在选择系统时，应方便酒店管理层、用人部门及人事部门的使用。计算机系统以 B/S 结构较为合理，各种申批程序应设置合理、操作简单，必要时可以设置导航图，以向导形式带领操作者完成操作。

3. 酒店集成化的成本控制系统

酒店成本控制系统的建立并不仅仅是用计算机替代手工操作，而是要借助信息技术对传统的成本管理模式进行科学的改革。通过成本控制系统，一方面可以构筑起合理的管理架构、优化的业务流程和完善的管理制度，另一方面也可以把管理科学的各种方法如运筹学、控制论等运用到管理决策和实际中去，以帮助酒店有效地控制采购成本，增加企业效益。

成本控制系统可以帮助酒店实现事前控制、事后分析的要求，自动比价体系可以帮助采购经理选择最有竞争力的供应商进行下单；各种预警功能可以帮助仓库管理人员对物品进行有效管理，保证常用物品的不缺货，易变质食品不过期，确保对客服务部门的服务质量；丰富的统计报表可以帮助各营运部门及时掌握部门的运行成本，及时调整经营策略，保证效益。

酒店成本控制系统一般由酒店采购管理、酒店库存管理、酒店部门申购管理、酒店供应商管理、酒店成本核算管理等模块构成。

（1）酒店采购管理。

酒店采购部是成本控制的源头部门，物品的采购价格直接影响到酒店的运行成本。通过采购管理，可以对多家供应商的价格进行对比定价，选择最优报价，还可以根据使用部门的采购申请单和供应商的报价生成订单，通过 EFAX（电子传真系统）或者 E-mail 直接将订单发给供应商。在设计采购流程时，既要考虑到常用物品的定价，也要考虑到非常用物品的比价、报价问题。

对于酒店日常采购的物品，如蔬菜、水果等物品，一般通过每月两次的定价来决定采购价格和供应商。酒店将物品清单和要求以电子文档形式发给供应商，供应商根据清单进行报价。采购部经理对收到的报价单进行审核，选定供应商及定价。整理成电子格式，直接导入到系统中，从而形成新的采购定价。电子文档导入功能可以大大减少采购部输入定价的工作量，同时也可以保证输入正确。而对于非常用物品的采购，一般采用一单一定价的策略。采购部收到使用部门的“物品采购申请单”后，就向意向供应商发出询价函，进行报价，所有的报价都应该输入到系统。通过比价系统，决定供应商及价格。再由财务部和总经理对价格进行审核，形成最终定价。为保证公平性，应选择两家以上的供应商进行报价。采购部在确定供应商和价格后，可以通过系统直接生成订单，完成采购过程，减少工作量。

（2）酒店库存管理。

酒店仓库是物品流通环节的中心，供应商送来的物品都是先要经过验货然后进仓，使用部门再从仓库领走所需要的物品。仓库日常管理中需要用到的功能是“入仓”和“发货”。通过入仓功能，将供应商送来的物品输入到系统中，其中包括供应商、价格、数量、批次号、生产日期、有效期等信息，最后打印出收货确认单，反馈给供应商，作为供应商向酒店进行结算的凭据。发货功能，则是首先调出使用部门的“物品领用申请单”，在申请单上填写各领用物品实际的领用数量，再打印出发货单，由领用者签字确认实际领用的物品数量。通过程序化的操作流程和相关的单据，配合仓库盘存，可以严格控制物品的进出，确保实物和账目的一致性。

仓库管理的另一项重要工作是确保常用物资的备货，这些工作可以通过系统的相关报表来协助完成，如超低库存物品统计表可以列出已经低于常规储备数量的物品清单，以及时补货。而物品的保质期报表，则可以列出即将超过有效期的物品清单和相关信息，从而及时将物品进行使用或处理，避免物品浪费，也避免使用部门由于使用过期物品而引起服务质量事故。

（3）酒店部门申购管理。

这是提供给各个使用部门的功能。在这里，使用部门可以提交“物品采购申请单”“常用物品日常采购申请单”“物品领用申请单”等申请单，而部门负责人则通过审批程序对本部门提交的申请单进行复核和批准，只有经过部门批准的申请单才能进入下一个流程。

各使用部门特别是餐饮部，每天都需要采购数量不小的原材料，如果每天的原材料采购都从空白申请单开始填写，那势必会影响工作效率。这时候，使用部门可以建立日常采购模板，将日常采购的物品清单加入，这样每天填写采购申请单的时候，只需要填写一个数量就可以了，从而可以大大减少使用部门的工作量。

使用部门可以根据需要打印出相应的报表，以掌握本部门的物品采购和使用情况，了解运行成本。这样才能切实帮助使用部门控制成本。

（4）酒店供应商管理。

凡是与酒店有物品往来的单位都需要建立供应商档案，以方便了解供应商的供货、付款等情况。为方便管理，对供应商应进行编码管理，并且还要具有历史物品供应跟踪功能，可以清楚地知道每一批次的供货物品清单，其中包括价格、数量、批次号、生产日期等信息，还可以查询出这些物品的领用情况和库存情况。

（5）酒店成本核算。

这是系统最重要的功能之一，所有的采购单、领料单等单据最终将汇总到成本核算，以便财务部门最终核算出各使用部门所领用物品的成本，计入使用部门的运行费用中。还可以计算出各供应商的应付账款。由于同一种物品是滚动采购和领用的，不可避免地存在价格变动，对于这些价格变动，系统提供两种核算方式，即先进先出法和移动平均法。

先进先出法：用此方法进行核算时，使用部门在申领物品时，系统根据先入库的物品先出库的原则，将最早入库的物品优先出库，同时将本批次物品的进货价作为出库单价。这样保证每次领出的物品肯定是存货中最先进货的物品。对于食品等有保质期的物品，宜采用此方法进行核算，防止过期后造成损失。

移动平均法：用此方法进行核算时，物品领出时，系统根据现有存货的总价和数量，计算出单件物品的价格，以此价格作为领出物品的价格。

两种核算方法各有优缺点，酒店选用哪种核算方法，应由酒店财务部进行选择，只要选择的方法适合酒店自身的运营状况即可。

酒店成本控制模块，在酒店集团层面应用更具有经济和社会效应，对集团的成本控制、产品质量、供需时间节点的管控、采购商品的性价比等均达到很好的效果，同时对规范供应市场也起到很好的作用。

4. 酒店现代工程管理系统

酒店的工程技术管理是行业管理的“弱项”，虽然酒店使用的为较高端的工程设备和系统（高星级酒店更是如此），但在管理上并未展现“高明”之处，这和酒店的经营氛围有关，随着酒店集团化、集约化的发展进程，酒店的工程管理也应该走上信息化、规模化、集约化的发展之路。

（1）酒店工程的日常技术管理。

酒店的日常管理主要是为完成对酒店硬件设备设施的维护保养，确保酒店正常运行，这个领域的技术管理是必需的、传统的、被动的。当各个使用报修时，工程部分配相对应的技术员工进行维修。这个工作量在传统的工程技术管理中占 90%。但随着酒店行业的发展，这种被动的模式将被更好的管理模式取代。但现场维护和维修是必需的，怎样使现场维修质量提高、速度更快，值得探究。

（2）酒店工程的运维计划管理。

酒店的所有设备设施和工程系统，都有自身的运行规律，酒店工程部应该用产品生命周期、酒店营运规律、工程控制理论、项目管理等理论，来实践酒店工程技术管理的新模式。新的模式应该充分应用信息化和物联网技术（见图 3-33）来管理酒店的设备设施，做好酒店年度维护保养计划，使得酒店工程技术管理具有预计性、计划性、科学性和前瞻性，在酒店经营管理上具有主动权。在此酒店工程技术管理应用信息化是必由之路。酒店工程信息部应该规划好工程管理信息系统的应用，完成对酒店工程系统的实时监控、运维预见报点、工程维护计划、设备设施更新规划、工程技术人员培训、技术更新等新型酒店工程管理模式。

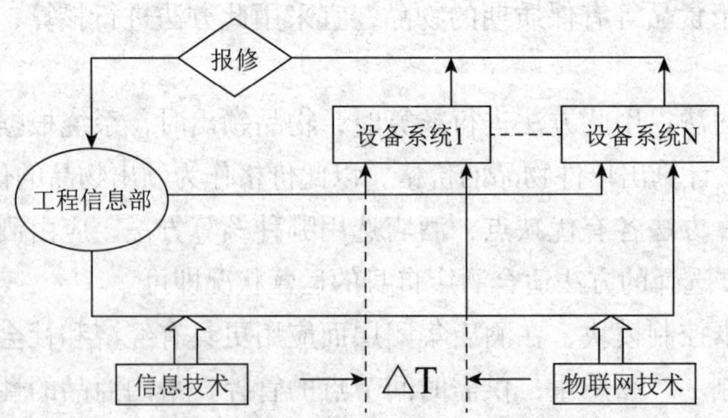


**图 3-33 酒店工程运维应用信息和物联网技术的新模式**

（3）酒店综合能耗管理。

酒店能耗主要管理部门是工程（信息）部，酒店的运行每时每刻都消耗着大量的能源，酒店的运行是靠能源的耗费来维系的。由此酒店的节能减排任重道远。酒店可以从各种渠道和方法，来实现酒店的节能减排，但酒店能耗的重点是能源的消耗。为此工程部是担负此责任的关键部门。工程部应该应用信息技术来完成酒店的能耗监控，为酒店的节能减排服务。

（4）集团连锁酒店的工程技术管理。

集团连锁酒店的工程技术管理，要靠规模化、集约化的运行模式来管理。集团层面将监控每个酒店的运维状况。第一，可以对集团酒店的重要设备进行实时监控，掌控其运行状况，做到集约化管理的效应。第二，实施酒店工程系统的预警机制，做到控制点的维修和维护。第三，与酒店工程技术支持厂商联动，做到维护的及时性、预见性和可靠性的同步化管理。

## 五、酒店计算机营销网络平台

互联网的发展，进入了企业的各种应用领域，酒店行业是应用互联网较多和较早的行业之一。网络的应用是一个实实在在的与人们工作和生活密切相关的“网”。不同行业的电子商务应用普及率差距较大，其中制造业、批发零售业电子商务应用化较为普遍。在企业电子商务应用的规模方面，与大中型企业相比，微型企业对电子商务的应用普及还需要进一步加强。这是一个多么庞大的数字，不管对于哪个行业来说，只要1%网络消费都可以将企业赚得钵满盘满。因此，各行各业都在大力发展网络应用，以使自己在互联网经济中抢得先机。各种网络应用也日益成熟并得到了广泛的应用。如何利用互联网这个特殊的平台，把旅游向全球进行推销，把全球的宾客吸引到自己的业务中来，从而在当前的互联网经济中分得一杯羹，这是摆在全体旅游经营管理者前面的一个重要课题。大力推广网络营销，已经成为旅游行业的当务之急。

互联网就像一个通往无极的路径，它使这个世界瞬间变小了，互联网打破了时间和空间的限制，覆盖了整个世界。酒店通过互联网可以将自己的各种图片、文字信息迅速传送到世界各地。世界各地的客户也可以通过上网站浏览，获得酒店的所有信息，给酒店管理者反馈信息，与其他人分享其住店体验，也可以立即与酒店进行实时交流，甚至直接完成网上购买。它使酒店与客户的沟通更自由、更及时、更近距离、更直接，互联网把酒店的市场营销范围扩大到了全世界，大大提高了酒店的营销能力，真正实现全球营销的梦想。目前，很多国内的酒店都设立了自己的网络营销团队，精心设计自己的酒店网络营销方案，并且让营销人员学习相关的网络营销课程，从而打下良好的基础，全力进军互联网经济。在抓好营销的同时，更要搞好酒店预订网络的建设，宾客住店的体验，都是从预订开始的，预订过程的体验将直接影响宾客的整个住店体验。酒店常用的网络预订，有以下几种途径：第三方营销网站、酒店集团预订平台、酒店自营网站、酒店移动营销。

酒店可以根据自己的运行特点，选择多种途径进行营销，以方便宾客的预订操作。下面简单介绍一下各种预订途径的特点。

1. 酒店第三方网络营销渠道

第三方酒店营销渠道，是非酒店企业通过建设网站，构建一个不分区域、类别和时间限制的销售酒店服务的网站，如图 3–34 所示。宾客可以在其网站上，预订适合自己的酒店并下单。这类网站为宾客提供了便捷，具有规模和集聚效应，使得宾客喜爱订单具有可比性和灵活性。每个酒店可以根据自己的营销状况，加入第三方酒店营销平台，如携程、同程、艺龙等。第三方营销平台，通过佣金方式获得收入。酒店方则无须投入，进入门槛较低，只要和预订网站签订协议，网站就会给酒店管理账号，通过管理账号登录到管理平台，酒店就可以发布酒店介绍、房间数量、房价、促销信息等各种信息。宾客通过浏览网站，就可以找到合作酒店的信息，然后直接进行预订。网站收到宾客的预订信息后，通过电话、传真、电子邮件等方式与酒店进行联系，先由酒店方对本预订进行确认，再由网站预订人员与宾客进行确认，从而完成宾客的预订。随着预订量的增加，部分网站为了减少人工工作量，也推出了 E–booking 平台，该平台就是将宾客的预订信息通过 E–booking 平台发送给酒店，酒店通过 E–booking 进行确认，确认信息则同时发送给网站管理者和宾客。通过 E–booking 平台可以有效减少订房网站人工的工作量，减少人为差错，提高工作效率。但是酒店方还是需要人工进行预订信息的录入和确认处理，工作量并没有减少。

其实我们仔细分析运行模式，不难发现酒店第三方营销平台，是通过对酒店前置预订渠道进行流程再造，打破由酒店自身预订的瓶颈，通过网络优化手段，为宾客预订服务的方式变化，来占领市场的。这个运行平台将分解相当一部分酒店行业的利润，来得到建设网站企业的生存和发展。这个营销途径不是酒店行业能左右的，酒店行业应该认可这种模式，而不是回避，利润是给第三方营销平台拿走了，应思考行业怎样扩大市场，拿回这部分利润。

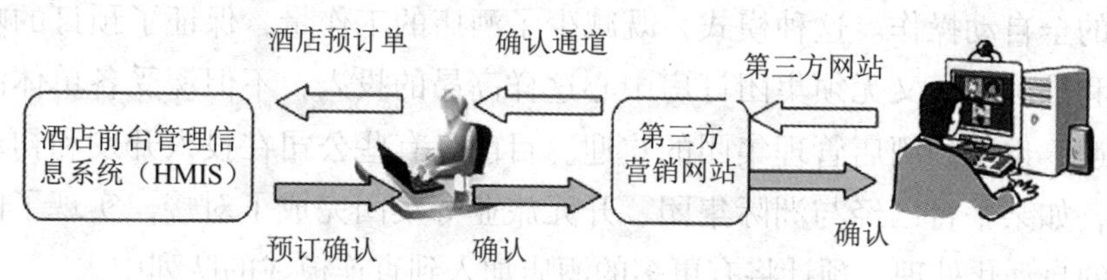


图 3–34　酒店第三方营销网站预订流程

2. 酒店（集团）自主预订平台

酒店集团预订平台发展较早，集团预订中心的市场运行较多为国际酒店集团，如图 3–35 所示。如喜达屋酒店集团、香格里拉集团、万豪集团等。集团下属的酒店通过 VPN 或者专线与自己酒店集团的订房中心进行链接，所有的可用房数据、房价等信息都进行实时同步，宾客在网站上的预订，通过预订中心与酒店管理信息系统（HMIS，PMS）进行同步更新，直接生成前台可以看到的预订记录。所有的操作对酒店来说都是透明的，大大减少了酒店工作人员的工作量。但是，集团预订中心只限于本集团的酒店使用。一般这些预订中心服务器都在国外，通过 VPN 或者专线进行连接，每个预订都需要支付给集团一定的佣金，运行费用较高。该类运行平台目前在国际市场上运行了好多年，比较成熟，新的酒店或单体酒店很难与此抗衡。同时该类营销平台单体酒店一般无法加入，如果单体酒店自己进行该类网站建设，成本较高，最大的问题是如何提高网站的点击率，有一定量的点击率，才有可能转化成下单率。

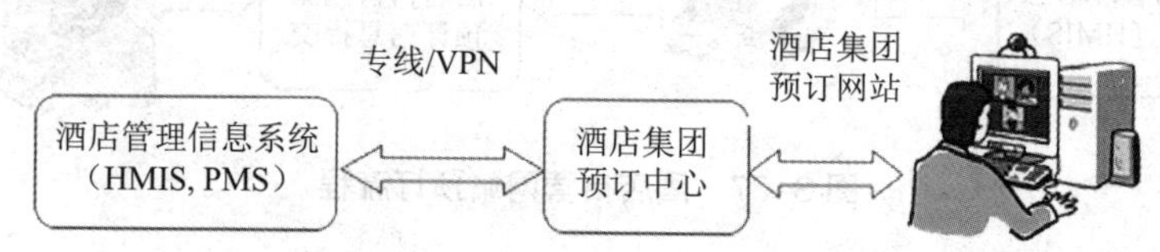


图 3–35　酒店（集团）自主预订中心预订流程

3. 酒店直接预订模式

酒店直接预订模式，如图 3–36 所示，可能是发展的一种预订模式，它通过专业订房网站链接酒店管理信息系统中的预订模块，通过直连模式，宾客可以在网站上直接点击客房或其他服务的预订。如把阿里巴巴、携程等公司的订房请求直接与酒店管理信息系统（PMS）相连，实现专业订房网站订房处理的全自动操作。这种模式，既减少了酒店的工作量，保证了预订的响应速度和准确率，又无须集团订房中心这样高昂的投入，不但深受各单体酒店的欢迎，也受到酒店管理集团的欢迎。目前，有些公司在投入开发和初步试运行，如某平台已经与洲际集团、开元旅业等集团完成了对接，实现了网络预订的自动化处理，预计将有更多的酒店加入到直连模式的队列中去。

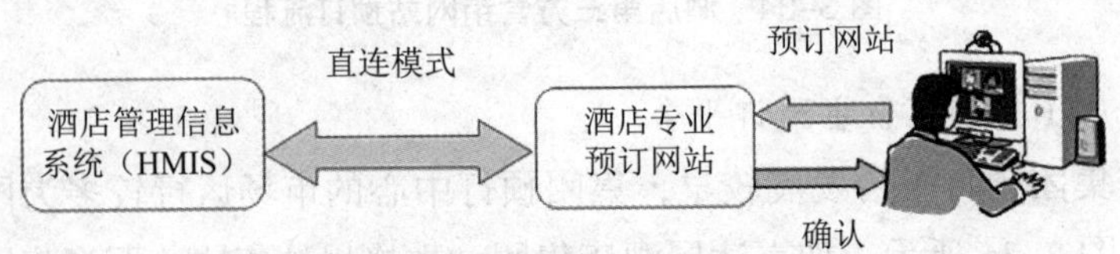


**图 3-36　直连模式预订流程图**

4. 酒店自营网站

这是酒店开始较早，也是最想做的网络营销方式，如图 3-37 所示。酒店自行建设网站，页面上有订房界面，宾客可以在界面上输入订房需求和联系人信息，内容提交后以邮件或表单形式提交给酒店预订部门，酒店预订部门接到订房请求后，按照普通的订房请求流程处理。这种方式，酒店投入少，但最大的瓶颈就是网站的推广，如何把网站的点击率提升，是成功的关键。这类网站可以减少对第三方预订平台的依赖，但需要时间的积累和酒店企业文化的积淀。酒店还需要培养一批自己的网络营销队伍。

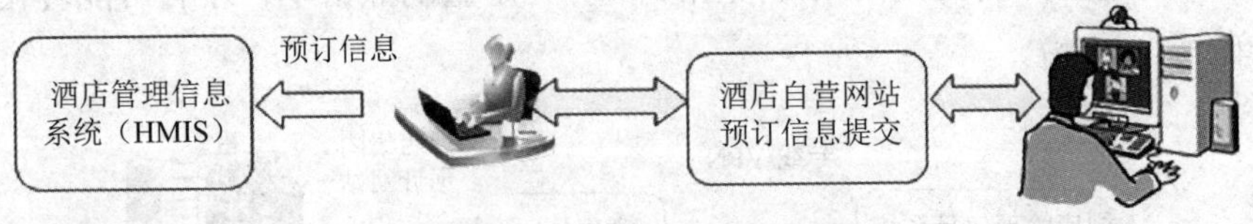


**图 3-37　酒店自营网站预订流程**

# 第五节　景区与旅行社电子商务解决方案

旅游业的高速发展，电子商务起到了决定性的效用。截至 2016 年 6 月，在网上预订过机票、酒店、火车票或旅游度假产品的网民规模达到 2.64 亿，较 2015 年年底增长 406 万人，增长率为 1.6%。在网上预订火车票、机票、酒店和旅游度假产品的网民分别占比 28.9%、14.4%、15.5% 和 6.1%。其中，手机预订机票、酒店、火车票或旅游度假产品的网民规模达到 2.32 亿，较 2015 年年底增长 2236 万人，增长率为 10.7%。我国网民使用手机在线旅行预订的比例由 33.9% 提升至 35.4%。旅游度假业务方面，OTA 企业在资本的支持下实现产业链上下游的贯通。渠道方面，与景区深度合作，从规划设计到项目投资再到景区运营，拥有足够的话语权和掌控能力。服务方面，通过投资重构，在酒店、美食、购物等方面打造品质化的旅游享受，拥有独特的服务品牌和口碑。产品方面，通过投资、品牌授权、委托经营的模式开发风景区项目和主题旅游活动。

## 一、旅游电子商务平台的系统架构

旅游电子商务系统平台一般采用四层体系结构：最底层是网络基础架构层，它包括网络、服务器等硬件设备、操作系统，以完成各种的物理传送平台和传送方式；第二层是电子商务基础数据平台，包括各类数据库；第三层是各种旅游电子商务应用系统，也是电子商务的核心之一，是旅游业务处理应用系统。各类旅游电子商务提供应用性功能；最上层是旅客与企业间的交互层，即信息访问层，是整个旅游电子商务系统的用户访问界面，如图 3–38 所示，用户通过信息访问层进行旅游产品信息查询、业务咨询、决策下单、网评等。除底层的网络基础架构，旅游电子商务系统平台的技术采用架构平台构建基于三层体系架构的旅游电子商务信息门户，解决方案由统一的数据服务层、门户应用服务层及门户展现。

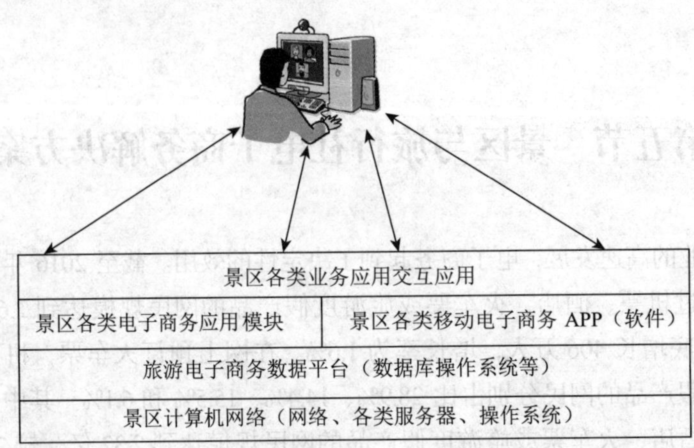


图 3-38 景区电子商务平台架构

## 二、景区与旅行社电子商务四种模式

目前，我国旅游电子商务主要有四种模式，即单一信息发布模式、旅游企业自主建站在线销售模式、细分型旅游产品在线销售模式（即第三方旅游运营平台）、综合型旅游产品在线销售模式（O2O 旅游平台模式）。

1. 单一信息发布模式

采用单一信息发布模式的，有单纯发布旅游信息的网站，还有某些大型综合门户网站仅仅发布旅游信息的专业界面。单纯发布信息比较被动，主要出现在早期的景区或旅行社的网站，该类网站只是商务活动中的宣传媒介，没有信息反馈，不能构成一项完整的业务。

2. 旅游企业自主建站在线销售模式

随着旅游企业电子商务的进一步发展，旅游企业包括旅行社开始自主建设在线销售模式的网站，主要业务是旅游景点、旅行产品、酒店、旅游客运、交通线路、旅游餐饮娱乐、旅游购物等产品的营销，预订与产品的销售，开创了旅游产品电子商务运营的新时代。这种类型的网站运行模式的主要特点有：

（1）侧重于介绍本企业信息和业务。

（2）业务组合和产品线限于本企业业务范围之内，提供其中部分或全部在线销售服务。

（3）逐步开始提供在线支付。

（4）赢利模式基本为本企业现有赢利模式的局部或全部复制。

3. 第三方旅游运营平台

第三方旅游运营平台，主要是强大的OTA企业，如携程、同程，现在开始发展迅速的阿里旅行（飞猪），这些平台运营强大的“互联网+”技术，探索新的运营模式，对市场进行细分，取得了巨大的市场份额，许多传统的旅行社出现了非常被动的局面。第三方平台使业务流程进行了再造，应用分享经济的模式，取得了成功。旅游企业只能拥抱和欢迎第三方平台的崛起。景区与旅行社应该积极投入到新的运营模式中，为旅游业发展而为。

4. O2O 旅游平台模式

线上与线下（O2O）的运营模式是最适合旅游产品的，旅游产品最大的特点，就是销售产品和产品服务时没有物流。由于没有物流，旅游产品变得轻便、快捷。O2O模式四个环节为线上展示、线上支付、线下消费、线上反馈，如图3–39所示。这四个环节紧密相连，环环相扣，体现了互联网时代的便捷与快捷的特征，O2O模式可以在PC端操作，更可以在移动端操作，可以形成旅游“说走就走”的行程，为旅游行业的创新模式开拓无限的前景。

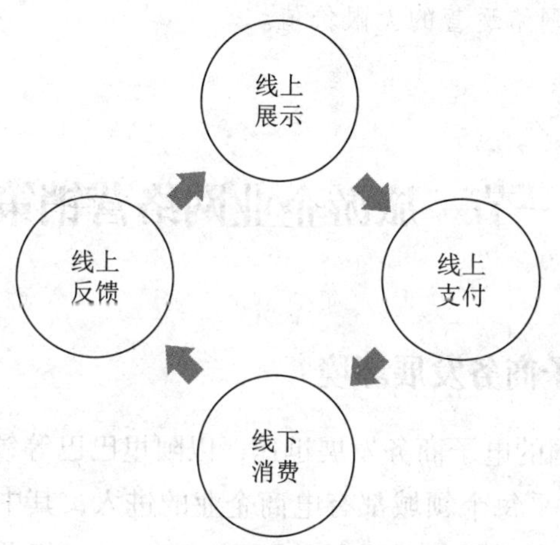


图3–39　旅游电子商务O2O模式

# 第四章 旅游企业网络营销

【本章导读】

电子商务发展的大环境，给旅游行业带来了前所未有的发展空间，游客可以跨越时空，了解旅游目的地，可以在网络上预订客房、租车，可以在网络上看他人的旅游分享，更可以发送自己的旅游体验。在景区可以通过网络定位，航空旅行可以规划航线与订座等。而旅游供给侧更应该拥抱互联网，互联网给企业带来更多的机遇。旅游企业在互联网应用中应该有所作为。我们学习互联网可以在旅游行业应用，尤其是网络营销的运营中，更好地为旅游企业服务，体现网络运营的无限价值。

## 第一节 旅游企业网络营销策略

### 一、旅游电子商务发展环境

近10年来我国的电子商务发展迅速，以阿里巴巴等领衔的电商企业，更是超常规发展，几乎每个领域都有电商企业的进入，其中旅游行业更是各个电商企业抢滩的领域，无论是最早的酒店（Hotel）、机票，还是旅行社、景区、会展等，都有典型的电商企业在创新与竞争。这种格局和我国的互联网环境大发展密切相关。

根据中国互联网络信息中心第38次报告：截至2016年6月，中国网民规模达7.10亿，半年共计新增网民2132万人，如图4-1所示。互联网普及率为51.7%，较2015年年底提升了1.3个百分点。截至2016年6月，中国手机网民规模达 6.56 亿，较 2015 年年底增加 3656 万人。网民中使用手机上网人群占比由 2015 年年底的 90.1% 提升至 92.5%。截至 2016 年 6 月，中国网民中农村网民占比 26.9%，规模达 1.91 亿。中国网民手机上网使用率为 92.5%，较 2015 年年底提高 2.4 个百分点；通过台式电脑和笔记本电脑接入互联网的比例分别为 64.6% 和 38.5%；平板电脑上网使用率为 30.6%；电视上网使用率为 21.1%。截至 2016 年 6 月，中国域名总数为 3698 万个，其中“.CN”域名总数为 1950 万个，占中国域名总数比例为 52.7%，“. 中国”域名总数为 50 万个。中国网站总数为 454 万个，其中“.CN”下网站数为 212 万个。

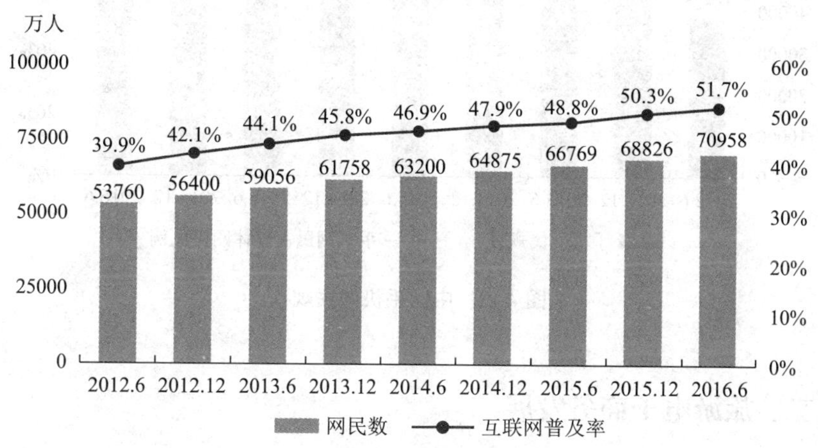


**图 4–1　中国网民规模与互联网普及率**

在我国，个人电子商务应用领域最广泛，网民规模达 7.10 亿，互联网普及率达到 51.7%，与 2015 年年底相比提高 1.3 个百分点，超过全球平均水平 3.1 个百分点，超过亚洲平均水平 8.1 个百分点。因此，我国的互联网是近些年发展最快的国家之一。这些数据也显现了我国互联网发展的态势，政府主导的“互联网 +”技术的推广，各个电商企业的创新，我国民众对互联网的热衷使得电子商务应用发展快速。移动互联网的生态环境更是喜人，截至 2016 年 6 月手机网民规模达 6.56 亿，如图 4–2 所示。网民中使用手机上网的人群占比由 2015 年年底的 90.1% 提升至 92.5%，仅通过手机上网的网民占比达到 24.5%，网民上网设备进一步向移动端集中。随着移动通信网络环境的不断完善以及智能手机的进一步普及，移动互联网应用向用户各类生活需求深入渗透，促进手机上网使用率增长，手机上网主导地位得到了强化。由于这个规模效应，使得谁都想在这个巨大的市场中拿到自己的份额。旅游市场更是适合电子商务的环境运营，由此市场成熟早，竞争也最激烈，创新模式也很多。因此探究旅游电子商务发展是十分有意义的。

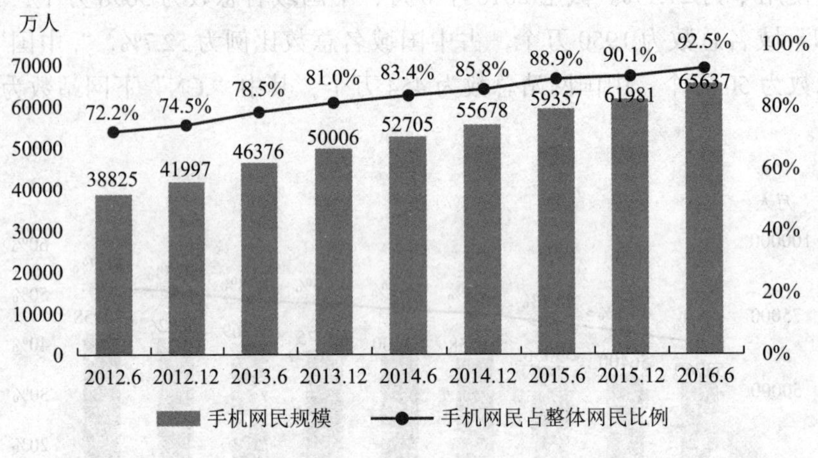


图 4-2　中国手机网民规模

## 二、旅游电子商务发展

近些年旅游电子商务发展迅猛，旅游产业链上无处不在的旅游电子商务，造就了线上电子商务的成功模式与发展态势。截至 2016 年 6 月，在网上预订过机票、酒店、火车票或旅游度假产品的网民规模达到 2.64 亿，较 2015 年年底增长 406 万人，增长率为 1.6%。在网上预订火车票、机票、酒店和旅游度假产品的网民分别占比 28.9%、14.4%、15.5% 和 6.1%，如图 4-3 所示。其中，手机预订机票、酒店、火车票或旅游度假产品的网民规模达到 2.32 亿，较 2015 年年底增长 2236 万人，增长率为 10.7%。我国网民使用手机在线旅行预订的比例由 33.9% 提升至 35.4%。

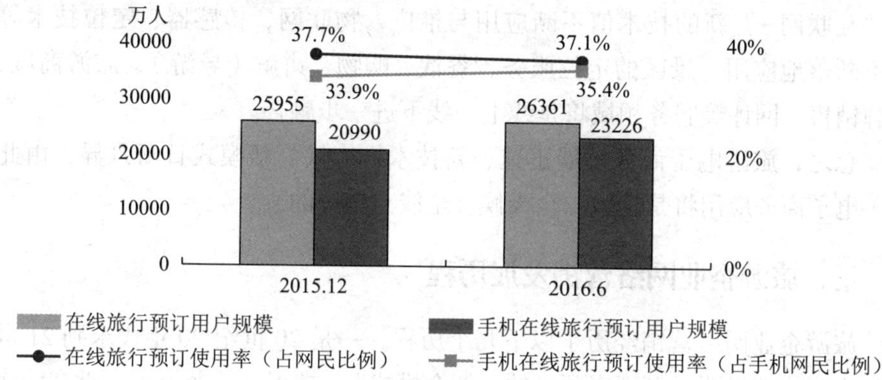


**图 4-3 中国旅游在线市场用户规模与使用率**

2016 年在线旅行预订机票、酒店、旅游度假业务的竞争已进入“红海”，线上与线下旅游企业纷纷谋求新的运营模式，具体表现在以下三个方面：

第一，机票业务方面，航空公司在线机票预订业务将成为主导，进入“提直降代”时期。由于航空服务者资源相对集中，自身会员体系较为成熟，对于 OTA9 依赖度较低，促使各个航空公司有能力进行直销业务。而对于 OTA 企业而言，其庞大的用户规模以及出行服务的全面化将促使其对于机票直销流量引入作用更大。

第二，酒店业务方面，地域、品牌更为分散的酒店服务商对于在线预订企业的依赖依然会持续。而对于在线预订企业而言，与酒店服务商的博弈以及在线预订企业之间竞争将更为激烈。一方面，以佣金制为主的在线预订企业对酒店服务商收入造成一定压力，部分酒店已经注重直销；另一方面，搜索、团购、电商应用对于酒店预订业务的进入以及各个在线预订企业之间的竞争将更为激烈；近期阿里旅行（飞猪）的新的运营模式，应用天猫上的客户资源提出信用住不支付押金的住房，使得酒店业老的付押金运营模式被打破，酒店业新的一轮商业模式将逐步建立。

第三，旅游度假业务方面，OTA 企业在资本的支持下实现产业链上下游的贯通。渠道方面，与景区深度合作，从规划设计到项目投资再到景区运营，拥有足够的话语权和掌控能力。服务方面，通过投资重构，在酒店、美食、购物等方面打造品质化的旅游享受，拥有独特的服务品牌和口碑。产品方面，通过投资、品牌授权、委托经营的模式开发风景区项目和主题旅游活动。景区“互联网+”新的技术值不断应用与推广，物联网、传感器、定位技术等将不断落地应用。景区的定位服务、餐饮、购物、讲解（导游）、旅游商城、品牌销售、网评等服务领域将是线上与线下进一步融合。

总之，旅游电子商务发展迅速、新技术推广快、新模式日新月异，由此旅游电子商务应用将是全域、全天候、全线与全民的。

## 三、旅游企业网络营销发展历程

旅游企业网络营销经历了以下几个历程，一是20世纪90年代末到21世纪初主要依赖机票预订酒店预订的“佣金模式”，携程、艺龙等第一批在线代理商诞生；二是2004年到2006年，为在线旅游市场的成长期，芒果、同程等企业进入在线代理商市场，引入多元成熟的线下产品，旅游企业的网络营销单一机票、酒店的模式被打破，同程网引入了景区、会展等行业的线上产品；三是2006年到2012年，为在线旅游的细分化和社交化阶段，度假需求的出现，驴妈妈、途牛等代理商提供在线预订细分服务，用户需求从预订延展到交流，旅游网站社交化出现，网上评价，分享经济开始出现，这些更适合年轻人的运营模式得到很快的发展；四是2012年至今，在线旅游正经历无线化，即移动互联的运营生态。来一场说走就走的“旅行”，正得到年轻人的喜欢，成为一种新的生活方式。

新的旅游互联网模式与传统旅游互联网模式有本质的不同，这里的传统旅游互联网企业主要是指产品的代理模式和第一代“佣金模式”的互联网运营模式，主要代表为携程，但携程旅游电商企业在不断地成功转型。旅游产品销售模式改变，原来在航空公司酒店与销售者的中间环节正在逐渐弱化。如今旅游供应商和消费者之间以平台连接居多，原来的一级批发商、二级批发商、终端代理、黄牛等中间链条逐渐弱化和消失，因此传统旅游供应商越来越关注旅游平台发展，抢占广受关注的旅游“电商”平台席位。不过，旅游产品消费模式的改变并不意味着传统旅行社要变成互联网企业，而是要运用互联网思维铸造具有互联网精神的全产业链条，因此旅游企业的互联网战略应该具备平等、开放、协作、分享经济的互联网特征。

## 四、旅游企业网络运营策略

旅游企业是对旅游需要者的产品与服务的直接提供者，但旅游产业链不仅有产品和服务的直接供应方，也有上游与下游企业、旅游企业的合作方，更有第三方的运营平台（OTA）等。旅游企业要在产业链上取得占优地位，必须进行供给侧的改革，而这些改革中在线营销是比较重要的领域。旅游企业要有紧迫感进行改革，拥抱互联网经济。

在旅游营销链上，在线营销从产业链的角度来看，在线旅游预订的产业链包括上游产品供应商、中游渠道商和下游媒介营销平台三个部分，每一部分的末端均指向用户。上游产品供应商指航空公司、酒店、景区、旅行社等。其中前三者又是旅行社的供应商。中游渠道商包括批发商（如上海不夜城）和代理商（如艺龙和携程）。下游媒体营销平台包括综合搜索引擎（如百度和谷歌）、垂直搜索引擎（如去哪儿、酷讯）、社交媒体（如新浪微博、腾讯微博）、点评攻略（如大众点评）、门户网站（如新浪、腾讯的旅游频道）、营销平台（如淘宝旅行、京东旅行）。

根据这个旅游市场营销的大格局，旅游企业（景区、酒店、餐饮、娱乐等）应根据自身的产品和服务、服务群体、受众面等要素规划好企业的营销策略。旅游企业的营销策略，无非是自营渠道、传统代销渠道、第三方平台（OTA）等。企业怎样把自营渠道做到极致、传统代销渠道利用好、第三方平台（OTA）调配好，营销策略旅游企业要回答以下问题：

（1）新型营销人员的培养，尤其是线上的营销人员，包括微营销。

（2）用多少营销销售渠道。

（3）每个营销渠道之间的市场比例调配，如何最优。

（4）强大的 OTA 市场怎么利用，旅游企业对 OTA 企业之间的市场调配。

（5）如何做好产品策略、价格策略、渠道策略、促销策略。

# 第二节　旅游企业网络营销运营

## 一、旅游网络营销大市场格局

2016 年我国的旅游市场实现了从旅游短缺型国家到旅游大国的历史性跨越。“十二五”期间，旅游业全面融入国家战略体系，走向国民经济建设的前沿，战略性支柱产业基本形成。2015 年，旅游业对国民经济的综合贡献度达到 10.8%，旅游业对社会就业综合贡献度为 10.2%。国内旅游、入境旅游、出境旅游全面繁荣发展，已成为世界第一大出境旅游客源国和全球第四大入境旅游接待国。旅游业成为社会投资热点和综合性大产业。中国旅游业总收入 2015 年达到 4.13 万亿元人民币，如图 4-4 所示，占同期中国国内生产总值（GDP）（67.7 万亿元人民币）的 6.1%，较 2014 年（5.8%）提高 0.3 个百分点；从增长指数来看，近 14 年内旅游产业复合增长率（CAGR）达到 16.3%，高于 GDP 增长。旅游产业经过 2011 年内生增长关键年后，增长率进一步提升，与 GDP 增长曲线形成 Y 形背离，同时近 4 年旅游产业 CAGR 高于 2011 年前，显示近几年旅游消费强劲增长。

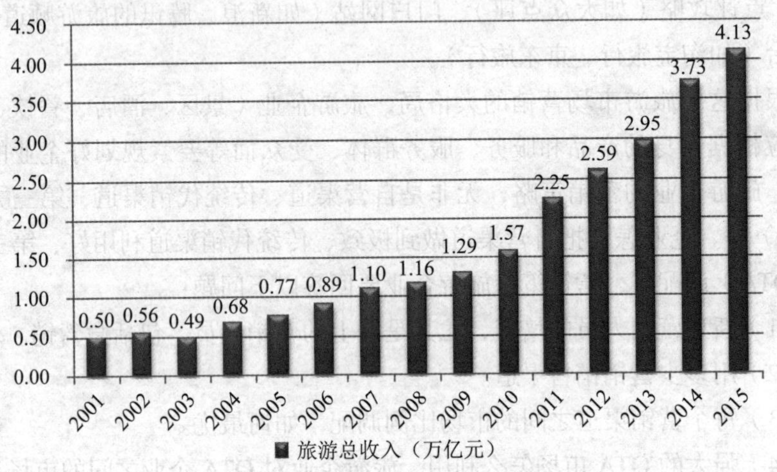


图 4-4　2001~2015 年中国旅游业总收入

在我国大旅游市场格局中，2015 年中国在线旅游市场规模达到 4737.7 亿元人民币，占同期中国旅游业总收入的 11.5%。同时，2015 年中国旅游业呈现新的线上线下融合趋势，旅游产业互联网渗透率如图 4-5 所示。一方面，在线旅游企业不断深入供应端，加强资源覆盖；另一方面，线下旅游资源运营商通过资本或战略合作主动加强在线业务。2015 年中国在线度假旅游市场交易规模达到 550 亿元人民币，增幅达到 58.2%，高于其他在线旅游细分市场。2015 年度假旅游交易规模占在线旅游整体的 11.6%。随着度假旅游互联网化程度的加深，其占比将逐渐提升。

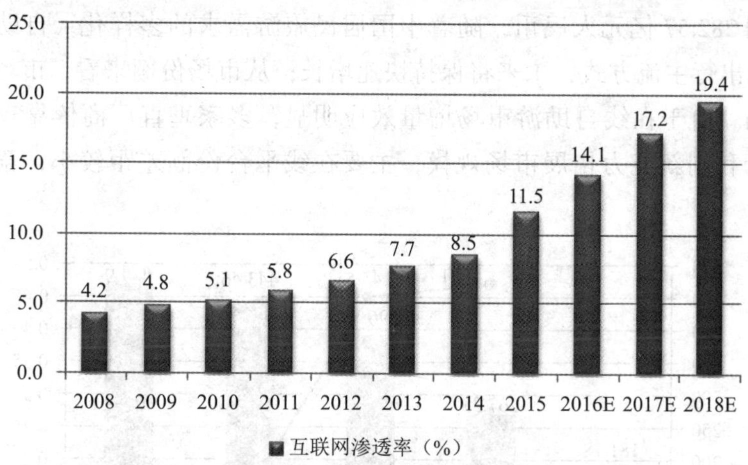


**图 4–5　我国旅游产业互联网渗透率及预测**

中国在线度假旅游市场可以分为跟团游市场和自助游市场。互联网解决目的地信息不对称，同时中国旅游消费者旅游经验日趋丰富，对于个性化旅游体验要求提高，2015 年在线自助游份额首次超过跟团游，预计未来这一占比将持续提高，在线旅游与跟团旅游比例如图 4–6 所示（按出行方式划分）。

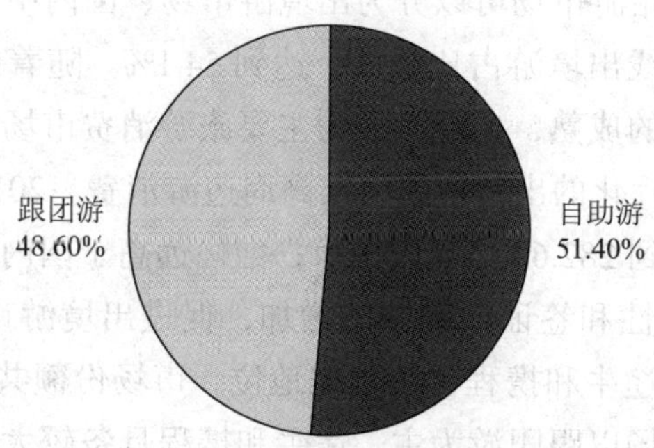


**图 4–6　2015 年中国在线度假旅游市场结构**

2015 年中国在线跟团游市场交易规模达到 267.39 亿元人民币，预计未来将保持小幅增长，如图 4–7 所示，2018 年达到 474.6 亿元人民币；从市场份额来看，集中趋势较去年更加明显：途牛、携程市场份额分列第一、二位，共占 57.7% 的市场份额，较去年同期提高 9.4 个百分点，在线平台具备流量优势，未来市场集中趋势将加强。2015 年中国在线自助游市场交易规模达到 282.57 亿元人民币，随着中国居民旅游需求的多样化，自助游进一步成为出行主流方式，未来将保持快速增长；从市场份额来看，市场呈现多强格局。由于在线自助游市场增量效应明显，多家垂直厂商依靠较强的市场执行和创新能力拓展市场规模，主要在线平台份额差距较小，竞争压力较大。

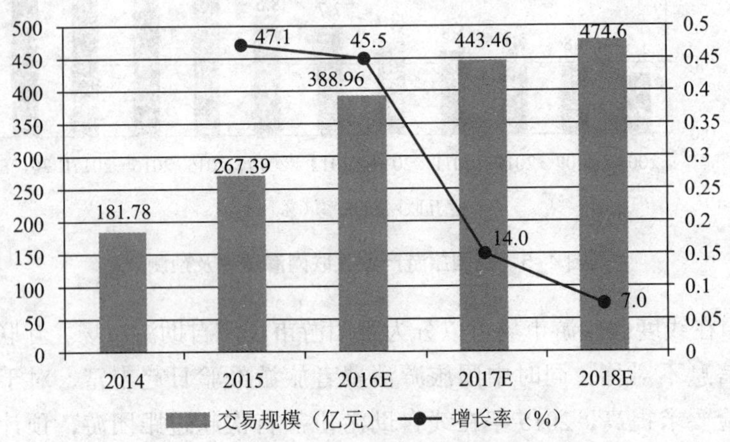


图 4–7 我国在线跟团游市场交易规模及预测

中国在线度假旅游市场可以分为出境游市场、国内中长线游市场和周边游市场。其中，在线出境游占比最大，达到 54.1%。随着中国居民可支配收入增长和旅游消费的成熟，出境游成为主要旅游消费市场，而周边游具备较高的出行频次，碎片化的出行习惯将推高周边游消费。2015 年中国在线出境游市场交易规模达到 282.68 亿元人民币，增幅远高于国内游，居民收入水平的提高、交通便利性和签证便利性的增加，促进出境游市场呈爆发式增长；从市场份额来看，途牛和携程位于领先地位，市场份额共占 62.6%，集中效应明显；出境游市场以跟团游为主，途牛和携程具备较大竞争优势，未来将维持两强局面。

近年来，中国出境游市场发展迅速。根据国家旅游局数据，2015 年中国出境游人次达到 1.28 亿人次，平均每天 35.1 万人出境；从世界范围来看，中国已成为全球最大客源国。在目的地方面，港、澳游客数量排名领先。境外国家中，亚洲国家吸引了大多数中国游客，中国已成为日本、韩国等国家最大客源国；在美国和欧洲等其他目的地，中国也成为主要客源国，同时具备较强的消费能力。出境自由行客户占比达到56.1%，并呈现逐年增长的趋势，因此，2015年在线旅游企业加速“大交通+目的地”的自由行产品布局，在大交通产品方面，一方面在线旅游企业通过收购或战略合作加强渠道端覆盖，如携程收购国际廉航机票预订平台Transfusion；另一方面，在线旅游企业向上游加强渗透，与航空资源运营商加强战略合作，如途牛与海航达成战略合作；在目的地产品方面，2015年起途牛、携程、去哪儿等纷纷上线本地玩乐栏目，通过一站式本地玩乐平台，整合碎片化的旅游产品，为出境自由行用户提供服务保障，提升旅游体验。

2015年中国在线国内中长线游市场交易规模达到154.54亿元人民币，随着大交通便捷性增强，用户长距离国内旅游活跃度不断提升，同时，自助游成为主要旅游方式。从市场份额来看，携程和途牛于领先地位，整体市场份额较分散，中小型旅行社通过互联网渠道提供国内游产品预订，长尾效应明显。

2015年中国在线国内周边游市场交易规模达到112.74亿元人民币，随着居民度假旅游需求进入休闲旅游阶段，旅游消费成为常态化、高频次消费，在线周边游市场规模将持续提升；从市场份额来看，市场份额主要集中于同程、驴妈妈和携程，三家厂商共占80.4%的市场份额，其中，驴妈妈同比增长201.7%，增幅最高。

## 二、中国在线旅游行业发展趋势预测

（1）在线旅游平台通过投资收购或战略合作等方式形成渠道整合，通过产品互补为用户提供预订便利，从而降低流量成本。

（2）线下旅行社通过资源整合提升规模经济，如众信收购魅力假期、天下国旅等，2016年资源整合仍将持续。

（3）线上线下互相融合，以缩短供应链，提升资源到用户端沟通效率，并增强各环节资源利用效率和盈利能力。

（4）以旅游为代表的服务类电商发展迅速，其他互联网平台通过投资旅游企业进行战略布局，如美团收购酷讯旅游等。

（5）阿里集团对旅游行业的介入，飞猪在2016年推出旅游在线产品，“未来酒店”的概念提出与建设，都会对旅游行业与格局发生变化与变革。

## 三、旅游企业网络营销运营

在上述的旅游企业营销策略基础上，将探究旅游企业具体的营销运营，旅游企业的营销运营人才培养是第一位的，旅游营销市场发展很快，因此期待旅游企业（景区、酒店等）把营销人才培养和引进放在第一位。在此基础上做以下几项工作。

1. 传统营销渠道

每个旅游企业都有自己独特的产品、地理位置和人脉。因此对传统的营销渠道不能忽略，传统营销渠道更多的是承载着企业的文化和背景，人脉和自己忠诚的受众永远不会过时，但靠传统的线下渠道销售量是不够的，必须应用下面的营销渠道。

2. 在线平台的应用

现在几乎每个旅游企业都离不开线上的销售，而在线旅行预订的销售模式分为直销和分销两种，如图 4–8 所示，供应链的流动有四种途径：从上游产品供应商到用户属于直销；上游产品供应商到渠道商再到用户属于分销；从上游产品供应商到媒介营销平台以及从上游产品供应商到渠道商再到媒介营销平台均属于分销。上游供应商通常采用直销的模式以旅游资源或配套服务直面客户获得盈利，其主要通过加强自营网站的优惠力度来争夺市场，由于航空公司和酒店等上游商家在线服务单一，上游供应商会发展批发商、代理商和媒介营销平台来拓展业务。中游的批发商尤其是代理商通过用户习惯的培养占据了较大的市场份额，主要通过渠道分销赚取佣金盈利，广告收入只占一小部分。随着行业的细分，中游代理商逐渐通过与媒介营销平台合作，增加流量和用户来源。下游媒介营销平台包括搜索比价、点评攻略等抢夺流量入口，凭借垂直搜索或社交化来吸引用户，将用户流量引入供应商或代理商平台，靠为上、中游商家提供营销服务获得佣金和广告收入获得盈利。随着流量的激增，去哪儿等垂直搜索引擎等已经开始扮演代理商的角色，提供机票和酒店预订服务，从而拓宽自己的盈利渠道。

在线旅游预订行业竞争较为激烈，上游产品供应商逐渐加大直销的优惠力度来扩大市场份额，中游大型在线代理商逐渐完善自身服务模式，抢占用户和流量。与此同时，行业的细分不断催生新的模式，如换房旅游、移动端的旅行社交应用等。在线旅游预订产业链也会随着行业的细分与重组而不断整合，提高供应效率。

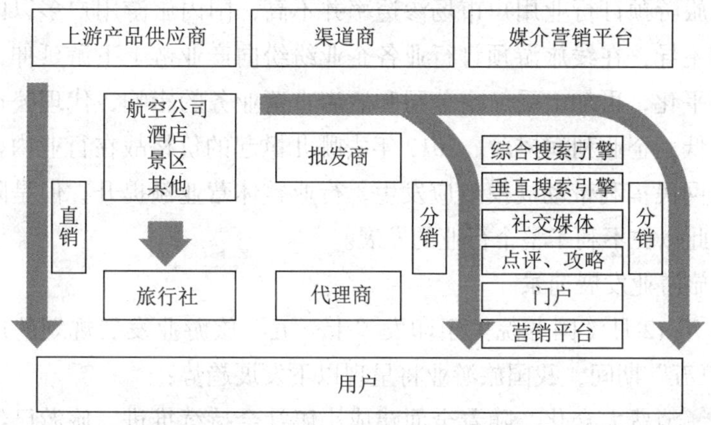


图 4–8 在线旅游预订销售渠道

随着互联网的普及应用，以及当今社会人们从物质享受向精神享受的逐渐过渡，在线旅游预订行业空前发展，企业存在优势和劣势，也面临着市场带来的一系列机遇与威胁。旅游企业在线平台的应用应注意以下几个方面：

（1）细分市场。

在线旅游预订企业分工越来越细，存在多种经营模式，随着行业竞争的加剧，企业开始向产业链上下游延伸，灵活地整合产业链。携程向下游延伸，与垂直搜索引擎去哪儿合作拓展渠道，入驻淘宝平台。去哪儿向上游延伸，与航空公司和酒店合作，开展直营业务。而淘宝网和京东则以电子商务企业的身份，发挥平台的优势介入在线旅游预订行业。在线预订机票、酒店的流程日趋标准化显现出行业的规模效应。全国性旅游预订服务网站运用 IT 技术，利用集中式 Call Center（呼叫中心）搭建起来的虚拟服务网络支撑着遍及全国的预订服务体系，提供高效且有规模效应的服务，从而实现标准化程度较高的星级酒店预订、机票预订等服务。比如，2011 年 12 月，去哪儿网正式推出数字服务体系，并将在线机票预订纳入数字服务体系，为消费者提供标准化机票预订流程和担保交易服务。在线旅游预订标准化的服务流程和个性化的客服接待提升了整个行业的服务水准。在线旅游预订产品在官网上具备标准化统一化简介和描述，行程安排也比较规范，其推出经济游、舒适游、豪华游，以及自由行、半自由行兼具标准化和个性化的特征，灵活多样。

（2）在线市场利润空间。

在线旅游预订行业用户市场渗透率并不高，国内旅游用户多以内地游和观光游为主导，在线旅游预订行业各企业纷纷向产业链上下游延伸，产业模式趋向扁平化，再加上受航空公司和酒店直营业务的影响，代理公司的佣金率越来越低，企业利润摊薄。2012 年去哪儿掀起的价格战在行业内盛行，由此产生的网民福利带动规模效应发生，行业整体营业额提升，但是附加值降低了，长此以往不利于整个行业的发展。

（3）旅游业发展前景。

2016 年 12 月《国务院关于印发“十三五”旅游业发展规划的通知》指出，“十三五”期间，我国旅游业将呈现以下发展趋势：

第一，消费大众化。随着全面建成小康社会持续推进，旅游已经成为人民群众日常生活的重要组成部分。自助游、自驾游成为主要的出游方式。

第二，需求品质化。人民群众休闲度假需求快速增长，对基础设施、公共服务、生态环境的要求越来越高，对个性化、特色化旅游产品和服务的要求越来越高，旅游需求的品质化和中高端化趋势日益明显。

第三，竞争国际化。各国各地区普遍将发展旅游业作为参与国际市场分工、提升国际竞争力的重要手段，纷纷出台促进旅游业发展的政策措施，推动旅游市场全球化、旅游竞争国际化，竞争领域从争夺客源市场扩大到旅游业发展的各个方面。

第四，发展全域化。以抓点为特征的景点旅游发展模式向区域资源整合、产业融合、共建共享的全域旅游发展模式加速转变，旅游业与农业、林业、水利、工业、科技、文化、体育、健康医疗等产业深度融合。

第五，产业现代化。科学技术、文化创意、经营管理和高端人才对推动旅游业发展的作用日益增大。云计算、物联网、大数据等现代信息技术在旅游业的应用更加广泛。产业体系的现代化成为旅游业发展的必然趋势。

这些有利于旅游发展的环境，大大提升了行业的发展空间，尤其是大数据技术的发展为旅游预订行业用户需求的发掘提供了良好的技术支撑。而移动互联网的发展则为在线旅游预订行业拓宽了渠道。

（4）竞争的格局。

国内互联网企业介入市场，加剧了行业竞争。例如，百度战略投资去哪儿网 3.06 亿美元。京东、淘宝均推出旅行频道。360 在搜索和支付领域与携程谋求合作。人人网、腾讯、高朋则通过艺龙开放平台介入在线旅游预订行业。在线旅游预订行业产业模式的扁平化，航空公司和酒店业的直营模式，使 OTA 企业的佣金率越来越低，整个 OTA 细分行业面临巨大的生存压力，有待转变商业模式。国内企业同质化竞争激烈，模仿性较强，缺乏核心竞争力，面临国际巨头的威胁和挑战。

### 四、旅游企业自营网络渠道

旅游企业要获取高利润，旅游企业（酒店、景区、旅行社等）自营网络销售渠道建设非常重要。不管是基于长远的市场考虑还是短期的营销活动，不论是旅游企业产品宣传还是服务质量的内涵建设，不管是客人网评还是企业自身文化建设等方面，都需要对自身的营销渠道进行全面提升与建设。旅游企业最重要的是提升网络营销人员的素质，引进线上营销高端人才。

从旅游企业自身网络营销分析，基本可以分为自营网站、即时信息、邮件营销、微营销平台（微信、微博）、移动 App 等。以下就此实践问题进行探究。

## 第三节　旅游网络营销方法与实践

### 一、网络营销方法与实践

旅游行业呈现火热发展态势，在线旅游预订市场也随之水涨船高。旅游企业可以从以下几个方面进行在线网络营销与实践。

1. 旅游企业自营网站

在网络营销中，自营网站（官网）举足轻重，是非常关键的营销渠道，是网络营销的主体，是旅游企业的门面。旅游企业要花成本好好经营。经营好网站，第一要素是专业的网络人才，会网络设计并与经营部门有良好的沟通，宣传出高水准的自身形象，为旅游网络营销打下扎实的基础。图 4–9 为首届世界互联网大会主网页，是世界水准的网站宣传应用，其中就很好地诠释了“互联网 +”技术与酒店经营技术的融合。

图 4–9　首届世界互联网大会主网页

图 4–10 是万豪国际酒店集团在自营网站上发出的产品营销。高星级酒店在网络经营上狠下功夫，为酒店集团的发展开拓了渠道。

图 4–10　万豪酒店集团自营网页的推广活动

2. 即时信息（通信）与邮件营销

旅游企业通过即时通信和客人保持沟通，在旅游企业自身的营销渠道上，起到了补充和不可替代的作用。这里的即时通信是指 QQ、微信等。这个渠道有以下特点：

（1）精准。主要是忠诚或将成为忠诚客户的潜在客户与酒店销售人员的互动。

（2）高效。一般即时通信交流有一定的目标性。

（3）互动。即时通信的互动性强，下单率比较高。

（4）忠诚。客户对旅游企业的黏度较高，同样对旅游企业销售人员认可更高。

同样邮件营销更适合精准营销，期望旅游企业用好邮件营销的工具。在邮件营销中千万忌讳对客户使用邮件的炸弹（一直发邮件），使客人看到该企业发来的邮件有厌恶感，此时旅游企业的邮件营销就失败了。何时发营销邮件是一个“智慧营销”的领域，需要对客人的需要分析，市场的数据分析和市场环境等要素的分析，在合适的时间，发给合适的对象，发出合适的产品。这些需要专业人士的推进，旅游企业需要这样的营销网络人才。

3. 旅游企业的微营销

旅游企业的微营销是企业很好的营销工具，近几年发展迅速。旅游企业微营销大概有以下几类：

（1）旅游移动 App。

旅游企业利用移动端、手机 App 进行营销和服务，已经开创了一个新的时代。图4–11是酒店应用App进行预订与服务，为即时营销开创了新的渠道。旅游企业包括景区的入口处，酒店的大堂、航空公司、餐饮的收银处均会看见旅游企业的 App 入口端的二维码扫描图案，期待游客的关注并为游客提供服务与帮助。App 缺点就是客人必须在移动端安装 App 软件，由于手机等移动端的内存与硬盘永远跟不上应用软件的发展速度，由此有些客人不太愿意轻易安装 App 入口应用软件，这给推广造成了困难。

图 4–11　酒店移动端 App 营销的应用

（2）旅游企业微信平台营销。

微信（WeChat）是腾讯公司于 2011 年年初推出的一款快速发送文字和照片、支持多人语音对讲的手机聊天软件。用户可以通过手机、平板、网页快速发送语音、视频、图片和文字。微信提供公众平台、朋友圈、消息推送等功能，用户可以通过摇一摇、搜索号码、附近的人、扫二维码方式添加好友和关注公众平台，同时微信将内容分享给好友以及将用户看到的精彩内容分享到微信朋友圈。微信作为时下最热门的社交信息平台，也是移动端的一大入口，正在演变成为一大商业交易平台，其对营销行业带来的颠覆性变化开始显现。

微信公众平台是腾讯公司在微信的基础上新增的功能模块，通过这一平台，个人和企业都可以打造一个微信的公众号，可以群发文字、图片、语音三个类别的内容。目前微信公众平台支持 PC，移动互联网网页登录，并可以绑定私人账号进行群发信息。微信公众平台是一个自媒体平台，它是微信系统的重要组成部分，微信整个板块包含个人微信、二维码、公众平台。

旅游企业微信公众平台营销模式是网络经济时代企业营销模式的一种创新，是伴随着微信的火热而兴起的一种网络营销方式。图 4–12 是溪口景区的微信平台。从景区微信应用可以得知：微信营销平台不存在距离的限制，用户注册微信后，可与周围同样注册的“朋友”形成一种联系，用户订阅自己所需的信息，商家通过提供用户需要的信息，推广自己的产品，从而实现点对点的营销。微信营销主要体现在以安卓系统、苹果系统的手机或者平板电脑中的移动客户端进行的区域定位营销，商家通过微信公众平台，结合转介率微信会员卡展示商家微官网、微会员、微推送、微支付、微活动，已经形成了一种主流的线上线下微信互动营销方式。

对旅游企业平台的培育是我们旅游企业主要的营销任务，对微信公众号的关注是在受众手里，即在游客的选择，由此“公众”取向的核心定位，是旅游企业的价值取向定位。微信公众平台营销是一种互动营销。微信对于大众化媒体、受众以及旅游企业而言是一种分享经济平台，微信开放平台朋友圈的社交分享功能的开放，已经使微信作为一种移动互联网上不可忽视的营销渠道，那么微信公众平台的上线，则使这种营销渠道更加细化和直接，图 4–13 展示了分享经济与活动营销的崭新模式。相比微博，微信有更强的黏性和沟通感觉，是一个私密纽带。目前，关注同一公众号（品牌）的用户之间也没有（社交）

交集，人们关注的可能只是更直接地获得有用、有趣的信息。微信此时已经有了亿级的用户，挖掘自己用户的价值，为这个新的平台增加更优质的内容，创造更好的黏性，形成一个不一样的生态，想必是平台发展初期更重要的方向。综上，旅游企业应用微信公众平台营销归纳为以下特点：

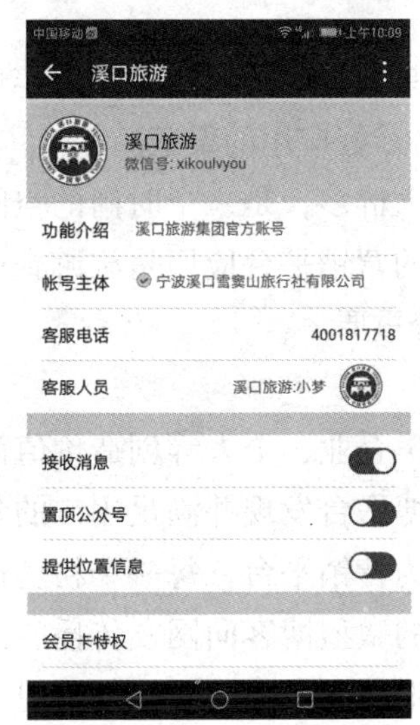

图 4-12　溪口旅游景区微信公众号

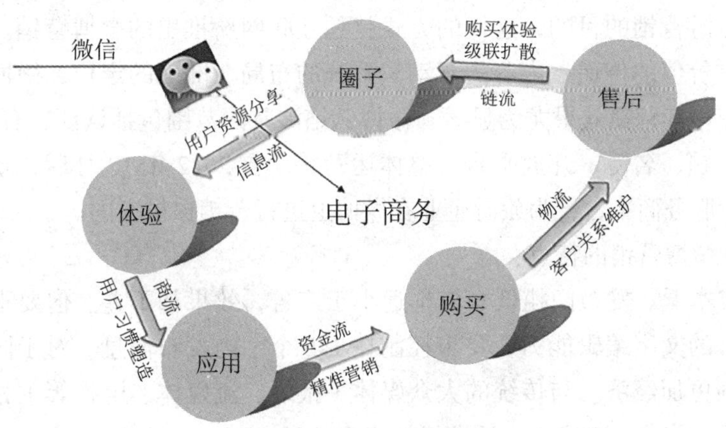


图 4-13　微信平台分享经济与互动平台

①精准性。以一种朋友关系方式推送精准的旅游产品与服务的信息，是精准营销好的工具之一，但需要线上人员的专业运营。

②互动性。可以一对一的互动交流方式，具有 QQ 的某些特点，可以和客人进行即时的交流，更能了解客人的需要。

③移动性。可以在移动的环境下，及时推送旅游信息，游客可以在工作、生活、旅途中及时收到相关信息，是一个短平快的营销渠道，上述溪口旅游公众平台很好地诠释了这种应用。

④分享性。旅游产品和服务的质量，对营销起到了决定性的作用，质量的优劣可以在朋友圈迅速传播，是分享经济最好应用的渠道。

⑤时尚性。微信的使用者中相对年轻人群多，是一个时尚的空间，年轻人更是旅游消费的引领群体，因此对微信的营销平台应用是旅游企业一个重点的营销领域，培养年轻的微营销人才十分重要。

（3）微博营销。

微博营销是指通过微博平台为（旅游）企业、个人等创造价值而执行的一种营销方式，也是指商家或个人通过微博平台发现并满足用户的各类需求的商业行为方式。旅游微博营销以微博作为营销平台，每一个粉丝都是潜在的旅游营销对象，旅游企业利用更新自己的微型博客向网友传播旅游企业信息、旅游产品信息，树立良好的旅游企业形象和产品形象。每天更新内容就可以跟大家交流互动，例如，安徽天柱山官方微博的成功案例很好地展示了微博的营销作用，如图 4–14 所示。微博可以发布大家感兴趣的话题，这样来达到旅游营销的目的，这样的方式就是互联网新推出的微博营销。该营销方式注重价值的传递、内容的互动、系统的布局、准确的定位，微博的火热发展也使得其营销效果尤为显著。微博营销涉及的范围包括认证、有效粉丝、朋友、话题、名博、开放平台、整体运营等。自 2012 年 12 月后，新浪微博推出企业服务商平台，为旅游企业在微博上进行营销提供空间。

旅游微博营销的特点：

①成本低。发布门槛低，成本远小于广告，效果却不差。但要求旅游企业有很好的文字编辑能力，要求控制在 140 个字内发布信息。对于同样效果的广告则更加经济。与传统的大众媒体（报纸、流媒体、电视等）相比受众同样广泛，前期一次投入，后期维护成本低廉。

②覆盖广。传播效果好，速度快，覆盖广。微博信息支持各种平台，包括手机、电脑与其他传统媒体。同时传播的方式有多样性，转发非常方便。利用名人效应能够使事件的传播量呈几何级放大。

③效果强。针对性强，利用后期维护及反馈，微博营销是投资少、见效快的一种新型的网络营销模式，其营销方式和模式可以在短期内获得最大的收益。

④多样化。从人性化和技术角度，微博营销可以同时方便利用文字、图片、视频等多种展现形式。从人性化角度上，企业对品牌的营销，通过微博工具就可以将自己拟人化，更具亲和力。

⑤开放性。微博几乎什么话题都可以进行探讨，而且没有什么拘束，微博就是要最大化地开放给客户。

⑥亲近性。在微博上面政府可以和民众一起探讨，明星可以和粉丝们互动，微博其实就是拉近距离的营销工具。旅游企业更应该应用这样的工具。

⑦快速性。微博最显著的特征之一就是其传播迅速。一条微博在触发微博引爆点后短时间内互动性转发就可以抵达微博世界的每一个角落，达到短时间内最多的目击人数。

⑧便捷性。微博只需要编写好140字以内的文案即可发布，从而节约了大量的时间和成本。

⑨视觉性。微博营销可以借助许多先进多媒体技术手段，从多维角度等展现形式对旅游产品进行描述，从而使潜在消费者更形象直接地接收信息。

⑩互动性：能与粉丝即时沟通，及时获得用户反馈。

⑪时尚性：年轻、时尚、跨界是微博传播的标签。

图 4–14　安徽天柱山官方微博

## 二、在线旅游商业模式与发展趋势

1. 在线旅游运营实践

旅游消费者通过网络的方式查阅旅游信息和预订旅游产品，并可以通过网络分享旅游攻略或旅行经验，囊括了包括航空公司、酒店、景区、租车公司、海内外旅游局等旅游服务供应商及搜索引擎、OTA（在线旅游服务代理商）、电信运营商、旅游资讯及社区网站等在线旅游平台。在线旅游服务的核心是提供旅游相关信息、提供行程安排预订服务的功能。

2. 在线旅游业主要的商业模式

（1）一站式旅游服务提供商。提供全方位的旅游服务预订，涵盖酒店、机票、度假、租车、餐饮等。以携程网为代表。在它们的网站上，旅行体验中的各个要素都能预订。主要盈利模式是佣金制度。

（2）单一旅游要素的预订。将旅游体验中的各个要素进行拆分，单订酒店、单订租车、单订机票等，例如单订酒店有国外的 Booking、Agoda，国内的艺龙等，盈利主要来自于佣金。

（3）点评类网站。目前最著名的应该是 TripAdvisor，到网是它旗下的中文网站，这类网站的模式主要是顾客在某家店消费 / 享受服务之后，将自己的体验发表到网上，给其他顾客提供参考。许多酒店非常重视点评网的功效，杭州某酒店一直提示酒店的运营质量，TripAdvisor 网上得到境外的好评，得到了非常好的市场份额，如图 4–15 所示。在这种模式，中国版是大众点评网，就是一种借鉴发展起来的点评企业。

图 4–15 杭州逸酒店 TripAdvisor 卓越奖

（4）游记攻略类网站。这类网站在大陆有非常多家，比较出名的有马蜂窝和穷游网。主要有论坛、游记和攻略几个板块，游客间可以互相分享自己的旅游感受，论坛也方便提问，请教资深的旅游达人。他们的盈利模式主要是广告和保险签证等附加产品的预订。

（5）搜索与比价网站。上述提到过

那么多种旅游预订网站，那么哪家酒店在哪个网站预订最便宜，如果一家家网站查非常费时，这时候旅游搜索网站就诞生了。现在国内最出名的就是去哪儿网，盈利来自于佣金和广告。

（6）传统旅行社的在线商城。目前大部分资源还是掌握在传统旅行社的手中，随着电子商务的发展，很多传统旅行社也开始注重在线化，最大的是大陆港中旅旗下的芒果网，算是最早涉足在线旅游的传统旅行社，而中青旅则在淘宝网的淘宝旅行平台上，业绩一直比较理想。

3. 在线旅游的发展趋势

在线直销模式与OTA的竞争，所谓直销模式，就是没有中间商的模式，商家直接面对用户，为用户提供个性化的服务，更确保了商家品牌信息的准确传达，重要的是，相比需要交付高昂佣金的OTA，直销平台的成本占有很大优势。因此，直销模式将成为旅游上游供应商的首选营销渠道。移动互联网成重点目标，移动互联网可以实现随时随地访问，通过智能手机等终端，旅行者登录旅游服务商的移动网站进行相关旅游信息的查询，完成金额支付，客户端则把预订的结果、航班的延迟等信息随时通知旅行者，整个过程十分便捷。传统旅行社将集体转型依托自身资源，将传统企业资源与网络资源进一步整合无疑将是最为主要的调整与发展方向，并且通过互联网化和信息化能够更好地节约渠道成本。

4. 线上旅游营销运营

我们以景区为例，景区旅游攻略网的运营目标和计划可以是向消费者提供旅游产品、景点门票、酒店预订、租车服务、自助旅行预订，以及景区内各景点资讯、旅游攻略、旅游优惠、目的地指南及旅游度假（食、住、行、游、购、娱）的点评等，打造成为景区一站式综合旅游服务交易平台，景区旅游攻略网将作为未来景区旅游集散中心的宣传和服务的窗口。

旅游景区攻略网的运营策略，首先对景区网站优化网站质量保障；其次，好的旅游产品设计，打造旅游产品的专属路线，让游客有独一无二的体验感；最后，做好品牌推广的基础，如景区的营销活动，网站不定期做促销活动、精品路线、主题活动等。

总之，旅游线上营销的技术、模式一直在发展，其关键是旅游企业（酒店、景区等）注重人才培养，要求旅游企业自身有一支强大的线上营销队伍，为企业营销和发展服务。因此，是旅游企业发展最重要的基础工作。

# 第五章　旅游移动电子商务

**【本章导读】**

本章重点介绍旅游移动电子商务运营，区别于传统电脑平台电子商务业务，作为随着无线移动通信技术发展而新兴起来的新型商务模式，分析移动电子商务运营模式和运营特点及特征，其关键技术基础和热点技术基础，以及移动电子商务的技术应用环境。由于移动电子商务依赖的是特定的个人随身携带的移动设备而开展的商务活动，因而更容易实现个性化的营销，满足不同的人的需要。基于移动电子商务的特征，旅游业移动电子商务营销的对策及其运营模式是本章节重点探讨的方向。

## 第一节　移动电子商务运营

移动电子商务（M-Electronic Commerce）是近几年随着无线移动通信技术发展而新兴起来的新型商务模式，它利用无线通信技术和移动互联网进行数据传递，通过智能手机、ipad 和笔记本电脑等移动设备与企业电子商务平台网连接来完成商务交易过程的新型商务模式。

### 一、传统电脑平台电子商务运营模式

传统的电子商务运营模式以 B2C、B2B 和 C2C 为典型模式，以 B2C 网上商场模式为例，其运营模式如图 5-1 所示。

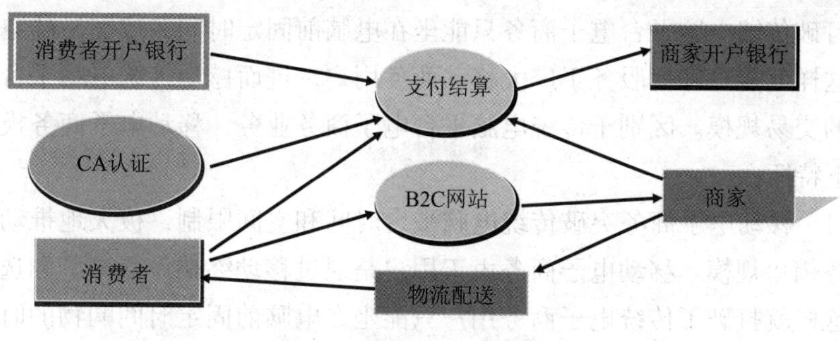


图 5-1 传统 B2C 运营模式

## 二、移动电子商务运营模式

移动电子商务运营模式是由移动电子商务交易参与者不同而产生不同的运营模式，具体有内容提供商运营模式、移动运营商主导模式、服务提供商运营模式、WAP 移动门户网关运营模式。下面以内容提供商移动电子商务为例说明其具体运营模式，如图 5-2 所示。

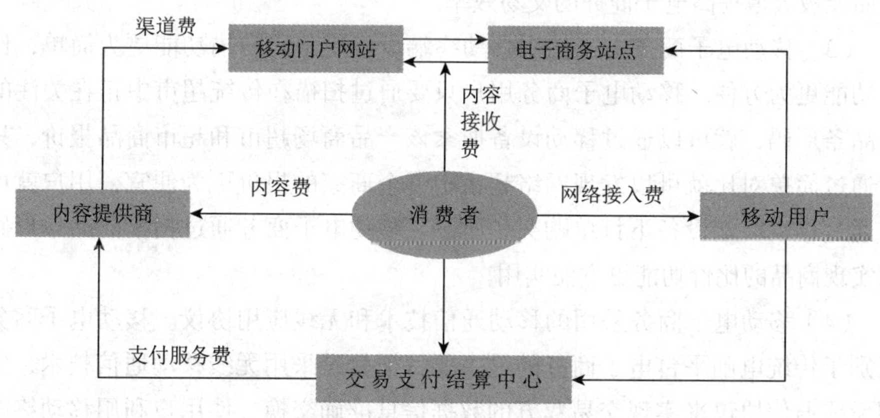


图 5-2 移动电子商务运营模式

## 三、移动电子商务运营模式区别于传统电脑平台电子商务运营模式的特征

移动电子商务是用户通过移动终端设备浏览商品，这样就使用户能够在像乘车、旅游的任意时间、任意地点通过移动商务设备实现移动浏览购物，

彻底打破传统电脑平台电子商务只能坐在电脑前固定时间完成交易的空间限制，这样就能更好地服务于广大移动商务用户，进而撼动传统电脑平台电子商务的交易规模。区别于传统电脑平台电子商务业务，移动电子商务模式具有如下特征：

（1）移动电子商务突破传统电脑平台时间和空间限制，极大地推动了电子商务销售规模。移动电子商务由于用户是通过移动终端设备浏览和选购商品，这样就打破了传统电子商务用户只能坐在电脑前固定时间购物的时空限制，用户能够在像旅游乘车等任意时间任意地点通过移动商务设备实现网络购物，这样就扩展了移动商务客户的交易时间限制，从而极大地拓展了电子商务销售渠道，推动了传统电子商务的交易规模。

（2）移动电子商务由于用户使用的是移动终端商务设备，交易更加方便、快捷，能够极大提高电子商务交易效率。移动电子商务由于用户通过移动终端设备浏览和选购商品，而不是只能坐在电脑前完成交易，这样就使电子商务从传统单一固定电脑平台端变为随时随地能方便用户购物的移动贴身服务，从而能极大地提高电子商务的交易效率。

（3）移动电子商务由于使用移动终端设备使条码扫描功能更为简单，比价功能更为方便。移动电子商务用户只要通过扫描在传统超市中正在关注的商品条形码，就可以通过移动设备搜索该产品商场超市和超市商品报价，只要通过简单对比就可以发现网络超市中哪个商家的报价更为便宜，用户就可以通过移动终端设备下订单购买。所以，移动电子商务通过扫描商品条形码而实现商品的比价功能更方便实用。

（4）移动电子商务采用的移动通信技术和无线应用协议。移动电子商务区别于传统电脑平台电子商务的最主要特征就是采用无线移动通信技术，应用无线通信协议来实现交易双方的数据信息准确交换，使用户利用移动终端使实现网络购物成为可能。

（5）随着移动终端设备的大量普及应用，移动电子商务用户会迅猛增加，发展潜力极大。根据工业和信息化部统计数据表明，2016 年，中国移动互联网市场规模达到 47008.5 亿元，增长 129.2%。2016 年中国手机网民的规模为 7.25 亿。根据艾瑞咨询最新数据，2016 年移动购物市场交易规模约为 3.3 万亿元，占网络购物总交易规模的 70.2%，继 2015 年超过 PC 端之后，占比继续扩大，移动端已经成为网络购物的主流渠道。2016 年移动购物市场交易规模增速为57.9%，首次低于100%，移动购物市场增速放缓，进入平稳发展期。

## 四、移动电子商务运营模式的特点

从移动电子商务运营模式的构成来看，主要包括提供商、消费者、移动用户、电子商务站点、移动门户网站等，这些构成内容相互联系，促进该模式有效运营和发挥作用。用户通过终端设备可以浏览商品，使用非常方便，在任意时间和任意地点都可以实现浏览购物，其应用范围也不断扩大，用户也越来越多，越来越受到重视与关注。与传统电脑平台电子商务相比，该模式的显著特点体现在以下几方面。

1. 突破时空束缚

在互联网技术的支持下，移动电子商务运营模式突破时间和空间束缚，给人们带来了极大方便，也扩大了电子商务销售规模。在该模式下，用户通过手机、笔记本电脑等移动终端设备就可以浏览和选购商品。可以不受时间和空间束缚，用户可以在任意时间和任意地点购物，有利于拓展电子商务销售渠道，推动电子商务销售规模扩大。

2. 交易迅速便捷

在移动电子商务运营模式的支持下，用户通过移动终端设备选购商品，不用单独依靠电脑就可以完成交易，用户利用移动终端设备就能随时随地购买商品。电子商务也转变为移动贴身服务，为用户提供便捷的服务，促进电子商务交易效率提升。

3. 使用比较方便

在移动终端设备的支持下，利用条形码扫描功能选购商品，整个流程变得更加简单方便。用户只需扫描关注的商品条形码就能知道产品报价，并与超市的商品报价进行对比。通过这样简单的操作，可以发现网络超市报价更便宜，并利用移动终端设备订单购买。由此可见，在条形码扫描功能的支持下，移动电子商务大大方便了用户使用，有利于对不同商家的报价进行比较分析。

4. 技术相当先进

移动电子商务采用移动通信技术和无线应用协议，技术水平先进，能为电子商务的发展和运营创造良好条件，同时也是与电脑平台电子商务最显著的区别。在这些技术的支持下，可以非常准确地进行交易双方数据信息的交换，为用户开展网络购物创造便利，也方便用户利用移动设备购物。

5. 发展潜力巨大

在移动终端设备不断普及的现代社会，移动电子商务有着巨大的发展潜力，并且用户数量还会不断增加。截至2016年3月，我国移动互联网用户总数达9.8亿，而智能手机用户超过6亿，并呈上升趋势。这些发展趋势表明，移动电子商务发展势头良好，有着广阔的发展前景，市场潜力巨大。

## 五、移动电子商务运营模式面临的问题

移动电子商务是电子商务时代新兴的交易模式，各商家在风起云涌发展移动电子商务之时，也像日韩和欧美国家的移动电子商务发展一样面临着诸多挑战和难题。

（1）移动电子商务网络不稳定连接不畅，服务内容不够丰富。我国的移动无线网络由于发展时间短，经常会出现网络不稳定和连接不畅的问题，严重影响移动电子商务交易正常进行和消费者信心。另外，移动电子商务的服务内容作为对传统平台电子商务的扩展和功能提升，在商品展示和浏览服务上应该比传统电脑平台更加方便顺畅，而我国目前移动电子商务服务受到移动商务网络还不够稳定等原因的限制，有时浏览服务偶尔还会出现拥堵等现象。

（2）移动终端设备屏幕格式多样化和操作系统版本不统一，造成移动电子商务软件平台更新难度加大。移动终端设备屏幕格式多样化和操作系统版本不统一，支付系统不统一，这些都给移动电子商务平台软件开发设置了一道道障碍。由于不同的移动终端设备屏幕格式和操作系统版本功能不一，这就使移动运营商搭建移动电子商务网站和商家更新移动电子商务软件带来相当大的难度。

（3）移动电子商务比传统电脑平台电子商务安全问题更加突出。传统电脑平台电子商务用户经常会遇到网站假冒、投诉无门和信息泄露等安全问题，而移动电子商务由于采用的是无线通信技术，用户可能遇到诸如移动终端窃取和假冒、无线网数据的篡改和窃听、移动终端设备安全缺陷等安全隐患，所以，移动电子商务交易用户会比传统电脑平台商务安全问题更加严峻。

（4）我国的移动电子商务市场没有国家标准和管理机构，而且市场监管机制缺乏。移动电子商务是我国近几年随着移动通信的推广应用而刚刚兴起的一个新兴产业，产前还没有建立统一的国家标准和管理机构，而且市场监

管机制也基本上是空白，虽然2010年中国移动互联网大会和国家工商总局出台了《网络商品交易及有关服务行为管理暂行办法》中国网店实名制政策，但是移动电子商务方面的法律、法规还是一片空白，所以，移动电子商务市场监管也是我国移动电子商务发展面临的一大挑战。

## 第二节 移动电子商务技术基础

移动电子商务存在于大众的生活中，大家都深有感触。移动电子商务主要提供银行业务、订票、购物、游戏娱乐、无线医疗、移动MASP、手机掌上钱包。随着科技的日益发展，甚至有人预言，移动电子商务将成为21世纪企业办公进行商务会谈的主要手段，也将改变生活与商务的模式。与传统的电子商务相比，移动电子商务对于用户来说更方便、更快捷，不受地域限制。

### 一、移动电子商务的关键技术

在电子商务的时代，任何一种崭新的商务模式都必须有先进的网络技术支撑。无线网络是移动电子商务的底层，其网络技术与对应的有线网络技术在线路与设备特性等方面的差异是比较大的，现简介如下：

1. 无线应用协议技术（WAP）

这是一项比较传统的技术，同时也是电子商务的核心技术之一。通过这项技术，手机才能随时随地地连接到网络。这样才能真正实现电子商务的快捷方便。其中WAP技术其实是一种通信协议，它的存在不仅提供了一个相对开放、统一的技术平台，它的接入方式相对也比较简单。当用户使用WAP技术接入移动网络时，是以基本相同的格式表现出来的Internet网页或企业相关信息。WAP技术定义的手机软件接口与PC电脑相似，则可以随时随地地接入移动网络，且呈现的界面与电脑一样，还可以自由地收发电子邮件。而且WAP技术还支持当前最新的操作系统，可以随着操作系统随时变换大小格式以适应系统。这个优势促使WAP系统可以应用在很多通信设备上，包括手机、寻呼机等。不仅如此，WAP的开放态度还体现在能支持多种格式的移动网络，像GSM、CDMA、PHS等，对于现在兴起的第三代移动通信网络以及 Wi-Fi，它能很好地兼容并支持这种网络，并保证用户正常地进行网络访问。

2. 通用分组无线业务（GPRS）

GPRS 应用技术可以提高用户在除了通话过程以外的传输速率来进行网络通信，可以改变传统的 GSM 网中网速慢的缺陷，达到能传送视听文件甚至直接进行视频的要求。能做到这些改变主要是由于 GPRS 改变了电路交换的模式，提供了一种新型的分组交换的模式，通过对现有的网络基站进行分组化管理有利于资源的高效利用。而且对于用户来说，GPRS 可以快速地连接上移动网络，使得任何时候进行网页访问等活动都变得快捷简单，对于数据偏大的业务也可以传送，只是颇费时间，对于小数据的业务则可以频繁地传送，丝毫不影响传送速率。当然它的缺陷也还是有的，所以，GPRS 是移动电子商务应用技术中的第 2.5 代，现在的第三代移动电子商务应用的网络系统就是在它的基础上进行更新、改革而来的。

3. 移动 IP 技术

移动 IP 技术也是支持移动电子商务发展的一个重要因素，它是通过改变 IP 协议来保证在移动环境下计算机或者手机登录移动设备可以随意地访问网络而不需要更改 IP 地址，也不用临时中断正在进行的网络访问，这是促使移动电子商务发展的关键。

4. 蓝牙技术（Blue tooth）

现在很多手机都具备蓝牙技术，它是一种无线连接技术，最初蓝牙技术的提出是旨在短距离内取代有线连接，达到无线传输文件的能力，实现计算机与移动通信设备间的传输方便。它是一种简便、低成本、低速率的无线通信技术，可以随意地在手机、电脑、个人数字助理（PDA）、打印机等移动设备间进行无线的通信。它支持语音文件和其他文字类文件的传输，且不受网络的限制，是一种不需要移动网络的短距离传输技术。但是，它的传输距离在 10~100 米，这也是它的缺陷所在。

5. 定位系统技术

移动电子商务的领域主要体现在地域上，根据定位系统的位置不同，分为空基定位系统（GPS）、地基定位系统、混合系统定位三种，其中 GPS 系统因其定位精度高、以准确寻找而被人们广泛运用，为人们所熟知，最常见于车载。其中 A-GPS 技术就是其升级版，能改进在建筑物、封闭区域和没有信号的地区定位有效，主要应用于手机的定位系统板块，提高手机定位的准确性。就像团购、天气、酒店、门票等，首先必须定位你的城市，然后才能将相关的信息输送到你的移动设备上。这就需要移动定位系统技术的支持，它应用于移动电子设备上可为移动电子商务提供更多方便，也为旅游业、网购、娱乐业、餐饮业带来巨大的利润，促进了电子设备的发展。

6. 第四代移动通信技术（4G）

第四代移动通信技术（4G）是集3G与WLAN于一体，并能够传输高质量视频图像，它的图像传输质量与高清晰度电视不相上下。4G系统能够以100Mbp/s的速度下载，比目前的拨号上网快2000倍，上传的速度也能达到20Mbp/s，并能够满足几乎所有用户对于无线服务的要求。此外，4G可以在DSL和有线电视调制解调器没有覆盖的地方部署，然后再扩展到整个地区。很明显，4G有着不可比拟的优越性。对于移动情况下，传输视听文件、大数据文件甚至直接视频都是可以的，画质流畅。相较于第三代的移动通信技术，在网速上有了较大的进步。现已经大量运用于手机的移动网络中，它使得电子商务以一个稳定又快速的态势发展，让中国的电子商务在世界上都占有领先的地位。

7. 隧道技术

隧道技术指的是在公司内部的IP地址是可以穿越的，不受电子设备的限制，同一个公司可以共用一个专门的IP地址，只需要加上严密的密码管理、安全协议等来保证公司资料信息的安全。

## 二、移动电子商务发展的热点技术

1. 标识识别技术

标识识别技术主要是基于商品的条形码、二维码、RFID标识码等，在消费过程中，它是移动电子商务的一个重要环节。目前，二维码技术和RFID技术等识别技术在移动电子商务中得到了最广泛的应用。二维码是用特定的几何图形按一定规律在平面上分布的黑白相间的图形，是所有信息数据的一把钥匙，其在现代化商业活动中得到了广泛的应用。

RFID（Radio Frequency Identification）可通过无线电信号识别特定目标并读写相关数据，能实现非接触式自动识别，识别工作也不需要人工干预。比较两种标识识别技术，可以发现两者存在的一些差异。例如，二维码技术商业成本比较低，更适合于进行移动电子商务应用；而 RFID 技术中的芯片成本过高，同时由于其不断发出射频信号，容易探知 RFID 技术芯片所在位置，导致隐私泄露。但二维码技术和 RFID 技术的共同点都是快速、准确、可靠，如表 5-1 所示。

表 5-1　二维码与条形码、RFID 比较表

| | 成本 | 容量 | 防伪 | 保密 | 传真性 | 需光学可视 | 抗磁/抗静电 |
|---|---|---|---|---|---|---|---|
| 条形码 | 很低 | 小 | 差 | 一般 | 可 | 需要 | 强 |
| 二维码 | 低 | 大 | 好 | 好 | 可 | 需要 | 强 |
| RFID | 高 | 大 | 好 | 一般 | 不可 | 不需要 | 强 |

目前，二维码技术和 RFID 技术已经发展到比较成熟的阶段，它们让平面媒体和移动运营商充分发挥各自的媒体优势，进一步促进了媒体、通信和互联网的融合，极大地推动了移动电子商务的发展。

2. 行为分析技术

移动电子商务中的行为技术主要是分析用户的兴趣、爱好、消费习惯等行为特征，然后根据分析结果即时推荐给用户感兴趣的资源。消费者信任的建立要求系统向用户传递的信息要适时、适地、适人，目前针对怎样挖掘出对用户最有用、最关注的资源已经成为当今研究的热点问题。

数据挖掘技术是目前行为分析技术中的关键技术。数据挖掘是一种透过数理模式来分析企业内储存的大量资料，来找出不同的市场和客户划分，分析出消费者行为和喜好的方法。它能对收集到用户的个人资料、消费特征、行为特征、兴趣偏好、移动终端等信息进行综合数据分析，从而在分析结果的基础上建立用户行为知识库以及用户分类和聚类模型。

3. 移动支付技术

移动支付也称为手机支付，是一种允许用户使用其移动终端（通常是手机）对所消费的商品或服务进行账务支付的一种服务方式。移动支付按照支付地点远近可分为近距离支付和远距离支付。远距离移动支付的主要技术实现方式有 SMS、WAP、IVR、Kjava /BREW、USSD 等；近距离移动支付的主要技术实现方式有红外、NFC（近距离非接触智能芯片）等。其中，NFC 技术在国内应用广泛，该技术是由飞利浦发起，谷歌、诺基亚和索尼等公司主推的一种非接触式无线支付技术，其主要频段为 13.56MHz。NFC 技术脱胎于

RFID，可以满足任何两个无线设备间的信息交换、内容访问、服务交换，并且使之更为简约——只要任意两个设备靠近而不需要线缆接插，就可以实现相互间的通信，同时拥有三个优势：无须更换 SIM 卡；带宽高、能耗低；与现有非接触智能卡技术兼容。

移动支付系统是移动通信技术与信息安全技术结合的产物，融合了移动电话和手持 POS 的功能特点，使支付系统彻底摆脱了电话线的制约。目前，例如微信、支付宝等新的移动支付技术的出现，也为移动支付开辟了新的天地。

## 第三节　旅游移动电子商务应用环境

在当前的市场经济环境下，电子商务行业与旅游产业都是发展潜力极大、发展速度极快的新兴产业。旅游电子商务作为二者的有效结合，自产生以来，就获得了极为迅速的发展，呈现出积极的良好发展势头，并吸引了社会各界的热切关注。尤其是移动通信技术与网络互联技术的快速提高与积极推广，极大地促进了移动互联网业务尤其是移动电子商务的积极发展。移动电子商务有效地把互联网与手机等移动终端积极连接，突破了传统电子商务在时间与空间上的局限，能够更加快速有效地为客户提供安全及时的电子商务交易与相关信息服务。移动电子商务与旅游业的结合，把新兴的科技元素、移动信息优质服务带到了旅游产业中，极大地促进了旅游市场积极发展与提高。但是，当前移动电子商务在旅游业的实际应用过程中，还存在一些问题和障碍，亟待进一步深化认识。

### 一、旅游移动商务应用现状

1. 国际应用现状

旅游移动商务的概念始于 20 世纪 90 年代末。国外旅游移动商务的实践历时较长，已积累了一定的经验。日本 NTT Do Co Mo 公司早在 1999 年就开创性地推出了 i-mode 手机服务，为游客提供了强大的食、住、行、游、购、娱的信息查询功能。韩国国家观光旅行社于 2002 年启用了一个具备语音识别功能的呼叫中心，为游客提供24小时的旅游信息服务。2004年欧洲部分地区率先引进了"Orange TV"手机旅游电视服务。2005年美国全国10多家博物馆提供了手机导游服务；2010年12月，美国运通（America Express）与TripIt、Gate Guru和Seat Expert合作，共同推出了适用于iPhone和黑莓手机的旅游应用程序，提供TripIt的行程管理服务、Gate Guru的机场登机口便利设施信息以及Seat Guru的飞机座位真实情况信息。

2. 国内应用现状

我国旅游业信息化水平总体偏低，但移动终端的应用趋势已经初见端倪。香港旅游发展局于2011年5月17日推出两款方便游客的智能手机应用程序，游客只需用手机拍摄身处地点的景物，就可以知道超过100个景点、5000家零售店铺、2000家餐厅以及各大商场的详细资料，同时还提供了4条不同主题的市区步行旅游路线。2012年11月，杭州市旅游委员会推出了印有二维码和旅游景区简图的"有声纸巾"实现了移动导游的功能，只要用手机扫描纸巾上的二维码，便可以通过简单的操作查看景区的文字介绍、收听景区的语音导览、下载景区图片等。移动商务技术在旅游业应用的日趋广泛将改变旅游行业的业务流程和行业面貌，大大提升旅游业的信息化水平，创造新型的旅游服务形式，拓宽传统旅游的营销渠道，增加旅游业的产值。

## 二、移动商务下的旅游服务应用

在移动商务环境下，新型旅游产业链的发展应当适应"大旅游"的概念。旅游产业链中核心企业的发展应具有显著的需求导向性，通过一系列移动技术服务，满足游客对食、宿、行、游、娱、购等资源的需求，促进产业链中所有节点的紧密合作，形成一个完整的旅游产业组成结构。

1. 移动旅游预订服务

随着移动技术的不断发展与游客要求的逐步提高，旅游预订服务将是未来旅游移动商务应用的重要内容。旅游预订包括在旅游之前的客房预订、票务预订和游程预订等，也包括旅游者在旅游过程中根据具体情况和自身需要的变化对预订的撤销、变更和重新预订等。通过移动终端进行旅游预订可以大大缩减服务的流程，使服务变得更加方便快捷。旅游预订包括酒店预订、各类门票预订、旅游线路预订、机票/火车票预订等，移动电子商务提高了旅游预订的效率和便利。旅行社推出手机App，使得旅游者可以通过手机完成各项预订，改变了原来只能用电脑操作的情况，例如以“中青旅”为代表的旅行社、旅游公司，以携程、同程、途牛等 OTA 为代表的在线旅游网站，旅游者可以通过手机查询到机票、完成预订、确认、自助登机等。

2. 移动旅游信息服务

旅游移动商务的应用将大力改善旅游信息不对称的现状。在旅游全过程中，由服务商向游客提供基于短信、彩信、WAP 应用的实时移动信息服务，并完善多语言功能、充实旅游信息量、加强景区覆盖等，使旅游消费者在信息服务中感受到旅游的愉悦氛围。这种短信息服务主要包括采用短信（SMS）或者彩信（MMS）的移动信息服务，以及通过 WAP 等移动应用协议的信息服务。通过简单的短消息景区广告介绍，吸引旅游者的注意力，有效地激发他们的旅游欲望，从而有效地体现短信在旅游中的应用效果。

移动电子商务在旅游业中的基本应用为旅游信息查询服务，深受各类旅游组织者的欢迎，目前我国所有的旅行社包括 OTA 纷纷建立了旅游信息管理系统和客户信息管理系统，通过微信、QQ、微博、站内消息、短信等形式，将涉及旅游活动的行程、景点、餐饮、购物等相关信息发送给旅游者，保持住老客户；同时向新注册的用户发送相关及优惠信息，使得新用户能够成为旅游者参与到旅游业信息化的发展过程中。另外，有一个呼叫中心是非常关键的，中国移动的 12580，可以通过电话呼叫转移到桌面的呼叫中心或者是订房，系统将客房的情况输入后，给客户发回一个码号，相当于确认信息，入住的时候，就是电子凭证，这样可以通过二维码光像的扫描确认入住的信息，通过网络进行订房订票。

3. 移动旅游语音服务

通过互动式语音应答业务，使手机的旅游语音服务成为随时随地的导游。游客只要用手机拨通指定号码或者发送短信，就能听到自动语音讲解，还能根据需要，选择不同语言种类进行讲解。如浙江省旅游的“96118”、北京故宫的“手机导游”服务等，都积极有效地为旅游者提供交互式语音服务。

4. 移动旅游导航服务

基于位置的服务在旅游业的应用尤其广泛，如位置跟踪、交通和导航、移动导游、移动广告、基于位置的信息查询服务等。旅游者在旅游过程中处于不断的位移之中，导航定位服务可以通过游客的移动终端根据游客位置的变化及时提供所在景点的相关信息，让游客在享受“导游”服务的同时摆脱了传统跟团旅游的约束，具有更大的灵活性。

5. 移动旅游救援服务

通过移动定位，旅游公司可以明确知道自己每一辆车、船的确切位置，以方便调度管理或在必要时快速实施救援。旅游者个人也可以对自己进行明确定位，以便在求救时，第一时间将具体位置传送给救援中心，大大提高救援的成功率。

6. 移动支付服务

在旅游过程中，旅游者经常会面临小额支付，如饮食、住宿、交通、购物、娱乐等。对于习惯采用银行卡、电子货币等进行购物的年轻旅游者而言，通过手机银行等实现移动小额支付无疑会提供极大的方便。

7. 移动旅游监督服务

旅游作为一个特殊的行业，其监督管理工作难度很大。移动旅游监督服务可以对旅游服务实施过程开展实时监控，为相关人员开展维权活动提供了方便，并针对旅游行业权益保障相关问题进行及时处理，利用公权力约束旅游服务企业的行为，树立旅游者的消费信心。

## 三、移动电子商务在旅游业应用的不足

1. 移动电子商务需要移动通信技术进一步提高

我国移动通信技术近几年发展迅速，特别是随着4G网络应用的普及，移动浏览速度越来越快，旅游消费者也逐渐对现代通信工具青睐有加。国家出台一系列推进移动通信发展的政策，有助于移动电子商务在消费者中广泛地使用，大力推动了移动电子商务在旅游业中的应用。但是目前由于各运营商自费标准不统一，部分运营商在异地通信和移动互联网使用费用上与本省市还未统一，因此存在费用偏高等问题；部分运营商有待进一步完善移动互联信号传输，使得旅游消费者随时随地能够通过移动互联网访问、查询和预订。

2. 使用移动电子商务的旅游者覆盖面不广

由于移动电子商务是近年来新兴的产物，旅游者对此了解不够；由于使用移动电子商务的消费者年龄偏低，中老年人对于移动互联网使用不多，部分使用移动电子商务的旅游消费者消费能力不足，使得移动电子商务在旅游业中的应用覆盖不完全；对于利用移动电子商务开展旅游业务活动还缺少实际经验，旅游相关部门和行业需进一步探索出适合旅游业发展的电子商务模式；移动电

子商务在旅游业的应用需要行业与相关部门的互动。2013 年 3 月，天津市东丽区旅游局联合东丽湖管委会提出了进一步构建物联网，推动智慧旅游的开展，通过信息化手段不断提高旅游的管理及服务能力，满足众多旅游消费者个性化、多样化的需求，促进东丽区旅游产业的信息化、规模化和可持续发展。在加强物联网建设的同时，利用移动互联技术完成虚拟中心，推动了移动电子商务在行业中的应用，提高了东丽区景区（点）的服务品质，树立了良好的旅游形象。同时天津旅游建立了爱出游网站，利用移动电子商务加强同业合作。

3. 旅游信息服务有待进一步完善

旅游消费者利用手机终端通信工具查询各类旅游信息，由于手机屏幕大小和色彩的限制，移动电子商务提供的信息不能像互联网那样丰富多彩。目前很多旅行社和旅游公司了解到移动电子商务能够为旅游者提供更全面的服务，但是仍未探索出适合企业发展的商业模式，所以部分企业处在观望状态。携程旅行网在行业内首先推出了 App，表现出很强的前瞻性。App 的形式是对电话预订和互联网预订的一种补充和增加，实现了预订服务向移动互联预订的转变。为了方便不同的手机用户，携程旅行网还针对不同手机系统开发了 iPhone 版和 Android 版，App 界面友好，操作方便，为旅游消费者提供了很好的客户体验，同时通过嵌入地图，可以完成实时查询酒店位置。

## 四、移动电子商务在旅游业应用建议

1. 移动电子商务发展需要普及推广 4G 技术

在移动电子商务业务中普及推广 4G 技术，为移动电子商务通信技术提供重要的技术服务。迅速普及 4G 技术，推动移动电子商务发展，降低运营成本，具有非常重要的作用。目前我国的通信水平已经步入前列，但运营商通信服务方面有待进一步加强，4G 相关产品与服务收费较高，4G 资费相对比较高，覆盖程度需要进一步扩大，因此把 4G 技术进行推广和普及，特别是在旅游业中应用，移动运营商很重要，只有运营商不断提高技术水平，调整资费，合理地将 4G 业务与其他业务融合，进一步推广 4G 业务。

2. 旅游移动电子商务需要进一步探索应用模式

目前，旅游产业相关企业规模和实力参差不齐，发展情况各不相同，如何统一移动电子商务应用模式，成为非常重要的话题，如何具体问题进行具体处理，是需要进一步探索和实践的，有效地推进旅游产业的发展，加快移动电子商务与旅游产业的结合。从国际移动电子商务发展进程来看，不同的应用模式盈利模式也有差异。途牛旅游网创建于2006年，2014年5月在美国纳斯达克成功上市，成为美股市场唯一一家专注在线休闲旅游的中国公司。截至2015年3月底，途牛已能为用户提供150个城市出发的旅游产品的移动电子商务预订，总计有超过70万种产品可供用户选择。为提升客户体验，途牛将加速区域拓展布局，扩大客户服务中心的覆盖，通过移动端可直接联系在线客服与电话客服，途牛旅游网为旅游消费者提供了行、食、住、游、购、娱六个方面的移动电子商务服务，让消费者可以按需随时进行查询和预订。我国旅游电子商务发展过程中，途牛旅游网在移动电子商务发展中带来了丰富的经验，国内移动通信运营商也应该进一步与旅游业企业合作，加强旅游信息查询、预订服务。

3. 移动电子商务在旅游业中的应用要加强宣传

通过各种渠道加强宣传，尽管移动电子商务在旅游业中的应用逐渐增多，但是如何通过有效的方法提高旅游者的了解程度还需要进一步探索，首先应该向消费者传递电子商务便捷、高速、安全的观念，增强客户的积极性，邀请客户进行体验并形成订单，建立客户关系管理，赢得客户的信任，这将为移动电子商务在旅游业的发展起到极为重要的推动作用。

4. 加快移动电子商务中的网络支付与安全认证

旅游消费者通过移动电子商务帮助其在出游中获得方便，但要扩大移动电子商务在旅游业中的应用，应改变消费者观念，加强网络支付与安全认证。通过电子商务的高速发展，例如淘宝、京东等，可以看到网络支付与电子商务的关系密切，目前我国主要使用的支付方式是手机与银行卡绑定，通过网上银行支付，利用第三方支付平台包括支付宝、微信等完成移动电子商务支付，在商业模式中应进一步建立安全灵活的支付机制，使得移动电子商务在旅游业中的应用不断完善和发展。

5. 创新移动电子商务服务模式

对于旅游移动电子商务服务模式，各旅行社都是从互联网中进行借鉴，基本模式相同。这就要求旅游业需要创新，利用移动电子商务创新盈利模式，建立能够供同类行业企业可复制的盈利模式。同时在高等职业院校的相关专业中开设移动电子商务课程，为旅游业培养移动电子商务专门人才。伴随着移动通信技术的广泛应用，也是在信息化领域的纵向发展，以及移动用户的增加，我国移动电子商务开始蓬勃发展，移动电子商务在旅游业的应用中也发现存在一些问题，包括安全、观念、技术等。为了更快地解决这些问题，我们需要进一步在技术方面和应用方面进行探索，为我国旅游业移动电子商务的发展奠定坚实的基础。

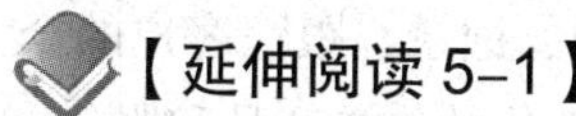

### 【延伸阅读 5-1】

**布拉旅行：移动端的度假电商**

布拉旅行是一款激发你的度假灵感的应用，被 TechWeb 称为“小清新的旅行度假导购平台”。布拉旅行创始人徐雷当初看中两个方向：其一，真正的度假市场存在极大的机会，且目前涉猎“度假”领域的几乎没有，同行们多数做的都是广义的“旅行”，是混合的概念，更多的是“机票＋酒店”，而非单纯的度假产品，而外国“度假”的概念和产品清晰，比如纯粹是周末在某个度假村中的一揽子生活，是一种旅游生活方式；其二，只在移动端上完成产品及预订，实践证明，移动端是未来趋势，且面对优质产品，用户在移动端上的决策更迅速、退单率更低。于是，布拉旅行目前的产品定位为“激发你的度假灵感”，并为用户寻找有情调、有故事、有生活态度的度假村、“布置”好各种度假生活场景并配置资源，比如度假目的地的特色晚餐、下午茶、SPA，甚至会为“闺密游”的产品搭配包车服务、伴手礼等，如管家一般，用户可轻松完成一趟“轻奢的假期”。目前，其周边游产品及用户以江浙沪一带为主，女性用户占 80%。每月成交订单 2000 单以上，每单平均单价为 700 元，与 500 家特色度假村达成合作关系，其中尤以“花间堂”为最。

资料来源：布拉旅行徐雷：希望做移动端自由行的一个入口［EB/OL］. 电子商务研究中心讯，http://b2b.toocle.com/detail--6284605. html，2015-10-17.

## 第四节　旅游移动营销服务的应用

旅游市场营销是一种持续地、有步骤地进行的管理过程。旅游企业经营者在此过程中通过市场调研，了解市场环境和顾客需要，通过市场细分，选择特定的市场，找准特定的位置，提供适合市场需要的产品和服务，使顾客满意、企业获利，而同时又保证社会利益。由于移动电子商务依赖的是特定的个人随身携带的移动设备而开展的商务活动，因而更容易实现个性化的营销，满足不同的人的不同的需要。基于移动的客户关系管理通过无线网络，更容易贴近客户，能主动地将关怀送给客户，并识别、记录、跟踪客户的个性化需求的变化，及时地帮助销售人员针对其提供个性化的旅游产品和服务。

## 一、旅游业移动电子商务营销的对策

1. 联合社会化媒体，扩大影响力

旅游者在开展旅游活动的过程中，常常随时随地分享旅游信息，微博、微信、QQ空间等一些用户群体庞大的社会媒体是旅游者分享旅游动态的主要渠道，也是旅游企业传播口碑、吸引更多旅游者的重要工具。由于此类信息可信度高、趣味性强、自主性大，因此能够在更大程度上对旅游者的决策产生影响。因此，联合社会化媒体来开展营销活动是旅游经营者的较佳选择。

首先，旅游企业可以建立自身的官方微博，不定时推出专题活动来吸引旅游者，并通过转发有奖、竞猜得优惠、原创标语大赛等系列活动来推广自身的品牌，提高旅游产品的知名度和认可度。

其次，关注一些行业权威发布的相关信息，根据旅游者需求的变化及时进行策略调整，并对旅游者分享的旅游反馈信息进行回应，通过正面的口碑效应进行传播。

【延伸阅读 5-2】

### 旅游社会化新媒体营销　提升品牌知名度

国内很多旅游城市做推广还是停留在办推介会和放风景片的阶段，鲜有见到眼前一亮的创意营销活动，而如果借助社交媒体的病毒式传播，势必有效提升景点品牌知名度。这已然是个该用巧劲四两拨千斤的新媒体营销时代了，旅游营销者们可以从以下5个案例中找找灵感，或许下一个就会在你手里惊艳。

（1）通过文化感触韩国。一般的旅游目的地网站会以呈现观光景点为主，但韩国观光公社却设计了一个互动网页“感触韩国 Touch Korea”，人们可以通过上面的互动小游戏实际地体验韩国美食、传统文化、日常生活等各种韩国文化，将文化与观光细致地结合起来，帮助游客大大提升了体验深度。虽然目前我国游客依然以风景观光为主，但诸多具有深厚文化底蕴的目的地可以借鉴推出类似的网上平台供潜在游客来完成一次眼睛与心灵的双重旅途。

（2）全民出动聊瑞典。瑞典旅游局在Twitter上开放一个官方账号，邀请具有创新、时尚感或深度社会参与度等具有代表性的瑞典人来运营，因为没有谁比他们更了解瑞典，他们呈现出来的会是最鲜活、最有趣、最直击人心的瑞典片段，这个计划取得了空前的成功，吸引了许多国家的旅游局效仿，我们的城市或许也可以借来本土化一下呢！

（3）以探索日本精神来驱动行动。日本观光厅在2013年的推广中以“探索日本精神”为主题，以体验独特、神秘的日本精神；邂逅日本人谨小慎微的创造；享受日本日常生活的简单快乐为宗旨，提炼出不同的侧面，并用160段视频集中来介绍游客所不知道的那部分日本。这种以明确的“精神”为主线，以文化、风物点滴为线条来勾勒城市的方式，应该能使越来越多注重旅行品质的游客产生出行欲望吧！

（4）百万澳元大奖邀你全公司游昆士兰。昆士兰继提出“全世界最好的工作”之后再次发起一波极具话题性的推广，这次活动面向全球所有企业，不管你是多大的公司：三五人或上千人，参与办法也很简单：只需上传一段60秒的视频，阐述为何你的公司是最棒的，以及为什么你觉得昆士兰是最好的旅游目的地，完成后提交到活动的网址上即可。获胜公司的员工将收获价格100万澳元的个性化深度旅游体验。这样的活动对无数劳苦大众将起到多大的提振作用呀，UGC产生的内容还可以作为二次传播的利器，皆大欢喜！

（5）与爱同行，用爱触动你的澳大利亚。澳大利亚旅游局在中国以名叫“再一次心跳”的系列微电影开启了他们的新一轮营销活动，该系列微电影由台湾明星罗志祥及杨丞琳领衔主演，讲述发生在澳大利亚的最浪漫的爱情之旅。这个案例通过闪耀的明星加上用情感连接起来的情节来表现一个清晰的旅游目的地形象定位，相信比直截了当的风景片来得吸引人。

沃玛传播认为，随着人们消费水平的提高、生活压力的加大，更多的人需要旅游去释放压力，去感受不一样的异国风情。据数据统计，未来数年内国内旅游业将达到一个顶峰，旅游经济将会持续增长。而面对如此巨大的市场，作为旅游营销者的我们，又怎么能错过当下新媒体时代的各种创意营销方法呢？

资料来源：曾润坤 . 5 个城市旅游营销的妙招［EB/OL］.SocialBeta，http://www.socialbeta.com/articles/five-city-travel-marketing-campaigns.html，

2. 开展位置营销，提高旅游质量

随着 3G 网络的不断发展，智能移动端可以准确地获取旅游者所处位置的相关信息，从而便于营销活动的顺利开展。旅游者在旅游前需要对旅游目的地有一个大致的了解与认识，在旅游过程中会发生变更行程、查找酒店、交通信息的旅游活动，在旅游归来之后会分享自己的旅游体验。因此，对于旅游者而言，旅游活动一旦开展，其各色需求将会随时触发。旅游企业需要随时抓紧此类机会，采用合适的营销方式来吸引旅游者购买本企业的旅游产品。

首先，旅游景区管理者可以通过智能定位来向旅游者发送相关的景区简介、图片概况、门票预订等服务。例如，著名的“时光机器”是伦敦博物馆运用的收益颇丰的智能定位服务，它实际上是 iPhone ios 系统的一种客户端，旅游者可以进行 GPS 定位，将手机与所处的位置相对，“时光机器”就会呈现出所处位置以往的样子，用户可以通过收集看到景点几十年前的面貌，其体验性大大加强；通过单击屏幕，旅游者还可以获取更多信息。伦敦博物馆的“时光机器”不仅将其移动营销渗透到城市的各个领域，还吸引了大批的游客前去参观游览。

其次，旅游企业还可以通过智能定位来为游客提供所需的餐饮、住宿、景区优惠信息，便于游客随时随地获取旅游信息。

## 【延伸阅读 5-3】

### 旅游品牌如何应用基于地理位置的营销策略

由于基于地理位置的客户定向越来越受到旅游品牌的欢迎，也许旅游领域最适合利用“地理围栏”策略来吸引正在搜索附近 last-minute 活动或住宿的客户。

基于城市的定向策略对于旅游营销人员来说越来越重要，旅游品牌在不同的地区需要提供不同类型的信息和产品。每一个地区的消费者意愿和行为都不一样，旅游品牌需要利用 A/B 定向来为用户提供最有效，且针对移动端

进行了优化的信息，从而提升投资回报率。

“旅游营销人员关注的是如何瞄准用户，用户的年龄和性别，但用户的位置却被忽略了。”总部位于旧金山的Taptica的创始人兼美国总经理Sigal Bareket说道。“当营销人员考虑地理位置的时候，往往采取全球的视角，他们不会具体到纽约或者旧金山，因此他们常常忽略了要了解客户在纽约的具体位置的目标或需求。”

Taptica发现当营销人员或品牌利用基于城市的定向策略时，投资回报率会比一般的定向策略高30%。当消费者收到与他们居住的区域相关的信息时，他们更有可能继续操作，预订机票、酒店或其他推广中的活动。Taptica一直在根据互动情况评估效果。在餐饮和娱乐领域的情况也一样，向消费者发送当地相关信息后，投资回报率更高。“通常会有30%的增长。有些城市的消费者对于包括价格的信息反馈更积极。”

如果旅游品牌选择发送非针对性的推送信息，那么地理围栏应用对于客户分类和数据收集就是比较明智的选择。假如在某个地区的傍晚或深夜，某个用户标注的位置能够代表某种社会经济地位，并且在工作时间内被用户标注为某个商业区域，那么营销人员就可以根据这一数据制定更有可能成功的推广信息及活动，而不要缺少定向的大众媒体广告。由于地理围栏非常适用于旅游领域，尤其是度假村和活动中心，这些地方的目标客户是被他们的设施吸引的人群，这一理念同样也适用于餐饮品牌。

“麦当劳在地理围栏方面做得很出色，既可以做到实时相关，又能兼顾客户的信息。将地理围栏与特定时间定向（在中午12点左右，客人们饿了的时候进行推广）结合是一种非常简单、实用并且聪明的方法。”

尽管营销人员会遇到一些困难，比如媒体营销费用高昂，GPS或Wi-Fi连接受阻，地理围栏算法出错等，但行业在不断进步，最终这些困难会被逐渐克服，基于地理位置的营销会越来越简单。基于地理位置的定向营销将打开一个未曾开发过的市场。

在《互联网周刊》（*Internet Week*）2015年度会议的移动媒体峰会上，数字化营销高管们也认为地理围栏将提升移动端在旅游领域的影响力，基于地理位置的定向营销已经出现，越来越多的度假村开始向周边客户发送个性化推广信息。

资料来源：旅游品牌如何应用基于地理位置的营销策略？［EB/OL］. 环球旅讯，http://www.sohu.com/a/19505407_116453，2015-06-19.

3. 依靠旅游搜索引擎，提高营销效率

当旅游者到达旅游目的地的时候，会对当地的人文环境、自然风光、历史沿革等方面的信息比较感兴趣，这就触发了各种各样的信息需求。信息的搜索和选择是一个较为复杂的过程，面对庞大的信息数据，旅游者需要借助移动搜索引擎来进行合理的筛选。例如，如果旅游者想要在旅游结束后购买当地的特产，则旅游者首先需要了解旅游目的地有哪些特产，这些特产之中有哪些比较知名的生产企业，在什么地方可以购买到正宗的特产。仅仅借助移动终端进行搜索，旅游者很难获取实际有用的信息。

因此，旅游者可以通过移动搜索引擎来进行信息的提炼与筛选，从而收集到合适的信息。旅游企业与移动搜索引擎、旅游搜索引擎通力合作，建立共赢的关系，可以提高营销的效率以及旅游产品的销售率。

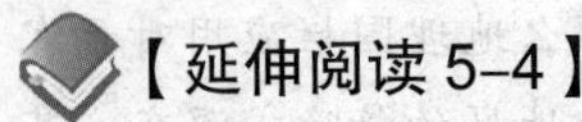


### 移动搜索引擎营销搅动在线旅游

营销并非一门静止的学科，相反，它变化着存在，互联网就是最有革命性的变化之一。而互联网浪潮中，势能最大、影响最深远的浪头，恐怕要数移动互联网，它给营销行业带来了很多美好的想象：无处不在的移动设备，遍布全球的蜂窝网络，“造就”了大街上随处可见的低头族，这些都意味着机会。企业的营销预算永远是有限的，要想达到事半功倍的效果，就必须充分借助潮流的势能，挖掘移动互联网的潜力。移动互联网作为一个如星辰大海般浩瀚的领域，有太多地方值得营销者学习。

移动互联网的能量主要集中在“移动”二字，具体体现到搜索上，即精准；基于更精准的地理定位，广告主能在巨大的用户群中准确找到目标，有针对性地接触更有可能产生消费行为的客户。比如，你可以根据地理位置投放不同的广告，在重点地理区域获得更高的竞价排名。这种资源配置优化，对预算有限的中小企业来说无疑是更好的选择。

最近一份报告显示，相比传统 PC 广告，移动搜索营销的 CPC（Cost Per Click）更低。2014 年 Q1，移动搜索推广点击率同比增长了 29%，这意味着企业花更少的钱就能获得更多关注。即使目前 PC 搜索占据市场主流，但按照移动搜索的发展增速，超越只是时间的问题。

相比于PC，移动设备一般属于私人所有，带有更多个人属性，更容易引起消费购买行为。根据谷歌的数据，90%的移动设备用户会对谷歌搜索结果采取后续行动，这些行动包括购买、咨询等，而其他形式的广告很难有如此高的回应度。随着网络的普及，人们接受信息的方式发生了巨大的变化，“无搜索不消费”的时代正在到来。而因为效果比较直接，移动搜索引擎营销对于对旅行业具有更特殊的意义。

目前很多旅游公司选择用移动搜索引擎营销做推广，但具体操作时方法大多不科学，往往是投了广告费却看不见明显的效果。比如，有不少旅游企业选择的关键词比较宽泛（如清明节旅游、清明节景点首选等），导致排名靠后，甚至搜索不到相关信息，结果往往是点击量不多，真正由此吸引来的游客也不多。

正确投放关键词的方法是，根据企业的经济承受能力，选择一些更切合实际的词，比如一些中小型旅游公司可以选择春节游价格、春节游长城、春节北京酒店等更精确的关键词，这些词不但点击价格低，而且很有针对性，点击转化率往往比较高。

当然，关键词的选择也需要一定的专业知识，所以一些中小旅游公司最好选择比较智能的服务平台处理这些工作，比如开眼数据推出的移动搜索引擎营销智能平台开眼聚宝等。企业SEM管理人员只需要在开眼聚宝中输入如“北京游”等相对宽泛的第二阶段关键词，它就能自动拓展出北京游路线、北京游价格、北京游费用、故宫、长城、颐和园等一批第三、第四阶段关键词，管理人员只需按照具体需要投放即可。同时，系统还可自动保持搜索排名，帮助中小旅游公司利用精确点击避免直接与大型公司竞争。

移动设备的最大好处就是方便，因此能做到无处不在。消费者会在不同场合来寻找企业服务和产品，因为他们有需要，移动搜索营销成为一门学问。旅游公司可以通过搜索技术的优化，吸引到用户的注意力，并将他们的访问行为转变成消费和购买。

资料来源：关于移动搜索引擎营销，你不得不了解的知识［EB/OL］. SocialBeta，http://www.shichangbu.com/article-22615-1.html，2014-11-12.

4. 建立客户关系，提高游客忠诚度

建立一个良好的客户关系，吸引回头客对于旅游产业来说是十分重要的，因为要吸引一个新的游客所需花费的资金远远高于留住一个老客户所需的资金，同时老客户所带来的利润也是相对较高的。因此，无论是旅游企业还是旅游政府部门，都需要想法设法来留住客户，旅游移动电子商务为此提供了很大的便利。

第一，通过提供"旅游前""旅游中""旅游后"全程的贴心服务来赢得游客的信赖。在旅游前，可以为旅游者提供火车、航班、景点、酒店等方面的信息，并为其提供相应的预订服务；旅游者的需求通常是多样的，这就要求旅游经营者具有提供个性化服务的能力。在旅游中，可以通过移动客户端为游客传递当地天气情况、交通状况，在遇突发状况或紧急情况时，也可以通过网络定位来获取游客的位置信息并进行救助；在游客遇到问题时，可以通过移动平台进行即时咨询，获取最新信息。在旅游后，游客可以通过移动端对整个旅游行程进行评价，对于提出宝贵意见的游客可提供再次游玩的优惠价。

第二，建立会员制度。效仿多数企业的做法，旅游行业也可以设置银卡、金卡、白金卡等不同级别的会员制度来为游客提供差异化的服务，使其享受到超值的服务。许多旅游者在确定了明确的旅游目的地或者是拥有明确的旅游动机之后，会在旅游移动电子商务平台上进行注册，可以根据旅游者在移动平台上所进行交易的数量、质量以及信用等级为其提供会员服务，一旦旅游者成为会员，将享有诸如会员通道、旅游景点增值服务等资格。

第三，制定优惠券制度。在传统的营销方式中，优惠券无疑是吸引顾客的重要营销手段；在移动电子商务领域，借助电子优惠券同样可以获取较大的收益。这种优惠券一般是以短信的形式存在，也可以是与相应的手机号码建立联系，便于旅游者携带。

## 【延伸阅读 5-5】

### 旅游移动营销变革从优化客户体验开始

移动技术正进一步改变每个人的生活并悄然改变人们的消费习惯和模式。《哈佛商业评论》曾表示："地球上有 30 亿人互联，下一个 10 亿主要通过移动互联。"近年来，移动互联世界的发展已是如火如荼，移动技术已经重塑了人们的思维和习惯，无论是与朋友联系、了解信息，还是购买商品，常常会第一时间转向移动设备。这一改变对营销产生了重大的影响。

Sitecore 的全球消费者调研结果显示：很多品牌无法满足消费者对移动体验的期望。一旦经历令人不满的移动体验，33% 的消费者不会再次购买该品牌的产品或服务。然而仍有 40% 的受访品牌表示还没有移动营销策略。在移动技术日益崛起的情况下，拥有灵活、可扩展的移动营销策略对企业无疑至关重要。英国切斯特动物园正是运用移动营销策略来提升客户体验的成功企业之一。

切斯特动物园是英国最繁忙的休闲景点之一，拥有世界上最珍稀的濒危动物群，每年吸引数百万游客前来游览。早在 2010 年，切斯特动物园就意识到了越来越多的游客开始转向使用移动设备，从移动渠道将带来数倍的流量增长。

然而，面对激增的流量，网站架构已经无法满足客户对移动体验的各项要求。如何提升游客体验并利用移动渠道提高门票销售额？切斯特动物园携手数字营销机构 Code Computerlove，基于 Sitecore 平台，从客户体验出发，准确把握不同情境中的客户需求，搭建移动体验基础架构，使游客在游览动物园的每个阶段都能获得全方位的优质体验。

根据游览前、游览中和游览后三个阶段中游客的不同需求，切斯特动物园分析了游客所处的情境及体验偏好，针对性地提供独一无二的情境体验，确保游客都能感受到优化后的移动体验并提升客户忠诚度。

（1）在游览之前，优化移动网站。

为了带动客流量、订票、会员、捐款和礼品销售等多个方面的提升，Code Computerlove 使用 Sitecore 平台为切斯特动物园的移动网站进行了优化。另外，切斯特动物园将用户作为重点，在规划动物园行程、查找有关动物园开放时间或价格信息以及进行预订方面为用户提供支持。动物园以 Sitecore 平台为基础，推出基于设备侦测结果的自适应和响应式功能，项目初期便能为大多数网站访客提供服务。通过优化，切斯特动物园的移动网站门票销售转化率获得了 200% 的增长。

基于 Code Computerlove 使用 Sitecore 平台构建的强大网站架构，切斯特动物园的内容编辑人员可通过可视化方式轻松构建网站的结构和层级，并且可以放心、安全地进行测试，同时将注意力更多集中在客户旅程和对比测试方面。

（2）在游览过程中，提升移动体验。

切斯特动物园拥有繁多的动物品种，炫酷的人工模拟自然栖息地，而且在新开拓的岛屿上，有众多世界上最为珍稀的濒危动物。怎样能使游客在游览时意犹未尽？动物园运用 Sitecore 平台打造了一款用户应用程序（App）。该 App 通过结合使用 iBeacon 和蓝牙技术，将地理位置进行整合来辅助导航，并使用蓝牙通知消息来引导游客探索展览和了解动物园的环境保护消息；它还具有网上商店功能，可随时随地实现移动票务；除此之外，该 App 为游客提供了各种小游戏和活动通知，如动物喂食时间等，游客可以与家人和朋友互相分享趣事，并能建立游客档案。虽然技术是该 App 成功的核心，但也得益于对客户体验的深入了解。该 App 一经推出便得到了游客的青睐，对延长游客在动物园的停留时间产生了积极的影响。

对于切斯特动物园的网站编辑人员而言，在 Sitecore 构建的数字平台的支撑下，他们就能获得一个集中的内容存储库，可以基于最适合客户、媒体和设备的方式进行测试和重用内容。对 App 的分析也帮助定义下一阶段的功能，并根据客户意向创造个性化的体验。

（3）在游览之后，激发客户忠诚度。

Sitecore 调研结果表示，97% 的品牌认同良好的移动体验会给消费者的品牌忠诚度带来积极的影响。切斯特动物园在游览之后的目标是促使游客再次游览动物园，并向他人进行推荐，增加交叉销售和追加销售。现阶段，消费者可以在任意时间、任意地点在其移动端设备上根据当下情景和需求得到相关服务。

而为了激发持续的客户忠诚度，下一阶段切斯特动物园将继续运用 Sitecore 平台来优化、提升体验，向每位游客提供个性化服务。例如，为儿童提供简单易懂的信息，或者为感兴趣的成人提供更加详细丰富的内容。基于 Sitecore 平台的 App 也将继续与游客进行互动，并推送优惠信息，以进一步提升移动体验，吸引更多游客来园游玩。此外，切斯特动物园期望向餐饮和零售方拓展新的商业机会，该 App 恰好有助于此目标的实现。

另外，一项结合了 Sitecore 平台的新计划还将帮助切斯特动物园把所掌握的客户知识和平台系统具有的人物模型功能紧密结合起来，开启运用个性化规则。而动物园使用的定制 CRM 数据库保存了所有游客的预订信息，Sitecore 平台也将与其关联，更好地融合分析、运用当前数据。

通过运用 Sitecore 的技术，切斯特动物园实现了对桌面网站和移动网站的统一管理，并为客户提供了丰富独特的游览体验，为动物园带来了大幅的门票销售额增长。未来，切斯特动物园将进一步拓展移动端网站的功能板块，以进一步实现个性化服务和数字营销等功能。

Sitecore 的首席营销官 Scott Anderson 表示："在不同的设备之间规模化地提供卓越的移动体验是一项艰巨的挑战。移动变革不仅意味着关注设备尺寸的变化，更需要重新思考，统一交互渠道并回归客户体验本身。我们非常荣幸能与切斯特动物园合作，为全世界的游客带去富有吸引力、个性化和身临其境的数字化体验。未来，Sitecore 将继续帮助切斯特动物园的工作团队，打造更优质的体验并实现更高的转化率。"

资料来源：移动营销变革从优化客户体验开始［EB/OL］. 梅花网，http://www.meihua.info/a/67406, 2016-08-10.

5. 完善预订付款渠道

随着技术的不断发展和进步，建立手机查询、预订、付款的完整服务是可以实现的。这样一来，旅游者根据自身需求查询相关的信息之后，可以直接进行手机预订付款，其付款的方式也可以朝着多样化的方向发展，例如，与联名信用卡绑定、高额机票的快递服务、支付宝、微信支付无缝连接等。从而为旅游者提供便捷，提高旅游者满意度，使得手机预订服务、电话预订服务以及网络预订服务齐头并进。

## 二、基于移动电子商务的旅游营销创新

基于移动电子商务的旅游营销是速度最快的营销方式，可以提供最快、最广泛的个性化、自助式旅游服务，最终实现一系列创新性的旅游营销活动。

（1）移动电子商务"推（Push）"业务的能力能帮助旅游企业更好地开展促销活动，促销活动内容，如：具体旅游景点信息、优惠活动信息、新旅游线路信息等，直接发给用户随身携带的移动设备，可以做到 100 % 的命中目标群体、100 % 的阅读，使促销活动能更准确地定位到合适的人群中，节约了宣传费用。同时，有意向的客户可以立刻通过手机进行进一步了解和预订，减小了宣传活动与客户响应之间的时间差，避免了潜在客户的流失，提高了促销效果。

（2）移动电子商务"拉（Pull）"业务的能力特别适合于定制营销活动的开展，定制营销能使企业销售产品时变被动为主动，更好地迎合消费者需求，游客不再满足于参加旅行社规定的旅游线路，听导游千篇一律的解说，而是有更高层次的要求，其中一个非常明显的趋势便是从成团旅游向自助游发展。

移动电子商务的定制营销，由旅游者按个人意愿选择出游的路线、费用支付的方式，在其希望的地点、时间，将其需要的内容、信息提供给他，充分满足个人的需求与期望，体现了移动电子商务“无处不在、无时不在”的巨大优势。

（3）移动电子商务“交互式（Interactive）”业务能力，为旅游产品的营销提供了快捷有效的手段，在现代市场营销活动中，旅游产品营销渠道是否畅通，直接关系到旅游企业的生存与兴衰，是关系到企业发展的重大问题。旅游产品营销渠道是指旅游产品从旅游生产企业向旅游消费者转移过程中所经历的各个中间环节连接起来而形成的通道，包括旅游经营商、旅游代理商、顾客以及饭店、航空公司、酒店等。游客进行旅游活动的过程，也就是旅游产品的销售过程，在此过程中，游客随时有可能产生出新的需求，如订餐、租车、改变旅游路线等，传统的旅游电子商务活动很难满足游客这种个性化的要求，而移动电子商务就可以利用游客自身携带的手机等移动设备，向相关旅游服务机构发出请求，并及时得到应答和服务。

（4）移动电子商务使旅游售后服务更到位，旅游者在完成旅游活动之后，一般会有三种感觉：满意、不满意或疑虑。每一种感觉都会影响到该旅游者以后的旅游购买行为，并对他周围的人群今后的旅游行为产生影响。在传统的旅游活动中，当游客从旅游地返回，旅游活动就算结束了，旅游企业难以对旅游者的旅游感觉进行详细了解，更别说进一步增进感情或弥补客户的失落感，这些稀缺的客户资源就有可能从此丧失。通过运用移动电子商务，可以在旅游返回后，及时进行客户满意度调查，同时表达关切、友好之情，往往能打消旅客的疑虑，通过对不满意的客户进行一定的补偿服务，重新赢得这部分客户的认同。

## 第五节 旅游移动电子商务运营

目前，国内旅游电子商务企业可分为三种类型：一是以机票加酒店销售为主导的旅游电子商务企业，以携程、艺龙、真旅网为代表；二是以旅游垂直搜索服务为主导的旅游电子商务企业，以去哪儿、酷讯为代表；三是提供旅游景点、旅游线路服务的旅游电子商务企业，以悠哉网、途牛为代表。

## 一、机票加酒店模式

携程网是国内最早为旅游散客提供酒店和网上机票预订业务的旅游电子商务企业，实现了传统旅游和互联网的无缝结合，因此，机票加酒店模式又被称为携程模式。目前，携程拥有超过3400万的会员，盈利自2004年以来年平均增长率达到38%，2010年携程市值高达62.55亿美元，在全球在线旅游企业中仅次于Priceline，成为中国旅游电子商务市场中的“领导者”。

携程的运营模式为：一方面，通过大量免费派发给目标受众携程会员卡和会员手册，吸收其加入公司会员；另一方面，与全国数千家酒店和所有航空公司建立合作关系。这样，携程就在旅游顾客群和旅游产品供应商之间搭建了一个服务平台，携程通过为酒店和航空公司网上销售旅游产品获取中间佣金，从而获取自己的利润。可见，携程运营模式的核心在于将自己变成中介服务机构，成为强大的渠道商。随着旅游顾客群旅游消费需求的不断提高，旅游电子商务市场的竞争日趋激烈，机票加酒店的携程模式受到其他运营模式的严重挑战。基于此，携程开始进行平台整合，构建产业生态链条。在产品内容上，携程开始向导游、租车和门票等业务领域推展；在合作关系上，携程以参股和控股酒店、旅行社的方式强化与线下旅游服务提供商的深度合作模式；在预订途径上，携程通过“一网三客户端”的方式进入手机在线预订领域，实现线上、线下和无线三大预订领域综合发展。这样，携程就将自己打造成了以“酒店预订、机票预订、度假预订、商旅管理、特约商户、旅游资讯”六大业务模块为主导，集线上预订平台与线下旅行社、酒店和无线手机客户端为一体的综合性旅游服务提供商。

从上述分析可以看出，携程运营模式之所以能够获得市场认可，最重要的是掌握强大的旅游顾客会员资源，其分布于全国的分销商每年还在线的会员数量也在不断增长。庞大的终端用户资源，是其与旅游产品供应商谈判的资本，使其能够获得较低的采购成本，这是携程运营模式的优势所在。但是，携程模式本身也存在巨大的漏洞，即缺乏自己的核心技术。携程模式将自己定位于中介服务机构的角色，自己本身既无旅游产品可以提供，也不具备搜索引擎功能，极大地限制了对旅游客户群服务的多样性。另外，携程模式建立在强大议价能力基础之上的高利润，一定程度上侵夺了其合作伙伴酒店和航空公司的利益，迫使酒店和航空公司开始寻求摆脱携程模式的“去佣金化”路径，加大了直销的力度。

## 二、旅游垂直搜索服务模式

旅游垂直搜索服务是指搜索引擎只针对旅游领域的信息进行深度挖掘，并进行结构化的整理，以服务于有特定需求的旅游顾客群。如果说携程模式是一种“鼠标＋水泥”的全产业链分销模式，那么，旅游垂直搜索服务模式则是纯粹的线上旅行媒体平台的直销营销模式。

旅游垂直搜索服务的运营模式是搜索引擎只关注于酒店、机票及租车等价格搜索，并且按照价格高低及其预订情况将搜索信息进行排序归类，以供旅游消费者选择。其特点是仅供旅游垂直搜索信息，不参与产品交易环节，盈利来源主要为点击付费和品牌广告展示费用。相对于通用搜索引擎提供的标准化服务，旅游垂直搜索引擎的搜索结果更为精确，信息的针对性以及价值更高，因而也就更能吸引住那些有明确的在线预订需求的旅游客户群，而这也正是旅游垂直搜索服务模式的最大优势所在。

独特的商业模式和对用户体验的关注，为旅游垂直搜索服务获得了市场扩张。成立于2005年的“去哪儿”是国内起步最早的在线旅行垂直搜索网站，它的搜索范围涵盖从产业上游的旅游产品供应商酒店、航空公司到产业下游大小旅游销售代理商，无所不包。数据显示，截至2010年12月，去哪儿网的搜索范围超过8万家酒店和1.2万条国内、国际机票航线以及2万条度假线路，成为全球最大的中文在线旅行网站之一。2011年6月去哪儿网获百度战略投资，国内最大的旅游垂直搜索网站与最大的国内搜索引擎携手合作，使得中国旅游电子商务企业形成了携程、百度＋去哪儿、腾讯＋艺龙的三大强力阵营。

旅游垂直搜索服务模式也面临着挑战。目前，国内外主要的旅游垂直搜索引擎基本都是比价搜索，搜索首先是以机票产品为切入口。而中国民航市场中，航空公司给予代理商的机票价格差异度小，因此比价搜索功能受到削弱。其次，旅游垂直搜索引擎虽然能对某些搜索结果进行跟进，但却无法完全保障所链接商户的真实性与合法性，致使旅游顾客群因网上虚假信息而遭受损失。最后，旅游垂直搜索服务模式参与旅游分销环节过少，仅涉及信息和市场两块，只占到旅游分销环节总数的2/9，尤其是不介入交易和支付这两大旅游分销核心环节，致使其市场规模所带来的盈利远远低于其他的代理商模式。

当前，中国旅游市场向网络化、自助化发展的趋势越来越明显，为了满足这一趋势的变化，旅游电子商务企业开始出现了一种新兴的运营模式，即在线旅行社模式。与携程模式和垂直搜索服务模式着眼于为旅游顾客群提供服务不同，这种新兴的运营模式主要是针对度假旅游顾客群在线销售旅游线路，将旅游电子商务的优势与传统旅行社的服务结合起来。

悠哉网是这种在线旅行社模式的新锐代表。悠哉网在“电子货架平台”上为旅游顾客群提供的旅游线路来源主要有两种：一是向旅行社采购，将旅行社成熟的精品线路变成自己的库存产品，把旅行社变成供应商，自己扮演渠道商的角色；二是自主研发旅游线路，针对度假产品的个性化需求，强调研发“非标准化”线路和产品，并且通过互联网技术，分门别类，实行切位管理和库存化管理，把自己变成旅游产品供应商。这样，旅游顾客可以在悠哉网实现“一站式购物”，享受到一次性购买的便捷性体验。截至 2011 年 8 月，悠哉网已实现营业收入超过 3 亿元，正在向中国最大的在线旅行社发力。可以看出，在线旅行社运营模式使旅游电子商务企业身兼供应商和渠道商两种角色。互联网化的渠道商能够满足旅游顾客群对互联网使用的深度化需求，是在线旅行社运营模式存在的价值所在；而供应商角色则能使在线旅行社推出丰富、多样、个性的旅游产品，以满足旅游顾客群的体验需求，是在线旅行社运营模式的优势所在。

在线旅行社运营模式也面临着挑战。一是一些规模较大的旅行社不甘于仅仅做上游，都在开发自己的旅游网站，直接面对旅游顾客群推出自己的旅游线路产品。虽然对于这些旅行社而言，旅游网站只是其网络营销的工具，与真正的在线旅行社运营模式有着本质区别，但在面对旅游顾客群时却构成了同质竞争。二是在线旅行社推出的无论是外购还是自主研发的旅游线路，虽然强调个性化，以产品丰富取胜，但究其实质还是现成的“制式”产品。旅游顾客群只有选择旅游产品的权利，即只能在众多现有的旅游线路中选择适合自己的产品，而不能根据旅游顾客需求为其量身定制旅游产品。

# 第六章 电子支付平台

**【本章导读】**

本章主要介绍电子支付平台，包括电子支付系统、网上银行、第三方支付平台等电子支付平台的现状及存在的问题，支付环境和风险分析，优劣势及操作流程。在目前的旅游企业支付手段中，电子支付方式正逐渐成为一种主流的支付平台。旅游企业电子支付作为电子商务中心最为重要的组成部分之一，如何保障电子支付的安全以及我国旅游电子商务活动中发展电子支付方式的对策也是各个旅游企业所重点关心的问题之一。

## 第一节 电子支付系统

电子商务属于信息化商业贸易活动，是一个全球化的经济平台。网络开辟出了一条信息化的经济渠道，通过电子支付的方式进行网上经济活动。电子安全支付系统是电子商务发展的重要基础，电子支付安全性受到社会的广泛关注。但是，由于网络环境的特殊性，支付系统的安全性成为其发展的关键问题。

### 一、电子支付系统概述

电子支付是依附于银行，以电子商务为基础，让用户通过网上交易进行结算的交易形式。这种结算形式可以为快节奏生活的用户节省更多的时间，也大大降低了银行的运营成本，已经成为电子商务必不可少的支付手段。电子商务的巨大潜力，让许多商家都跃跃欲试。一次完整的电子商务交易一般要经历

3 个步骤，第一步是信息的收集，然后商家发货、买家进行支付，再由快递派送。第二步是电子支付，电子支付需要互联网安全、快捷地完成资金交易。第三步，也是最重要的一步，如果电子支付完成，就代表这次网络交易圆满完成，若不进一步完成电子支付，电子商务就会依然停止在第一步，整个交易便无法完成。现在互联网上有商家对商家与商家对消费者两种交易形式，这两种交易形式都必须依附于电子制度。如果没有电子支付，便不能完成商务交易。这种电子支付形式就是基于互联网完成的，不管是商家还是消费者都因此体验到了前所未有的便利，可以说，电子支付是完成电子商务的关键。

传统的支付方式大致分为 3 种方式：

（1）现金形式。市面上的现金主要是指纸币和硬币，这两种货币都必须由国家和相关政府部门委托银行进行发行。

（2）票据。票据可以从两种意思上理解，第一种是狭义上的，是指有法律效益的发票、支票、汇票等；第二种是广义上的含义，这种票据可以记载文字，可以作为一种具有法律性的证明，比如门票、电影票、车票、优惠券、股票等。这一类也可以称为票据。

（3）银行卡。银行卡是由银行等金融机构发行的，持有银行卡的消费者可以去消费场所进行消费。

电子支付是指包括商家、消费者、银行等金融机构在内采用基于互联网的电子支付形式进行交易或资金的转存。电子支付方式和传统的支付形式相比，电子支付形式有以下几个优势：

（1）传统的支付手段都是封闭的交易模式，而电子支付系统的运行空间是基于互联网这个开放的系统空间，运行空间更大，涵括的内容更广泛，功能更加强大，运用更方便快捷。

（2）电子支付高效、快捷、省时、无须手续费。消费者只需要在电脑上，就可以在短时间内，不用出门就完成整个交易，而所需的时间和费用只需要传统支付的一半都不到。

（3）电子支付是运用最为先进的科学技术，以数字的形式进行交易传递的。传统的支付形式还需要现金、票据等才能完成整个交易。

（4）电子支付是基于互联网的先进通信，互联网电子支付较传统的支付手段而言会有更高的要求，特别是在软、硬件和配套设施方面，具有更高的安全性。

## 二、电子支付安全风险分析

基于互联网平台的电子商务支付系统由于涉及客户、商家、银行和认证部门的资金划拨，因而面临的主要安全问题如下。

1. 电子支付内部人员隐患

电子支付主要是通过网络平台进行经济交易，网络为电子商务奠定发展基础，因此两者是相互关联的。由于网络具备广泛、自由等特点，其涉及的领域也是全球性的，所以银行等金融行业的恶意入侵事件较为严重。目前，银行安全隐患事件中，有70%来自银行内部人员，这表明了一种现象——银行内部安全体系的构建较为紧迫。还有，电子支付隐患也包括网络管理安全的隐患。管理安全涉及两方面，分别是制度和技术的问题，如果制度不健全，员工职业操守薄弱，那么就会相应地发生管理风险，从而产生一定的经济风险问题。因此，健全管理是保证安全支付系统的关键因素，要加强管理的执行力度，不给员工留下犯罪漏洞。

2. 电子支付风险形式

电子支付被人们接受的同时，其支付安全也成为关注的焦点问题。基于网络平台的开放性，为电子支付埋下了安全隐患。支付账号和密码等隐私信息在网络传送过程中被窃取；支付金额被更改；不能有效验证收款人的身份。比如，一些非法人员通过攻击手段获取、篡改电子商务信息，或者非法占有用户的服务资源。这种行为造成的经济损失是不可估量的，所以必须针对这些问题采取措施，从而防患于未然。

针对这些问题，需要考虑的安全要素主要包括：

（1）身份认证。对数据和信息的来源进行验证，以确保发送方的真实身份。

（2）数据保密性。对要传递的敏感信息，如账户、密码等。保证这些信息不能被泄露。

（3）数据完整性。网上交易的信息要能做到确保其完整性。避免数据传输中信息的丢失、重复和被篡改等。

（4）不可抵赖性。防止一方否认电子交易行为，而损害另一方的利益。

## 三、电子支付安全支付系统的构建

1. 数据加密

电子商务最基本的安全构建设置是加密技术，这是一种重要的信息保密手段。信息加密常用的做法就是用数学方法组织原始信息，加密后可以有效地保证传输数据不被攻击者识别。合法接受者，只要掌握密钥就可以破解密码。由此可见，数据加密流程涉及三个步骤：信息、密钥、算法。加密技术通过信息编码，达到隐藏数据的目的，使得非法用户获取不到数据内容。满足了数据安全、完整性，也是电子商务安全支付的关键技术。密钥是密码设置转换的关键，控制数据明文和密文的转换。密钥又分为加密与解密密钥，其转换流程如图 6-1 所示。

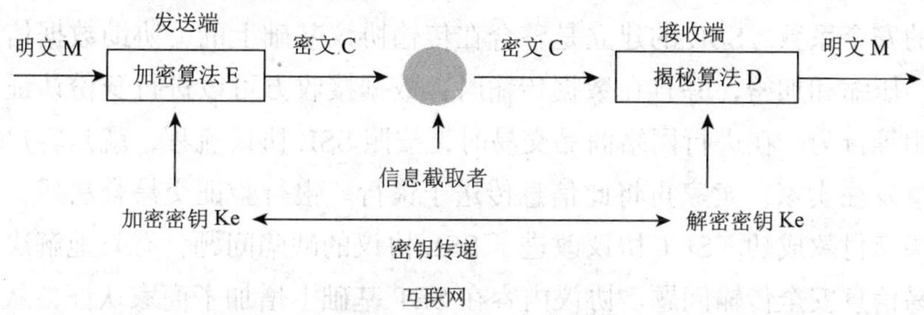


**图 6-1　数据加密流程**

2. 完善相关法律

电子商务出台的法律有《电子签名法》，其他相关法律文件还未完善。因此，完善电子支付法规比较迫切，以为电子支付的正常运营设计进行法律支撑。目前，电子商务在网络环境中进行网络交易，必须进行身份验证，否则网络环境是虚拟的，买卖双方没有诚信保证。即使数据接收者接收的收据是完整的，但不能确定数据是否篡改过。为了解决这一问题，以及防止诈骗行为的发生，验证身份变得十分必要。但是这只是改善了电子支付的运营环境，没有从根本上解决这一问题。相关部门必须加强法律条文建设，监管电子商务系统，这样信誉卖家的买卖流程就得到了法律的保护，从而促使商业活动得到约束。这样一来，整体社会经济的信誉等级也会上升。填补电子商务的法律空白，是改变电子系统现状的有效途径，使商务网络经济活动运营得更加健康从而可持续发展。目前，电子商务有身份安全认证特指，这种电子商务经济活动参与者自身的认定，从安全角度分析，就是认证者接收验证信息在网上传送其验证码认证，或者通过公开密钥的签名法，这种方法不需要在网络系统上进行验证码认证，只需要数字签名即可。目前，虽然有了《电子签名法》，但是对应电子商务流程的相关法律没有跟上，从而使得法律缺少连续性保护。

3. 安全技术协议

安全支付是网络经济交易的重要环节，目前，电子支付安全性还没有较成熟的应对措施。但是 SSL 和 SET 安全协议的出现，缓解了这一难题。现在这两种安全协议在电子商务活动中应用广泛。SSL 安全协议，能对个人信息等提供强有力的保护，对计算机间的经济活动进行加密。分为两种方法，主要是公开与私有密钥加密法。设计原理与邮件通路设计思路相同，提高了数据间的安全系数。SSL 的建立是整合在传输协议基础上的，协助数据信息的封装、压缩和加密，并且在数据传输时，数据接收方可以进行身份认证、交换密钥等行为。在进行网络商品交易时，按照 SSL 协议流程，就是客户的购买信息发往卖家，卖家再将此信息传送于银行。银行验证交易合法后，告知商家买家付款成功。SET 协议改进了 SSL 协议的缺陷问题，有效地解决了在线交易信息安全传输问题。协议内容在 SET 基础上增加了商家认证，从而有效地保护了消费者权益。SET 协议与 SSL 协议两者的运作应有明显的差距，比如，SET 的安全环境要求更高，因此有关 SET 的交易需要参与者申请数字证书，以方便于后续工作识别身份。然而 SSL 协议，其应用只需要商家服务器身份认证，其认证有一定的针对性和选择性。现实电子商务交易中，认为 SET 安全性高于 SSL，贯穿于整个交易过程，证书拥有者的网络交易行为保密严格。

## 第二节 网上银行

自从世界上第一家网络银行 SFNB 于 1995 年在美国创建，网上银行在全世界范围内得到了快速发展。网上银行又被称为“3A 银行”，它不受时间、空间限制，能够在任何时间（Anytime）、任何地点（Anywhere）以任何方式

（Anyway）为客户提供便捷的金融服务。各类基于网上银行和电子支付的业务为用户带来了便利、快捷和高效的生活方式，人们可以通过网上银行进行资金查询、转账、信用卡还款、投资理财和缴费支付等各项资金业务和生活服务。

由于这些业务都是基于开放的互联网，因此网上银行也面临着日益增加的各类攻击和欺诈行为。随着网上银行用户数和交易金额的日益增多，网上银行系统成为很多攻击者的首选目标，因此带来了诸多安全问题，如用户的银行账号和密码被盗取、账内资金被非法转账等问题给银行和个人带来了巨大损失。这些安全问题成为网上银行发展的主要瓶颈之一。用户在选择某一网上银行时，会首先考虑其安全使用问题；很多没有使用网上银行的客户，其主要原因就在于安全方面的考虑。为了取得客户信任，获得更多的网上银行业务扩展，各家银行都积极采取各类技术和手段增强网上银行的安全级别。

## 一、我国网上银行监管的现状及存在的问题

我国网上银行的日常监管工作正在不断加强，监管规范在日益健全。但我国网上银行业务起步晚，网上银行的监管工作更是刚刚开始，与国外完善周密的网上银行监管制度相比，还存在不少问题。

（1）网上银行监管体制的机构设置问题。我国网上银行业务在经营范围上允许混业经营，网上银行可以融合银行、证券、保险等各类金融业务从而提供综合型的金融服务。因此，网上银行从事的金融业务日益多样化、各种业务相互融合，而我国“分业经营、分业管理”的金融监管制度，对银行业设置银行业监督管理机构，对保险业设立保险监督管理机构，对证券业设置证券监督管理机构，显然不能适应网上银行的发展状况。网上银行业务常涉及银行、证券、保险、基金等各行业，由于我国实行分业监管，银监会、保监会、证监会都对其有监管责任，遇到交叉业务，各司其职，常常造成重复监管，不仅增加了监管成本，而且阻碍了网上银行业务的创新。所以，我国对网上银行目前实行的监管体制已不适应网上银行的业务发展实践。

（2）对网上银行的风险监管不足。我国的国有商业银行出资者是政府，存在所有者虚位问题，而且即使出现信用风险也会得到政府支持，因此我国的银行业监管一向注重合规性监管，忽视风险性监管。随着网上银行的发展，

许多发达国家已从合规性监管向风险性监管过渡，侧重于风险监管，只有根据银行自身的经营状况和管理状况加强风险监管，才能达到维护银行业稳健经营的目的。

（3）网上银行通过互联网开展业务，这种无纸化操作使得交易记录难以保留，交易记录可以轻易地被修改且不留痕迹，这给监管当局对网上银行业务的审查增加了难度。因此，各国银行业监管当局都对网上银行的信息披露、操作透明度给予了极大的重视，以保证监管数据准确地反映网上银行的实际经营情况。至今我国网上银行甚至商业银行的信息披露并未制度化、法律化，信息披露的规定十分零散，内容不全面，这对于监管机构的有效监管和金融消费者权益保护不能不说是一个障碍。因为网上银行的诸多特性加大了监管当局对其进行稽核审查的难度，并会导致监管数据不能准确地反映银行的实际经营情况。

## 二、我国网上银行监管制度的完善

随着我国网上银行业务的蓬勃发展，建立完善的网上银行监管制度，是我国网上银行业务健康发展的前提和保障。

1. 我国网上银行监管制度完善的宗旨

网上银行监管要遵循适度和安全与效率兼顾的指导思想。我国传统的银行业监管十分注重安全目标的保障，比如我国《银行业监督管理法》第三条规定，银行业监督管理的目标是促进银行业的合法、稳健运行，维护公众对银行业的信心。我国《商业银行法》第一条也规定，为了保护商业银行、存款人和其他客户的合法权益，规范商业银行的行为，提高信贷资产质量，加强监督管理，保障商业银行的稳健运行，维护金融秩序，促进社会主义市场经济的发展，制定本法。网上银行的监管首先也应该确保网上银行业的安全运行，我国银行风险控制意识弱、能力差，对网上银行业更要始终进行积极慎重的监管。但鉴于网上银行的生命力在于其开展业务的高效率与业务的不断创新，对网上银行的监管在确保金融体系的稳定与安全、网上银行稳健经营的前提下，还要以不损害或保障网上银行的高效运行为目标，安全与效率是网上银行监管工作不可偏废的两个目标。开办网上银行成本低，发展网上银行业务能快速提高我国传统银行业在国际市场上的竞争力，因此，对网上银行要遵循适度监管的原则，监管以不阻碍网上银行业务的创新为准则，不能因为过度的监督而扼杀网上银行的发展活力。总之，既要积极完善网上银行的监管体系，又要避免过度监管而限制了网上银行应有的发展空间。

2. 我国网上银行监管制度完善的具体措施

首先，要转变根据不同类型的金融机构设置不同监管主体的机构型监管体制。由于网上银行金融创新导致的混业经营，网上银行业务可能渗透到保险、证券等金融领域，使得在传统分业管理和监管体制中出现了许多业务监管的空白。加上网上银行技术性风险非常突出，信息安全风险是网上银行和监管当局必须面对的问题，但对信息技术安全的监控，以及为网上银行业务营造安全的互联网技术环境也不是银行监管机构单方面所能做到的，因此，网上银行监管的有效进行需要银监会、保监会、证监会、信息技术管理部门、公共安全部门的全面参与。因此，我国要转变网上银行机构型监管体制向功能型监管过渡，根据不同的金融业务分别设置监管主体，实行跨市场、跨机构的监管，在金融混业的情况下可以设置金融监管局对金融业实施统一监管，这样不仅可以适应混业经营对监管体制的要求，还可以杜绝在机构性监管体制下通过行政手段来限制跨行业金融创新的做法，为金融业发展创新创造环境。当然，监管体制的改革不可能一蹴而就，在改革进行之前，要建立不同的金融监管机构的协调机制，做到不同监管机构的配合和信息共享。

其次，要加强网上银行信息披露监管。完善全面的信息披露，不仅可以保障银行客户获取及时的信息以保障交易安全，而且有利于监管部门获取准确的数据并及时发现问题和处理，有效的信息披露制度能够防范各种风险的发生。当然，为保障银行的合法权益，信息公开披露的范围是有限度的。因此，要建立法制化的强制信息披露制度，根据“公开、公平、公正”的原则，规定网上银行应披露的内容，包括注册信息、交易网址、财务状况、重大经营活动、股权变动、网上银行业务操作程序等，监管机构可以要求网上银行在指定的网站上进行信息披露，而且监管机构还要披露网上银行的违规行为及处理结果。

再次，由于网上银行业务发展伴随的高度风险性状况，世界上各个国家因为法律文化传统、社会经济发展情况的不同，网上银行监管的具体规则不尽相同，但都把网上银行的风险监管作为监管内容中的关键。网上银行的风险监管主要包括技术性风险监管和业务性风险监管，我国技术性风险监管要建立银行的内部控制制度与技术规范标准比如安全接口、网络加密技术等，将计算机网络安全标准与国际接轨。《商业银行信息科技风险管理指引》对此已做了改进。另外，我国网上银行的业务风险监管，要监督银行在有关协议中是否合理确定了交易中各方的责任分担、银行是否遵守了客户隐私保护的规定、银行是否遵守了有关电子签名的法律、银行是否采取措施履行了电子业务资料保存的要求等。

最后，传统银行业的监管工作基本上是在一国地域内进行的，但由于国际互联网没有地域边界，网上银行业务也不受地域国界的限制，网上银行可以方便地跨国界开展业务，这使得完全依靠一国国内的力量难以对网上银行进行有效监管，我国网上银行监管机构应加强与他国金融监管当局的合作与协调，建立监管协作机制。

## 第三节　第三方支付平台

从 1998 年中国第一笔互联网支付成功开始，互联网这种支付方式就逐渐被人们接受与认可，而作为互联网支付最重要的支付方式之一，第三方支付从诞生之初就以爆炸式的速度不断发展。截至 2011 年年底，中国获得支付业务许可证的第三方支付企业已经达到 101 家，而第三方支付产业作为电子商务的重要服务支持行业，其业务交易规模也突破了 2 万亿大关，占整个互联网支付交易规模的 1/3。

伴随着快速发展的互联网支付态势，第三方支付也出现了一些负面消息，如支付欺诈、信用卡套现等，这些问题使得人们开始意识到如此重要的新兴行业，并没有统一的标准衡量企业的资质，以及企业后续发展需遵守的规章制度。规范第三方支付市场势在必行。

### 一、第三方支付平台简介

1. 第三方支付平台的概念

所谓“第三方支付平台”，是指由非银行的第三方机构投资运营的网上支付平台。第三方平台提供商通过通信、计算机和信息安全技术，在商家和银行之间建立连接，起到信用担保和技术保障的职能，从而实现从消费者到金融机构以及商家之间货币支付、现金流转、资金清算、查询统计的一个平台。“第三方支付平台”作为双方交易的支付结算服务中间商，具有“提供服务通道”，并通过第三方支付平台实现交易和资金转移结算安排的功能。

2. 第三方支付平台分类

（1）独立的第三方网关模式。是指完全独立于电子商务网站，由第三方投资机构为网上签约商户提供围绕订单和支付等多种增值服务的共享平台。这类平台仅仅提供支付产品和支付系统解决方案，平台前端联系着各种支付方法供网上商户和消费者选择，同时平台后端连接着众多的银行。由平台负责与各银行之间的账务的清算，同时提供商户的订单管理及账户查询等功能。这种模式国外以 Cyber Source、World Pay 公司为代表，国内以首信易支付、百付通等为典型代表。

（2）有电子交易平台且具备担保功能的第三方支付网关模式，是指由电子交易平台独立或者合作开发，同各大银行建立合作关系，凭借其公司的实力和信誉承担买卖双方中担保的第三方支付平台，利用自身的电子商务平台和中介担保支付平台吸引商家开展经营业务。买方选购商品后，使用该平台提供的账户进行货款支付，并由第三方通知卖家货款到达、进行发货，买方检验物品后，就可以通知付款给卖家，第三方再将款项转至卖家账户。这类平台是目前发展最迅速、影响力最大的一类第三方支付平台，以支付宝和贝宝为代表。

（3）有电子商务平台的第三方支付网关模式。是指独立经营且提供特定产品的商务网站，这类网站为了满足自身产品买卖和实时支付的需要创建支付功能，这种第三方支付有强大的电子商务网站作为依托，拥有坚强的后盾和雄厚的资金。这类网站以云网支付网为代表。

3. 第三方支付平台的优势

第三方支付是电子支付产业链中重要的纽带，一方面连接银行，处理资金结算、客户服务、差错处理等一系列工作；另一方面又连接着非常多的商户和消费者，使客户的支付交易能顺利接入。由于拥有款项收付的便利性、功能的可扩展性、信用中介的信誉保证等优势，第三方网上支付较好地解决了长期困扰电子商务的诚信、物流、现金流问题，在电子商务中发挥着重要的作用。第三方支付平台流程如图 6–2 所示。

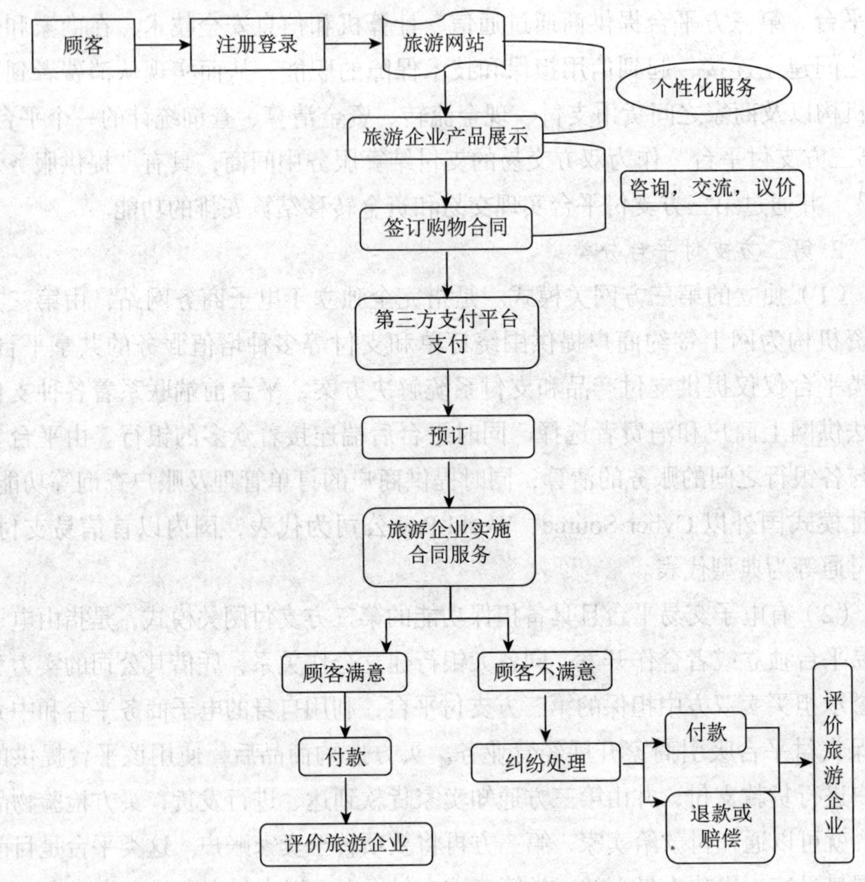


**图 6–2　第三方支付平台流程**

（1）交易简单、快捷。第三方支付平台采用了与众多银行合作的方式，将多种银行支付方式整合到了一个页面之上，可同时提供多种银行卡的网关接口，而且在第三方支付平台支付方式中，商家和消费者只需在第三方支付平台注册，由第三方支付平台和各银行签署协议进行账务划转，省去了商家和消费者与多家银行的交涉成本，使电子支付更加简单、快捷。

（2）拥有信用担保。第三方支付平台可以对交易双方的交易进行详细的记录，从而防止交易双方对交易行为可能的抵赖以及为在后续交易中可能出现的纠纷问题提供相应的证据，并能通过一定的手段对交易双方进行一定的评价约束，成为网上交易信用查询的窗口。

（3）节省成本。第三方支付平台作为中介方可以促成商家和银行的合作。

对于商家第三方支付平台可以降低企业运营成本，同时对于银行，可以直接利用第三方的服务系统提供服务，帮助银行节省网关开发成本。

总之，第三方支付平台是当前所有可能的突破支付安全和交易信用双重问题中较理想的解决方案。

## 二、基于第三方支付平台的旅游网站模式创新方向

第三方支付平台为旅游网站模式的创新创造了快捷、方便、信用安全的发展环境，旅游网站经营模式可以向以下几个方向发展。

1. 在 B2C 模式上的创新

目前我国旅游网站的经营模式雷同且结构单薄，因此要在其基础上进行创新及深化，一改传统的中介形象，为旅游企业和游客提供交易平台，引用第三方支付平台，重点提供信用担保、企业信誉评价和支付平台。

此经营模式下的网站是由旅游企业向网站申请注册认证，借用网站的资源优势和技术支持，在网站租用网页开展专售，由旅游企业决定在网上销售产品的品种、方式和价格，旅游者在网站上的各个旅游专卖店里挑选自己喜爱的旅游产品。该模式功能主要有以下几点。

（1）旅游企业产品展示。该网站可容纳各种旅游企业类型，如宾馆、航空公司、旅行社等传统旅游企业，还有出租车公司、旅游纪念品、旅游用品生产商等原来被排斥于网下的旅游企业。但要注意网站上的旅游企业都要通过网站的注册认证。旅游企业可根据自己的产品特点向顾客提供动态产品信息，保持信息更新速度，让游客对其产品进行实时了解。

（2）个性化服务。顾客可以通过筛选功能，选择不同的标签：如按地区分（如北京、上海、杭州、海口）；按顾客类型分（散客、团体、商务）；按价格分（如低廉、普通、豪华）等，直到选择出满足自己的旅游产品。

（3）实时交流、咨询、议价。网站为游客和旅游供应商之间提供交流平台，游客可以就产品信息、特殊要求等与商家进行实时交流，免去面谈及电话联系的烦琐。

（4）签订购物合同。游客与旅游企业之间就旅游产品达成协议，签订购物合同。而且游客与商家的购物信息，包括产品类别、旅游要求、商家产品质量标准、服务方式、付款方式、纠纷处理协议等，都必须在网站、第三方平台、顾客、商家处分别储存，以备退款、赔付等纠纷的解决。

（5）支付系统。由第三方平台参与的支付系统可以提高支付效率和支付可信度，是此类网站最重要的系统之一，也是第三方平台与旅游网站结合的精华所在。游客用借记卡或信用卡将货款划到第三方支付平台，并设定发货期限；第三方支付平台通知商家游客的旅游款已到账，并要求其在规定时间内组织接待；商家收到通知后按照合同接待，并在网站上做相应的记录，游客可在网站上查看自己所购买旅游产品的状态；游客在接受旅游企业的服务后，确认商家是按照合同条款接待，无违约现象，对其服务满意，则通知第三方将其账户上的旅游款划入商家账户，交易完成；如果游客对旅游产品不满意，或是认为与商家承诺有出入，可通知第三方拒付旅游款并转入纠纷处理阶段。

（6）信用评价。在第三方把游客账户上的旅游款划入商家账户时，可以同时对其服务进行评价，如五星是非常满意，四星是满意，三星是比较满意，二星是较差，一星是很差，下面还可以配注文字叙述，以便于以后游客在选择旅游产品时参考。这种模式可以增加旅游网站产品数量，丰富旅游网站业务结构，扩大旅游者的选择面，同时旅游网站能将原来无力涉及的个性化旅游产品引入网站，通过对不同在线供应商的有机组合，开拓新的产品领域。对于旅游企业来说，第三方平台为他们提供了展示自己的舞台，最大限度地节约了电子商务成本，拥有自主定价权并且享受平台为他们提供的各种信息服务；对于旅游者来说，第三方平台为其提供了支付信用保障，也为其选择旅游产品提供了快捷方便的渠道，可谓一举两得。

2. 在 C2B、C2C 模式上的创新

C2B 泛指由旅游者在专业的旅游网站提出需求，若干旅行社通过竞争来满足旅游者的需求，或者是由旅游者通过网络结成群体（团购）与旅游企业讨价还价。C2C 主要是旅游者通过网络平台来销售自己的产品，可以是交通票、旅游纪念品、旅游经验等。这两种模式一般都是相对于自助型游客而言的。目前我国鲜少有 C2B、C2C 模式的旅游网站，而且游客也甚少选择这种模式，其主要原因还是信用和支付问题。若这种模式与第三方支付平台结合，则解决了其交易中的最重要的信用和支付问题，大大扩展了旅游产品在线交易的种类，为自助型游客提供了切实便利。其模式优势如下：

第一，方便快捷。对于 C2B，企业可以根据游客的需求提供产品；对于 C2C，自助型游客可在网站上快速查询个体旅游经营者的产品信息。

第二，信用保障。对买卖双方进行信用核实、信用评级。以信用为担保保证买卖顺利进行。

第三，信息管理。提供需求方、卖方发布、交流信息的平台，记录旅游者采购及组团信息。

第四，支付保证。提供第三方支付工具，实现支付保障。

3.“旅游尾单”及二手旅游产品市场经营模式创新

这一模式主要经营旅游企业那些未能及时售出的旅游产品即“旅游尾单”以及游客由于各种原因临时放弃的旅游产品，此模式经营的旅游产品价格要低于市场水平的价格。第三方支付平台与此经营模式结合将具有很大优势，它为旅游者和产品供应方提供直接交易平台，为游客提供相对低廉的旅游产品，对产品供应方提供信用证明，使旅游产品市场更加可信、可控。此外，这种平台还提供价格功能，为特定产品设定有效价格，提供价格比对功能等。

第三方支付平台是在巨大的市场需求的压力下产生的，其业务运营模式从一定程度上保证了买卖双方交易的可靠性，增加了人们对网上交易的信心。而基于第三方支付平台的旅游网站经营模式创新为我国旅游网站的多元化、高效化经营提供了新的思路，保证了旅游支付的信用问题，提高了旅游产品的交易效率。个性化旅游产品、自助旅游产品以及更多形式的旅游产品都将在第三方支付平台的支持下得到发展。

## 第四节　旅游企业电子支付运营

在目前的旅游企业支付手段之中，电子支付方式正逐渐成为一种主流的支付平台。在我国的电子支付市场上，电子支付的交易额正在以 100% 的速度逐年上涨。根据我国相关部门在 2008 年统计的数据资料表明，仅仅在 2008 年的第一季度，我国的电子支付市场上的交易总额已经达到了 450.82 亿元，在这笔可观的交易额中，其中有 420 亿元左右的交易额产生于互联网支付，其余 30 亿元左右的交易额基本全部来自于第三方手机支付与电话支付，在诸多的电子支付手段中，淘宝的支付宝除了保持着交易金额最大之外，还保持着稳定增长的态势。在全球经济一体化不断冲击着我国市场经济结构的情况下，电子支付仅仅受到了很小的影响，在未来的一段时间内，电子支付将继续以一种高速增长的态势向前发展，其年交易总额甚至有望突破 3000 亿元。

## 一、旅游电子支付的支付手段

过去，在传统的商务活动之中，旅游企业的支付方式主要采取了两种方式。第一种是支票，此种支付方式常常会被用于旅游企业与旅游企业之间的交易过程。第二种便是现金，现金支付的方式往往是存在于旅游企业对消费者进行商品零售的过程之中。但是随着社会的不断发展和科学技术尤其是计算机网络技术的不断发展，在电子商务渐渐崛起的背景下，电子支付方式应运而生，目前在经济活动中最为广泛应用的电子支付方式主要有以下几种。

1. 银行卡

目前市场上的银行卡主要包括 IC 卡、信用卡等，银行卡在我国老百姓的生活中已经是一种广泛地受到使用的电子支付方式。作为一种普通却又特别的电子支付工具，一方面银行卡普通是因为银行卡在我国老百姓的生活中已经得到了广泛的普及；另一方面银行卡特别是因为银行卡体积虽然很小，但是其却涵盖了包括存款、消费、贷款、转账等几乎所有的金融服务功能。并且银行卡无论是在结账手段、结账速度，甚至是结账质量上都有着传统支付方式所不具备的优点，这就是银行卡支付方式在老百姓中得到广泛使用的原因。

2. 电子现金

电子现金就是一种以电子方式存在的货币，使用电子现金时，在使用方式上与现金货币大同小异，电子现金一般多用于小额交易的支付，在必要的情况下，可对电子现金进行脱机处理。电子现金按照其载体分类，主要可以分为以下两类。

第一类是电子现金的币值可以通过计算机技术手段存在 IC 卡上。

第二类是指通过计算机技术手段将电子现金的币值以数据或是其他便于储存的方式存储在银行的计算机上。

电子现金与传统支付方式相比，其优点主要是可以协助旅游企业提供如下几点服务：

第一，旅游企业可以实时地通过网络、银行提供给旅游企业的软件等，对旅游企业账户中的交易记录以及现金余额等进行查询。

第二，旅游企业用户在使用电子现金支付方式时，可以对即时的金融资讯进行查询，例如汇率、证券、利率等。

第三，旅游企业用户能够实时地对账户中的资金进行调拨、支付等操作。

第四，电子现金的支付方式可以方便旅游企业进行远程交易操作，例如买卖外币、开立信用证等。

第五，方便旅游企业用户对现金进行集合或者零余额管理等操作。

3. 电子支票

电子支票实际上就是通过将传统支付方式中的支票改进为带有数字签名的报文或者是利用数字电文代替支票的全部内容，付款者在签发支票时除了要提供与纸质支票同样的信息外，还要有自己的数字签名和凭证。这种支付方式在支付时主要是通过互联网将电子支票传送至付款者所在的银行后，付款者再将相应的资金支付给收款人。

4. 网上银行

网上银行作为一种近年来新兴的银行服务手段，其技术基础主要是以Internet为主的。利用网上银行进行支付具有成本较低、不会受到时空的限制并且操作快捷收款、付款方便。用户在进行支付操作时，需要在一定的网络安全监控下完成，例如网上购物、银行转账、旅游企业理财等。

## 二、电子支付在旅游电子商务中的应用现状

1. 旅游消费者消费方式的转变促进电子支付的发展

在传统旅游业中，支付方式往往是通过前台支付来完成的，刚刚开始起步的旅游电子商务自然也往往采用这种方式。然而，2006 年 10 月 26 日电子客票全面推行后，旅游消费者的消费方式和消费观念开始微妙转变，促使旅游电子商务企业也开始积极考虑应对方案。在旅游电子商务中，电子支付的需求是不断扩大的。随着电子客票的推行，越来越多的旅客会从“电话订票，送票付款”的传统方式，过渡到“网上支付，实时出票”的全数字化方式。在酒店预订方面，尽管旅游者大多在前台付款，而在旅游高峰期，多数酒店都要求旅游者有信用卡担保或付预订金，由此产生了电子支付的需求。与此同时，全国广泛推行的“交通一卡通”以及某些旅游景点推出的基于信息化技术的卡式门票或者数字门票，以及电子支付方式的多样化以及迅速普及，也对旅游电子商务活动中对电子支付的需求产生了一定的推动作用。

2. 旅游消费者传统消费习惯影响了电子支付的发展

消费者传统的购物习惯对旅行社的网络营销具有一定的影响。对于大多数人来说，已经完全习惯于面对实物进行挑选商品的一手交钱一手交货的购物方式。人类思维和行为方式的惯性使人们在短时间内不可能适应面对虚拟旅游产品使用虚拟的电子货币、电子机票进行的电子商务模式。因此，同传统的营销手段相比，网络营销还需要经历一个被消费者接受的过程。

3. 信用缺失是网上支付的主要障碍

（1）以上海春秋国际旅行社（春秋旅游网）为例进行分析。

春秋旅游网的盈利模型是由网站、春秋国旅总社及各网点、上游的旅游企业（各地分社及合作旅行社、航空票务代理商、目的地酒店）和网民市场共同构成的。其目标市场主要为观光和度假游客。由于春秋国旅具有强大的资源，线路预订成为网站的主营业务。春秋旅游网提供的产品，顾客可以选择网上支付，也可以选择网上浏览、电话确定、离线交易的办法，同时还可以到春秋国旅的各分社进行购买。但就目前的经营状况而言，电话确定与离线交易仍然是消费者的主要选择。从上述分析可以看出，目前的旅游电子商务活动中，消费者对于网上支付并没有真正接受；主流的B2C网站中，最主要的支付形式仍是货到付款。网上支付的滞后，将阻碍我国旅游电子商务的发展。那么，是什么原因造成消费者对网上支付的排斥呢？旅游电子商务网上支付的主要障碍是信用缺失。

这是我国旅游企业网络营销发展缓慢的一个重要因素，就是与旅游电子商务相配套的网上支付等手段还没有找到安全便捷的解决方案。根据艾瑞公司2008年第一季度发布的中国网上支付调查报告显示，有近六成的网民认为不使用网上支付的原因是“担心交易的安全性”。而据CNNIC的调查报告表明，大约有四成的网民认为电子商务的最大障碍是信用问题。

（2）以纸质媒介作为支付交易的商务活动。

以纸质媒介作为支付交易的商务活动中，由于是面对面，并有纸质交易凭证，加上法律体系的保证，人们在这种长期形成的商务活动中建立起了对整套体系的信用，如果出现经济纠纷会由法律体系仲裁而给予经济利益的保证。但电子商务的经济活动过程与传统的方式完全不同，交易过程中没有确认过程合法存在的纸质凭证，这就带来了可信度的问题。因此，消费者和商家在网上交易存在的主要问题就是信用问题，以及由此引发的一系列相互连带的问题。

（3）我国的信用体系不完善。

目前我国的信用体系不完善，各种失信现象时有发生，没有一个权威的机构可以完全确定交易行为人的信用。并且，我国的社会信用体系远未达到任何行为都有记录可查的情况，在这种信用环境下发展网上支付会有较大的障碍。由于上述原因，国内旅游企业通常的做法是：旅游预订用网络，付款交易用传统方式。电子商务的快捷性、低成本性等特征未能得到体现，使旅游网站的功能还停留于提供信息的初级层次。

## 三、我国旅游电子商务活动中发展电子支付方式的对策

对于旅游电子商务企业来说，旅游者进行支付的时机是旅游前决策过程之后、出行旅游过程之前，即是旅游者在旅游电子商务网站的帮助下做出了旅游决策之后及实际出发进行旅游活动之前。在这一时刻，“趁热打铁”式地提供电子支付接口，对商家与用户都是有好处的。

（1）建立中小型旅游企业信用体系旅游产品往往不能够直观地通过互联网展示，因此旅游电子商务企业的信用问题就开始凸显出来。因此，完善旅游电子商务企业信用发布查询系统，建立中小企业基本信用制度，建立中小企业信用担保体系等，通过构建旅游电子商务市场信用，促进电子支付发展。

（2）加强旅游电子商务企业网络支付的安全建设。由上可知，推动网上支付在旅游业的有效发展与普及，必须从增强“信用保障”入手。一方面，政府应制定旅游电子商务网上支付的相关法律规范；另一方面，企业需要面向市场积极探索各种信用保障机制与措施。下面主要从企业方面进行阐述。首先，旅游企业应积极与知名度、信誉度较高的银行合作，普及信用卡、电子现金、电子支票等电子支付方式。保证游客所使用的电子支付工具必须由其账户所在的银行发行，游客可以到与旅行社有业务关系的银行去使用现金购买货币卡，当游客进行网上支付时可以向旅行社和银行同时发通知，将资金从银行的账户上转移到旅行社的账户上。其次，旅游企业的网站应安装防火墙，防止“黑客”攻击，保障网民的隐私权和财产安全，促进网上支付的实施。

（3）加强宣传以增强消费者的信用程度。旅行企业应通过广告宣传、新闻发布会、现场活动、网上促销等多种形式，尽可能让更多的消费者知道本旅行企业的网址，树立企业的品牌形象，提高知名度和网络信誉，为网络营销的发展减轻阻力。

（4）采用多样化的电子支付手段。目前的网上支付方式中，以信用卡使用为主，为解决社会信用风险较高的问题，我国出现了具有“信用担保”功能的第三方支付平台，将网上支付平台演变成了资金流的中间环节。走在前列的商家已经涵盖了 B2B、B2C 和 C2C 三个领域。如阿里巴巴的诚信通及诚信指数，易趣的买家、卖家互评制度，淘宝网的“支付宝”，都是建立诚信体系、保障用户利益的有效举措。与此同时，以第三方信用评估为基础的交易行为逐渐成为网上支付的主要手段。旅游企业应结合我国目前的信用状况，推进网上支付工具的多样化。除了推广电子支票、移动支付、手机钱包等工具，还应推动“诚信支付工具”的使用，其代表是“支付宝”和“微信”。

（5）适当采用离线支付方式对于酒店、旅游景点景区来说，可以考虑适当采用这种技术。旅游者在开始旅游活动前先对门卡或者门票充值，在接下来的旅游活动中都可以使用这张卡票进行支付。这种便捷的支付方式对提高顾客忠诚度有一定帮助。

旅游企业电子支付作为电子商务中心最为重要的组成部分之一，如何对电子支付的安全性做出保障也是各个旅游企业所重点关心的问题之一。随着我国计算机网络技术以及加密技术的不断发展，相信旅游企业电子支付的安全性能够得到越来越有效的保障，从而为我国旅游企业的不断进步添砖加瓦。

## 第五节　电子支付系统安全问题

互联网的开放性特点决定了网上电子支付的安全问题远比传统银行支付的安全问题要严重、复杂。电子支付是电子商务的核心环节，它的安全完成是电子商务成功实现的最基本保障。因此，要想电子商务得以顺利进行，就必须构建一个完善的安全控制系统，收集、分析和鉴别网上交易信息的真实性，解决非法交易对电子支付带来的安全问题。

## 一、电子支付系统安全问题分析

1. 来自互联网的风险

电子支付系统都是通过互联网与银行发生关系，而由于互联网自身的自由性、广泛性等特点，自然容易受到恶意入侵者的攻击。据有关调查，目前国内的网站中约有80%存在安全隐患，约20%的网站存在严重的安全问题。国内曾发生过多起证券交易系统被侵入事件。犯罪分子挪用、盗取他人股票账户资金，盗买盗卖他人股票，属于恶性计算机犯罪，对社会产生了极坏的影响。虽然到目前为止国内还没有黑客成功入侵银行网站的案例，但是许多客户仍然心存顾虑，不敢轻易用互联网传递自己的信用卡账号和密码等关键信息。由于网络安全问题尚未能够得以彻底完好的解决，利用互联网进行犯罪的案例很有可能会日益增多。这些网络安全问题为电子支付带来了安全风险，严重制约了网上银行的业务发展以及电子商务行业的发展。

2. 来自银行内部的风险

据调查统计，在已发生的网络安全案例中，70%的攻击来自单位内部，因此内部网的安全风险更为严重。首先，银行内部员工对自身企业网络结构、应用比较熟悉，自己攻击或内外勾结，故意泄露重要信息，都将可能成为导致系统受攻击的最致命的安全威胁。其次，大部分银行系统都发展到全国联网，分布在全国各地，范围很广，各级银行独立核算。因此，对于每一个区域银行来说，其他区域银行都存在相对不信任因素，同样存在安全风险。

3. 来自银行以外企业和事业单位的风险

近年来，银行系统在不断地增加中间业务和服务功能，比如代收水电费、电话费、学费、保险费以及证券转账等诸多业务。因此，就与电信局、学校、保险公司和证券交易所等许多单位网络互联。由于银行与这些单位之间可能存在某些不信任因素，因此，它们之间的互联，为银行网络系统带来了许多外单位的安全威胁，成为电子支付安全的隐患。

以上三方面安全威胁可能引发的结果有恶意破坏数据、非法使用资源、数据篡改或窃取等。从技术层面讲，网上支付的安全性主要表现在对交易信息和支付信息的安全认证，加密保存、传送，防止否认以及完整性控制等方面。

## 二、移动支付系统安全性

随着社会经济的快速发展和经济全球化的推动，以及互联网产业的突飞猛进，移动电子商务发展迅速，数据表明：2015 年三季度中国移动购物市场交易规模超过 5199.9 亿元，同比增长 120.9%，且增速远高于中国网络购物整体增速，移动端已超过 PC 端成为网络购物市场的主流选择。然而由于电子商务的虚拟性，买方无法现场验视商品，也无法确保卖方提供商品或服务的可靠性，同时买卖双方也无法验证彼此的确切身份。整个交易活动存在不确认性和高安全风险。

在移动电子商务中，整个移动交易包含了商品推送、商品浏览、下单、移动支付、收货以及交易评价等环节。其中，移动支付是用户使用其移动终端对所消费的商品或服务进行账务支付的一种服务方式，为用户提供货币支付、缴费等金融业务。其安全性涉及用户的个人隐私安全和资金安全，是整个交易环节能否顺利完成的关键。加之移动终端作为一种多接口网络设备，存在多个网络出入口，如 Wi-Fi、NFC、4G 等，具有不同于有线网络的体系结构，其网络安全环境和遇到的攻击必然也更为复杂。

1. 移动支付系统体系结构与支付流程

现有移动支付系统主要分为远程支付和近场支付两种。远程支付是指采用中远距离无线通信技术，如 4G、Wi-Fi、GSM 进行支付的方式。近场支付是指用手机刷卡的方式进行支付，采用的为无线近距离通信技术，如蓝牙、RFID、NFC 等。从网络体系结构角度分为应用层、网络层、控制层和非接触层，其中应用层为用户提供移动支付的 App 软件和服务；网络层负责为用户的移动设备提供网络接入服务；控制层为支付安全所需的硬件模块，典型的如移动 TPM；非接触层提供了近场通信接口和相关功能。典型的移动支付流程如下：

（1）支付请求。用户通过移动设备的客户端，通过无线网络请求支付商家的商品或服务，对于近场支付此步骤为利用 NFC、RFID 等接口刷商家 POS 机，对于远程支付此步骤为利用 4G 等移动通信网络上网请求商家的商品或服务。

（2）支付受理。商家受理用户请求并向支付网关申请进行移动支付，此步骤商家通常使用有线网络连接自己的 Web 服务器或 POS 读卡器完成。

（3）身份认证与电子银行支付。支付网关与电子银行通过运行移动支付协议，完成买家和卖家的身份确认，处理支付请求。

（4）支付确认。支付网关先后与买家和卖家确认交易信息包括：买家电子银行账号扣款和卖家电子银行账号收款。

（5）交易收货。卖家给予买家商品或服务。

2. 移动支付安全性问题

目前国内外对于移动支付系统的安全性研究多从移动支付系统的网络体系结构出发，研究各层安全性及相应的安全防御与增强措施。主要的研究领域包括各层安全性、移动支付协议与安全性评估模型等。

（1）各层安全性。

①非接触层安全。在非接触层，采用最为广泛的是 NFC 接口，国内外对于近场支付的研究也多针对 NFC。非接触层安全威胁主要包括：终端安全和通信安全。终端安全的威胁主要在读写器模式下攻击者通过各种非法途径复制、篡改和破坏存储在 NFC 手机标签中的数据。由于通信双方采用 NDEF 数据格式，因此相关研究主要关注 NDEF 格式的漏洞发现和分析以及安全性增强。现有解决方案主要为对标签进行加密或签名。另外，手机丢失、SIM 卡克隆、对芯片植入病毒也是终端安全研究的热点。通信安全的威胁主要是由于 NFC 采用无线通信技术，各种典型无线通信攻击在 NFC 中均存在，如被动侦听、拒绝服务攻击（干扰攻击）、中间人攻击、重放攻击、消息插入篡改等。现有解决方案主要包括建立加密的安全信道，如采用 Diffie–Hellmann 密钥交换协议。

②控制层安全。控制层安全主要涉及控制层的硬件以及操作系统安全。前者主要集中在安全算法模块，该模块为手机提供各种加密算法和数字证书，为安全交易提供数据隔离保护和 API。攻击者的攻击行为可导致该模块受损丧失可用性、证书或密钥丢失、隐私数据泄露等。现有解决方案主要包括采用密码学手段保护在该模块中存储和传输的数据、开发专用的 NFC 安全算法模块芯片以及建立加密的安全信道，如采用 Diffie–Hellmann 密钥交换协议。后者则为操作系统平台的内核、架构与权限管理等的安全性，如 Android 安全、iOS 安全等。

③网络层安全。在移动支付系统中，远程支付需要通过网络层访问 Internet 完成支付交易，在近场支付中除了 NFC 往往也需要网络层完成其他相关的交易环节。在移动支付系统中，典型的网络层通信技术包括 Wi–Fi、

GSM、4G 等。Wi-Fi 系统安全主要受到无线干扰攻击、密钥暴力破解、伪造 AP 等威胁。相关研究主要包括攻击方法、网络协议分析与形式化验证、安全性增强等。GSM 通过认证和加密保护用户数据和信令数据的安全性以及防止非授权用户访问网络资源。GSM 的主要弱点和攻击包括：认证单向性导致的中间人攻击、加密算法漏洞、SIM 卡克隆、重放攻击、无线干扰攻击、传输信道威胁等。4G 通信技术的安全结构在 GSM 安全特性的基础上，针对新业务特点进一步提高安全性形成了完善的安全保障体系。然而在实际应用中，4G 认证在密钥协商、数据加密算法等方面仍然有改进的必要。现有的研究主要包括 4G 安全体系中网络协议的形式化分析、与 WLAN 网络的安全融合、安全协议的设计与改进等。

④应用层安全。运行在手机上以完成支付交易的各种 App 构成了应用层。目前已有基于 J2ME 的手机支付系统开发接口，并已有对应的恶意软件出现，手机病毒、钓鱼攻击等更加剧了这种状况。相关研究包括了手机恶意软件的检测、安全的编程接口、统一的安全支付软件标准、手机隐私保护等。

（2）安全的移动支付体系。

由于现有的移动支付的安全研究，对于移动支付系统网络体系结构各个层次的攻击威胁的研究彼此孤立，并没有形成整体的网络安全体系结构。因此，目前对于移动支付的安全性研究依然有待完善。理想的安全移动支付体系应该形成整体的网络防御手段和安全机制，如图 6-3 所示。在非接触层，应考虑非接触层接口的硬件安全性，引入如移动 TPM 等安全机制。控制层应该保证移动操作系统如 Android、iOS 的安全性。网络层应保证用户使用各种网络接口访问 Internet 的安全性，应用层应使用轻量级的安全网络支付协议。同时应该加入跨层的安全机制，如接入层和非接触层安全联动。安全评估手段应采用定性与定量相结合的方法，避免仅使用专家经验。最后，整体安全系统应该能够根据评估结果对安全性进行自适应的增强。

## 三、应对电子支付系统的安全问题的技术策略

要想保证电子商务活动的安全、顺利地进行，保证我国电子商务行业的健康发展，就必须探讨出适合我国的具体国情的网上电子支付运作机制并探求能提高其安全的技术措施。

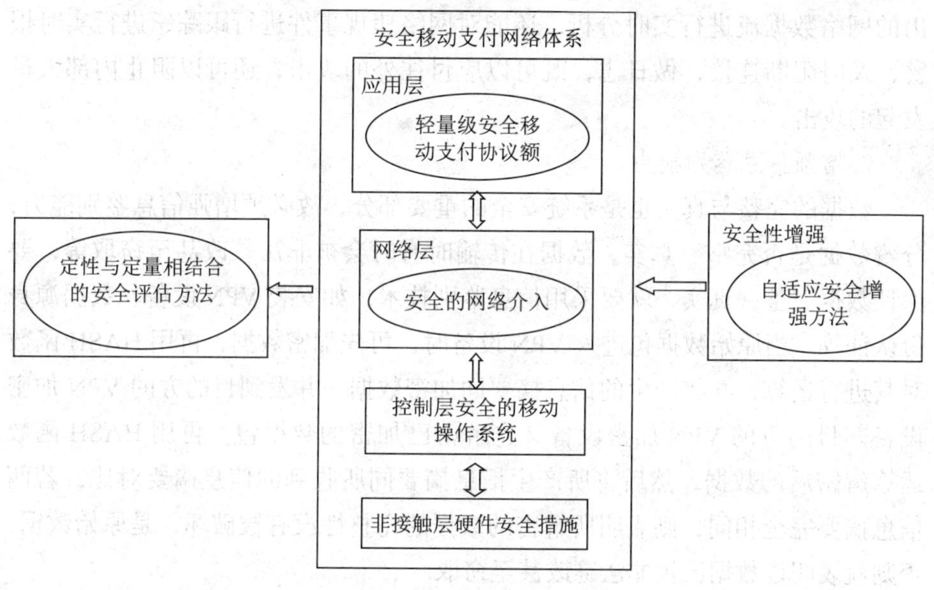


**图 6–3　安全移动支付体系**

1. 加强网络安全

网络安全的加强可以通过加强访问控制、网络结构安全、网络安全评估和安全检测等途径来实施。

（1）访问控制。银行系统若需要连接因特网，则其业务系统网络就必须同因特网进行物理隔离：两个网络间完全断开或使用物理安全须隔离卡。另外，内部局域网内可通过交换机划分 VLAN 功能进行不同级别用户、不同部门间的简单访问控制。再有，内部局域网与不信任域网、外单位网络之间可通过架设防火墙进行隔离和访问控制。

（2）网络结构安全。网络结构安全体现在网络结构布局的合理性，表现为对与外单位互联的接口网络、办公网和银行系统业务网间按各自的安全保密程度和应用范围进行合理布局，确保不会因为安全性较低的局部网络出安全问题而波及整个网络。

（3）网络安全评估。成功的黑客攻击绝大部分是对系统或网络的安全漏洞进行攻击的。而网络安全性扫描分析系统则可以检查系统的漏洞与弱点，并提出安全策略与补救措施，增强网络的安全性。

（4）安全检测。为了保障系统的安全，安装入侵检测系统不仅可以对进出的网络数据流进行实时分析，还能对网络违规事件进行跟踪，进行实时报警，及时阻断连接，做日志，既可以应付往外的攻击，还可以阻止内部人员发起的攻击。

2. 增强信息鉴别能力

数据的完整与真实也是系统安全的重要部分，故必须增强信息鉴别能力，分辨数据是否完整、真实。数据在传输时有时会被非法篡改甚至窃取等，要保证数据完整、真实，就要采用信息鉴别技术，如安装 VPN 设备、数据源身份认证等。当原始数据包进入 VPN 设备时，可先加密数据，再用 HASH 函数对其进行运算，并将产生的信息摘要同加密数据一并发到目的方的 VPN 加密设备。目的方的 VPN 加密设备又先解密已加密的数据包，再用 HASH 函数运算解密后的数据，然后将所产生信息摘要同所收到的信息摘要对比，若两信息摘要完全相同，则表明所解密的数据的完整性没有被破坏，是原始数据，否则就表明该数据已被非法篡改甚至窃取。

3. 安全认证

支付系统的安全肯定要依赖加密系统，加密就需要密钥，而密钥的产生、管理和颁发均存在安全隐患。发放密钥往往是以证书的方式来实现，故就要解决证书的发送方同接收方怎样确认对方的证书的真实性问题，引入第三方来发放此证书恰好能因应之。各银行联合构建一权威认证机构（CA 认证中心），建立银行系统的 CA 系统，借以实现此系统内证书的发交和业务的安全交易。

4. 在应对移动电子支付安全方面，支付协议与网络大数据融合程度不高

海量的移动支付交易数据和社交媒体数据如微信、直播等多用来进行商品推送。交易中的信任表示和度量、信任模型、与安全支付决策和相关协议机制的联动等研究有待加强和深化。现有的安全解决方法大都要求使用复杂的高强度加密算法、安装数字证书，而在移动社交商务中，用户大都使用计算能力相对较低的移动设备，同时点对点电子交易越来越常见，如二手转转、咸鱼等。因此，轻量级的可适用于移动设备的安全支付体系和相关协议机制亟待解决。当然，未来移动支付的安全性研究不但应在上述技术层面加强研究，在政府政策层面也应完善与提高，鼓励金融创新并加强对移动支付领域安全的监管，利用社交媒体加强信息安全的宣讲，提高普通用户的安全意识等。

## 四、旅游企业电子支付的信息安全要求

在目前全球经济一体化的冲击下，旅游企业通过计算机网络技术进行电子商务以及电子支付活动越来越受到重视。但是在现今社会环境以及计算机网络技术环境下，旅游企业电子支付的信息安全主要面临着诸如窃取信息、信息抵赖等方面的威胁。为了保障旅游企业在进行电子支付时的信息安全就必须采取相应的措施来保障旅游企业的财产安全。基于这一情况，旅游企业在进行电子支付的过程中，必须要将以下因素纳入对交易安全的考量之中。

1. 交易者的身份

由于电子支付的整个过程都是在网络世界之中进行的，因此旅游企业用户在进行交易的过程中，往往都不会知道对方的具体情况。因此，在交易之前首先要对对方身份的合法性进行认证，只有这样才能确保交易的成功。图6–4是一个交易者身份认证的流程图。

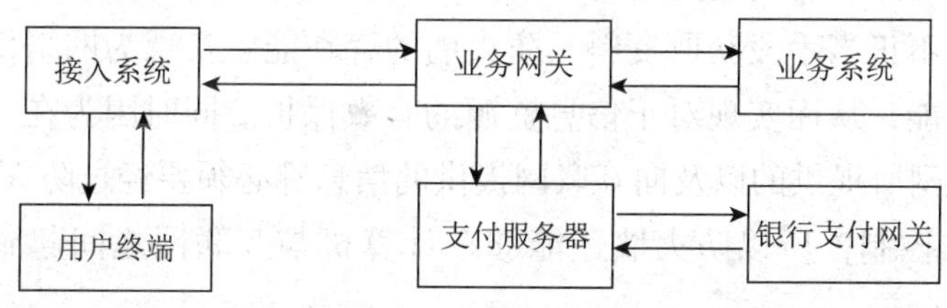


**图 6–4　身份认证流程图**

2. 数据的保密性

因为电子支付是以网络作为交易平台的，在进行交易之前都要在电脑上使用到一些如账号、密码等较为私密敏感的资料，一旦这些资料被第三方通过不正当手段获取，则旅游企业的财产安全将可能遭受难以估量的损失。

3. 数据的完整性

旅游企业在进行电子支付的过程中，一定要防止在输入数据时出现差错，对互联网上存在的欺诈行为也要格外地警惕。在进行电子支付时一旦在传输数据的过程中出现了信息丢失、信息重复或是次序的差异，都很可能导致交易双方的信息出现不一致的情况，从而使交易无法顺利地完成。

4. 不抵赖性

在旅游企业进行电子支付的过程中，当进行贸易的一方一旦发现贸易与

预期存在偏差，就可能终止并对交易行为予以否认，这种行为一旦发生则非常可能对交易另一方的利益造成损害。

## 五、旅游企业电子支付的信息安全技术研究

在电子支付活动之中，无论是旅游企业的利益还是消费者以及银行的利益都与互联网紧密地联系在一起，三者之间财务信息的传递也都是以互联网为载体而进行的。基于这一情况，在交易过程中就会存在一定的不确定性和交易风险，为了确保整个交易过程万无一失，就必须在数据的安全性、保密性、完整性、不抵赖性以及交易对象的身份认证上作出要求，从而确保能够顺利地完成交易。

1. 防火墙

在已经连上互联网的计算机上设置防火墙，其主要目的在于对信息的安全程度进行保障，从而避免遭受来自网络的攻击与威胁，以及其他人试图通过网络运用不正当手段获取资料。防火墙的存在能够实现为网络供应存储以及控制的功能，从而实现对于信息资源的有效保护。同时因为在计算机之中所有由互联网所提供的以及向互联网提供的信息都必须要经过防火墙的检查、过滤、存取控制，所以防火墙还能够在计算机与互联网之间起到过滤器的作用。

2. 加密技术

与防火墙相比，作为一种相对较为主动的计算机安全防范措施，加密技术的原理就是通过利用一定的加密算法，将某些重要的信息或是数据从一个可理解的明文形式转换为一种错乱的、不可理解的、无意义的密文形式，经过网络传输，到达目的端后用户再将经过加密的密文还原为明文的形式。如果在进行数据传输时，数据内容被第三方所获取，所获取的内容是很难得到破译的，因为这一特点，加密技术可以有效地阻止第三方用户获取原始数据。

3. 虚拟专用网（VPN）

为了提高在交易过程中进行存取控制的安全性，除了在互联网与互联网之间设置防火墙，防止第三方用户对信息进行盗取、篡改、攻击之外，还可以在互联网与互联网之间加入经过加密功能处理的防火墙，对数据进行加密之后再传送，在计算机网络技术上，通常将此种方法称为虚拟专用网（Virtual

Private Network，VPN）。VPN 的主要作用便是在公用的网络上通过加密、身份验证、建立逻辑隧道、设置权限等手段，确保计算机内的信息不被盗取，具备完整以及保密的性能。

旅游企业电子支付作为电子商务中心最为重要的组成部分之一，如何对电子支付的安全性做出保障也是各个旅游企业所重点关心的问题之一。随着我国计算机网络技术以及加密技术的不断发展，相信旅游企业电子支付的安全性能够得到越来越有效的保障，从而为我国旅游企业的不断进步添砖加瓦。

# 第七章　旅游企业电子商务安全技术

**【本章导读】**

电子商务的迅速发展得到了各行各业各阶层人士的应用与喜爱，应用面越来越广，渗透领域越来越多，但不可以回避的一个现实问题是电子商务的安全。电子商务安全带来的问题愈发多元、多样。由此我们在享用互联网经济带来的便捷和效益的同时必须面对现实。旅游企业在应用互联网运营时，一定要解决安全问题。旅游企业在专业人员配置上也要有相应的计划与合理的配置。大家一定会认同：没有安全，就没有电子商务，也就没有旅游。因此，本章我们将介绍相关的电子商务安全技术，为旅游企业很好地应用电子商务做保障。

## 第一节　电子商务安全问题由来

电子商务的迅速发展，尤其是近些年的“互联网+”技术的推进，使得各行各业都希望搭上互联网经济的快车。从20世纪90年代开始出现电子商务模式，我国的电子商务取得了快速的发展。相继实施的“金桥”“金卡”“金关”“金税”工程大大加快了我国电子商务的发展步伐，电子商务的广度和深度空前扩展，已经深入国民经济和日常生活的各个方面。近期电子商务运营平台更加快速普及，支付宝、微信支付、美团、滴滴打车及各种应用（App），使得电子商务成为人们的一种生活方式。但是，电子商务的安全问题是制约其发展的重要因素。安全问题不仅造成巨大的经济损失，而且严重打击人们对电子商务的信心。电子商务的安全问题表现为信息安全、交易安全和财产安全三个方面。其来源有五个层面：硬件层面、软件层面、应用层面、环境层面和大众层面。全世界都应采取多种措施应对安全挑战，促进电子商务的进一步发展。旅游电子商务是电子商务应用的一个领域，其安全问题同样存在，旅游电子商务安全问题贯彻应用的始终。

## 一、旅游电子商务安全问题的表现形式

1. 电子商务信息安全

信息安全是指由于各种原因引起的信息泄露、信息丢失、信息篡改、信息虚假、信息滞后、信息不完善等，如图 7–1 所示，以及由此带来的风险。具体的表现有：窃取旅游商业机密；泄露旅游商业机密；篡改旅游交易信息，破坏旅游信息的真实性和完整性；接收或发送虚假旅游信息，破坏交易、盗取交易成果；伪造交易信息；非法删除交易信息；交易信息丢失；病毒破坏；黑客入侵等。如果信息被非法窃取或泄露可能给有关企业和个人带来严重的后果和巨大的经济损失。如果不能及时得到准确、完备的信息，旅游企业和游客就无法对交易进行正确的分析和判断，无法做出符合理性的决策。非法删除交易信息和交易信息丢失可能导致经济纠纷，给交易的一方或多方造成经济损失。最常见的信息风险是信息的非法窃取和泄露，它往往引起连锁反应，形成后续风险，这也是目前旅游企业和游客最担心的问题。信息风险的最大问题是网络、电信欺诈，不仅使旅游企业和游客在经济上蒙受重大损失，更重要的是可能会使人们对电子商务这种新的经济形式失去信心，对旅游企业不信任，由此阻碍了旅游电子商务的发展与应用。

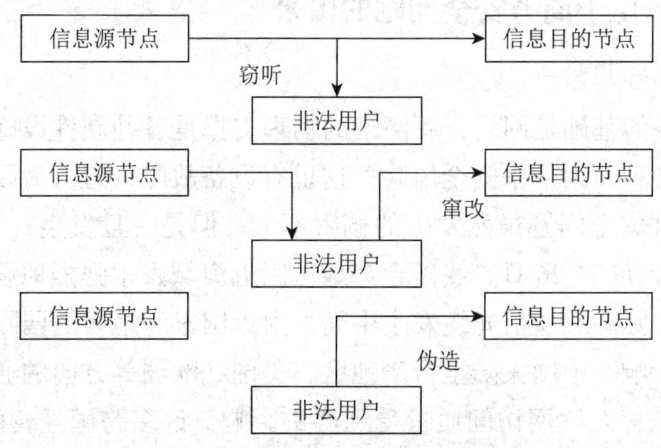


**图 7–1　旅游电子商务安全问题的表现形式**

2. 电子商务交易安全

交易安全是指电子商务交易过程中存在的各种不安全因素，包括交易的旅游产品宣传、旅游产品的确认和旅游产品本身的质量、旅游费用的支付等方面的安全问题。与传统的旅游商务形式不同，电子商务具有自己的特点：市场平台化、主体虚拟化、交易网络化、货币电子化、结算瞬时化等。这使电子商务的交易风险表现出新的特点，出现新的形式，并且被放大。交易安全问题在现实中很多。例如：旅游产品卖方利用信息优势，以次充好、以劣当优来发布虚假信息，欺骗购买者；卖方利用参与者身份的不确定性与市场进出的随意性，在提供服务方面不遵守承诺，收取费用却不提供服务或者少提供服务。当然也有相反的情况：买方利用卖方的诚实套取产品和服务，却以匿名、更名或退出市场等方式逃避执行契约合同。

当然其中也有旅客自身的诚信问题，对旅游预订单的处置，都会对旅游电子商务应用产生影响。

3. 电子商务财产安全

财产安全是指由于各种原因造成电子商务参与者面临的财产等，即经济利益风险。财产安全往往是电子商务安全问题的最终形式，也是信息安全问题和交易安全问题的后果。财产安全问题主要表现为财产损失和其他经济损失。前者如：旅客的银行资金被盗；交易者被冒名，其财产被窃取等。后者如：信息的泄露、丢失，使旅游企业的信誉受损，经济遭受损失；遭受网络攻击或故障，旅游企业电子商务系统效率下降甚至瘫痪等。

## 二、旅游电子商务安全问题的由来

1. 硬件层面

电子商务的基础是网络，而网络的物理支撑是各种硬件设施，这些硬件设施会由于各种原因带来安全风险。这里有设备故障，有人为因素，也有自然灾害。硬件安全问题虽然发生的概率不大，但是一旦发生，其影响巨大。例如，2006 年 12 月 26 日，我国台湾地区附近海域发生强烈地震，造成中美海缆等 6 条国际海底通信光缆发生中断，附近国家和地区的国际和地区性通信受到严重影响。中国大陆至台湾地区、美国、欧洲等方向的通信线路受此影响大量中断，互联网访问质量受到严重影响。许多跨国经营的企业总部、分公司之间的网络联系中断，使生产和经营受到严重影响。这次事故给有关企业和个人造成巨大影响和严重经济损失。在旅游企业应用中，硬件的故障会是多方面的，例如：电力的保障、网络设施、企业的自身的计算机硬件设备、技术人员的配置，都是影响安全的因素。

2. 软件层面

互联网的应用不仅需要硬件，更需要软件，各种系统软件、应用软件是网络运行所必需，是电子商务的另一个支撑点。由于技术和人为的原因，各种软件不可避免地存在各种设计的缺陷和漏洞，而且由于软件的多样性和复杂性，在配备、使用中也会有各种问题，导致电子商务系统中存在技术误差和安全漏洞。比如，由于可能存在安全漏洞，在重要信息资料保管和安全支付方面，人们仍然担心资料丢失和账户被盗等。又如，个别旅游应用软件由于自身的缺陷，在一定的情况下，可能造成系统运行故障甚至瘫痪。

3. 应用层面

（1）旅游企业管理计算机技术人员的配置。旅游电子商务在近几年才得到迅猛发展，各地都缺乏足够的技术人才来处理所遇到的各种问题，许多旅游企业技术人员的技术水平较低，不能完全胜任所承担的工作。同时旅游企业对电子商务的管理也处于一个摸索的阶段，管理的水平不高，效率低下。这些都给旅游电子商务带来很大的安全隐患。其中包括交易流程管理风险、人员管理风险、网络交易技术管理的漏洞的交易风险、网络管理制度漏洞等。

（2）旅游消费者电子商务安全意识与行为。从总体上，旅游消费者对于电子商务应用是处于新奇的状态，对各种应用还比较陌生，缺乏相应的应用能力，还不能十分熟练地应用这一新的交易手段，造成各种人为的安全威胁。例如：有的旅游消费者安全意识淡薄，不注意保护自己的密码等关键信息，容易导致资金被盗、冒名交易等；有的消费者对信息判断能力差，容易上当受骗；有的消费者对网络交易的流程缺乏了解，容易导致操作失误等。

（3）网络攻击、商业欺诈等违法犯罪行为。以获取机密信息或者破坏为目的的网络攻击是电子商务另外一个重要安全隐患，包括病毒攻击、木马程序，以及其他各种形式的网络攻击。根据国家计算机病毒应急处理中心的统计，我国每年发现的计算机病毒有 80% 以上是以窃取信息等经济利益为目的的。这些网络攻击行为可能导致企业和个人的信息被盗，资金被窃取，也可能导致企业电子商务系统效率下降甚至崩溃。同时，因为网络交易的虚拟性所引起的交易欺诈行为有恶化的趋势。例如，在旅游消费市场会碰到一些不法分子，利用假冒的网站（钓鱼网站）进行欺骗，使得旅游消费者受到损失。这些问题只有在国际、国家大的网络环境情况下才能逐步得到改善。

4. 环境层面

（1）法律环境。法律是市场经济的重要外部环境。在旅游电子商务中，法律不仅是打击网络犯罪的武器，更是各个主体商务活动的游戏规则。旅游电子商务是一种全新的商务活动，并由此衍生了一系列新的法律问题，例如网络交易纠纷的仲裁、网络交易契约等问题，急需相应的法律保障，为市场制定新的、适用的游戏规则，否则就会引起混乱。由于电子商务发展较快，我国有关的立法工作显得落后，出现许多法律空白，使许多旅游电子商务纠纷的解决缺乏法律依据，这成为电子商务中一个重要安全隐患。我国已经在旅行社启用电子旅游合同，这个领域我们走在世界的前列。

（2）诚信建立。诚信是旅游市场经济发展的基础，是市场顺利运行的前提条件。旅游电子商务由于其开放性、虚拟性，交易双方不直接见面，在身份的判别确认、违约责任的追究等方面都存在很大困难。尤其是旅游第三方平台的扩张，因此，旅游信用风险远较传统旅游业务中发生的概率大。我国目前正在建立旅游诚信体系。但社会信用体系不完善，这给在旅游网上利用电子商务进行交易的传统企业和个人带来不可预料的风险。包括商业欺诈、商业诽谤、在线（信息）隐私问题、知识产权的保护问题、商业信用问题等。其典型表现有：网上旅游产品的质量问题导致消费者无法购买到合意的旅游商品；网上支付存在风险；网络中的合同欺诈；等等。

## 三、电子商务安全应对措施

1. 加强网络安全技术设施建设

在此方面，我国已经取得了一定进步，但地区之间发展不平衡。今后国家应继续加大网络建设投入力度，进一步鼓励企业加大对信息产业的投资，进一步增强电子商务发展的网络基础。要扩大国际出口带宽的建设，解决原有网络带宽及速度较低、网络运行质量差和电信资费高等问题，并缩小东西部、南北方的差距。要采取切实措施，构建一个值得信赖并能够保证信息的完整性和安全性的多层次的、开放的网络体系，改善国内用户环境。

2. 加强安全技术的研究和应用

目前，电子商务安全技术研究在提高，但许多方面都还不够完善，安全技术及其应用还不能满足电子商务发展的需要。这就要求我们密切关注电子商务的动向，关注电子商务安全技术，加大投入力度，研究更加先进可靠、经济适用的安全技术。同时，安全技术不是单一的技术，技术的综合应用是保证电子商务安全的一个重要方面，因此应当加大技术应用环节的投入。可以采取的应用措施有：使用容错计算机系统或创造高可用性的计算机环境，以确保信息系统保持可用及不间断动作；灾害复原计划提供一套程序与设备来重建被中断的计算与通信服务；加密是一种广泛使用的技术来确保互联网上传输的安全；数字证书可确认使用者的身份，提供了电子交易更进一步的保护屏障；加强主机本身的安全，做好安全配置，及时安装安全补丁程序，减少漏洞；从路由器到用户各级建立完善的访问控制措施，安装防火墙，加强授权管理和认证；对敏感的设备和数据要建立必要的物理或逻辑隔离措施；建立详细的安全审计日志，以便检测并跟踪入侵攻击等。

3. 提高从业人员的意识与安全技术水平

提升旅游企业的管理水平。首先，要加强现有从业人员的培训，提高现有人员的技术水平，提高其安全意识，提高其应对安全问题的能力。其次，要加强电子商务人才的培养。应充分利用各种途径和手段培养大量素质较高、层次合理、专业配套的网络、计算机及经营管理等方面的专业人才，特别是掌握现代信息技术和现代旅游实务的复合型人才。最后，要提高企业电子商务管理水平。安全问题不仅有技术的原因，管理落后也是一个重要方面，企业要建立适应旅游电子商务发展的管理体系，培养复合型旅游的管理人才，提升旅游网络应用水平。

4. 加强法律法规建设

包括两个方面的内容：一是要完善原有的法律体系并进行必要的调整；二是为适应发展的需要制定新的法律法规。要积极开展立法的各项准备工作，循序渐进、突出重点、先易后难，先单项后综合，在实践中摸索，在发展中完善，针对不同的法律问题，提出新的解决方案，制定相应的法律法规。不具备制定法律法规要求的，可以先制定“条例”“细则”等规范性法律文件，逐步强化电子商务立法。当前一项重要的任务是要抓紧研究电子交易、信用管理、安全认证、在线支付、税收、市场准入、隐私权保护、信息资源管理等方面的法律法规问题，应尽快制定出可以具体操作的《电子商务法》。

5. 加强诚信建设

首先，建立健全社会信用制度及管理体系。要加快信用立法，完善经济活动实名制，健全个人财产申报制度，实行个人破产制度等，以形成对信用体系的强势约束力，确保个人信用制度的健康发展。其次，建立完善的企业制度，培养优秀的企业文化。要以提高企业价值作为经营的根本，把自主性和自律性的道德标准作为企业的重要组成部分，进而建立以诚信为基础的企业文化。再次，建立企业和个人的信用评价与监管机构。建立起以政府为背景跨部门的，包括银行、工商管理、公安、税务部门协同的企业和个人的信用评价与监管体系，实现跨部门、跨行业、跨地区的信用信息互联互通。加大失信行为的成本，以约束失信行为。

## 第二节 电子商务安全系统

电子商务安全系统的建立，需要社会整体的认识、实践与技术应用。前面我们已经讲述了社会、商家与旅游消费者的各方面的责任与义务，在此重点将交流旅游电子商务安全的体系构建，即技术层面的主体框架。

### 一、电子商务一般框架

电子商务的产生与发展，涉及很多行业与领域，政府、商家、银行、IT公司、旅游消费者、第三方旅游平台、娱乐、媒体等。可以认为电子商务的应用涵盖了社会的方方面面，如图 7–2 所示。由于电子商务是在开放的网络上进行的贸易，大量的商务信息计算机上存放、传输，从而形成信息传输风险，交易信用风险，管理方面的风险，法律方面的风险等各种风险，为了对付这种风险，从而形成了电子商务安全体系。接下来我们在此讨论的更多的是技术层面的电子商务安全技术的应用，也就是图 7–2 中右边的技术框架，左边是法律法规的支撑。

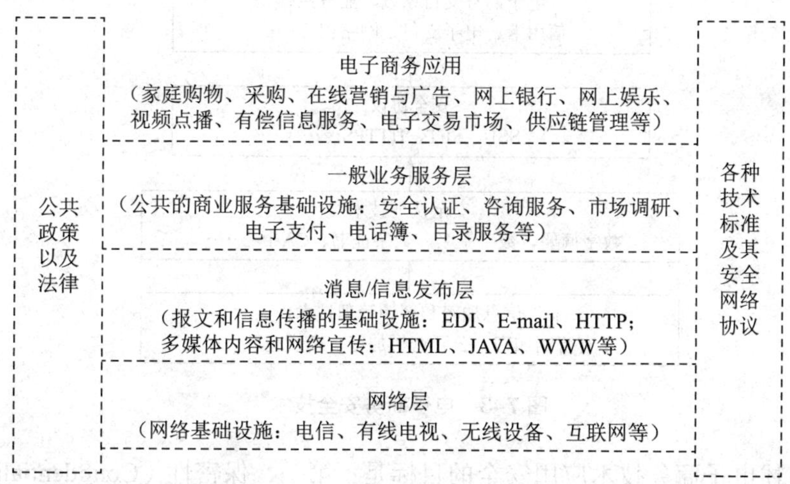


图 7-2　电子商务一般框架

## 二、电子商务的安全体系

根据上述的讨论，可知电子商务交易存在着交易实施过程的产品识别风险、质量控制风险、网上支付风险、物权转移中的风险、信息传递风险因素。由于某些因素不是电子商务本身能解决的，如产品的质量控制，物权转移中的风险等。我们把这些因素去除，就单独考虑和研究电子商务即网络本身的安全，这样从技术层面就完成了电子商务安全的技术框架。电子商务安全技术框架由四个层面组成。第一层面是基础性的，即技术加密层，这个是电子商务安全技术的基础，也是核心部分，没有加密技术的电子商务安全是不可能实现和应用的，如图 7–3 所示。第二层面是在加密基础上，对加密技术的各种应用，如数字摘要、数字签名、数字证书、数字时间戳、验证技术和 CA 认证中心的建设等。第三层面是面对各个用户的应用技术层，即安全协议的应用，如 SSL、SET 等协议安全套。这个应用在旅游企业的服务器、个人 PC 机等均有应用。最上面层是各种具体应用，尤其是支付层面，包括银行、第三方支付平台（支付宝、微信支付）等。

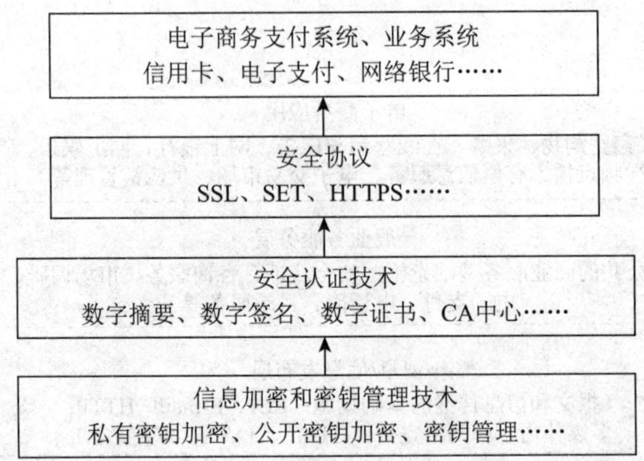


**图 7-3 电子商务安全技术**

上述电子商务技术应用安全的目标是：第一，保密性（Confidentiality）；第二，完整性（Integrity）；第三，可用性（Availability）；第四，不可否认性（Non-Repudiation）；第五，可控性（Controllability）。根据这些原则，电子商务安全技术在电子交易层面又进行了技术提升与优化，目前的电子商务交易体系包括 5 个层面，如图 7-4 所示：系统应用层、安全协议层、安全认证层、加密技术层、网络安全层。这些技术层面互为依托，构成了电子商务交易安全技术体系。其中加密是基础和核心部分。

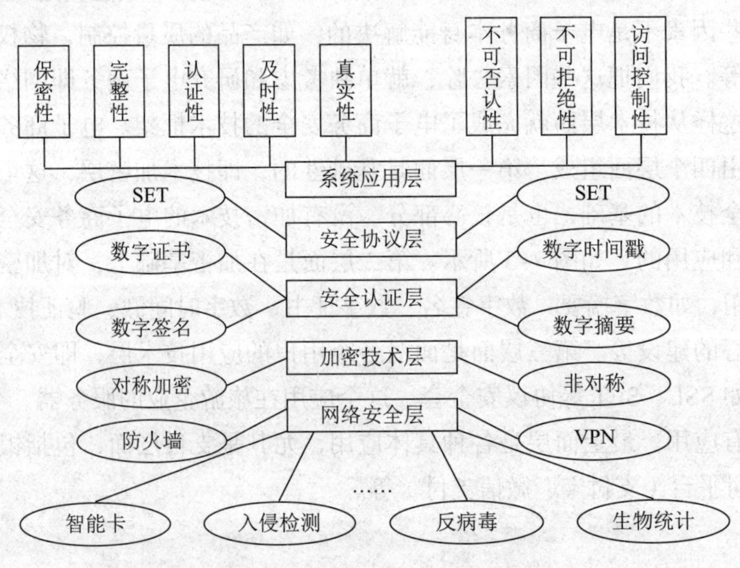


**图 7-4 电子商务安全交易系统**

旅游电子商务安全问题是旅游企业应用电子商务最担心的问题，而如何保障旅游企业与旅客之间的电子商务活动的安全，将一直是旅游电子商务的核心研究领域。作为一个安全的旅游电子商务系统，首先必须具有一个安全、可靠的通信网络，以保证交易信息安全、迅速地传递。电子商务在数据库中所面临的安全问题表现在非法入侵者对数据库的攻击，电子的交易信息在网络上传输的过程中，可能被他人非法修改、删除或重放（指只能使用一次的信息被多次使用），从而使信息失去了真实性和完整性。旅游电子商务交易过程中，商家要发布产品信息，确认订购信息，旅客要获取旅游产品信息，传递订购旅游产品信息，支付旅游服务费用。买卖双方都存在安全问题，其中主要包括旅游交易信息安全、支付安全和诚信安全。旅游信息的存储依靠计算机的数据库技术来实现，旅游信息传输的主要途径是互联网。所以，旅游电子商务的不安全因素也正是我们要探究和解决的主要问题。

## 第三节　信息加密技术与应用

信息加密技术就是密码技术。密码是实现秘密通信的主要手段，是隐蔽语言、文字、图像的特种符号。凡是用特种符号按照通信双方约定的方法把电文的原形隐蔽起来，不为第三者所识别的通信方式称为密码通信。在计算机通信中，采用密码技术将信息隐蔽起来，再将隐蔽后的信息传输出去，使信息在传输过程中即使被窃取或截获，窃取者也不能了解信息的内容，从而保证信息传输的安全。

### 一、加密技术的概念

在常规的邮政系统中，寄信人用信封隐藏其内容，这就是最基本的保密技术，而在电子商务中，有形的信封就不再成为其代表性的选择。为了实现电子信息的保密性，就必须实现该信息对除特定收信人以外的任何人都是不可读取的。而为了保证共享设计规范的贸易伙伴的信息安全性就必须采取一定的手段来隐藏信息，而隐藏信息的最有效手段便是加密。在计算机通信过程中的加密主要是采用密码，在数字通信中可利用计算机采用加密法，改变负载信息的数码结构。计算机信息保护则以软件加密为主。

加密技术一般由四个部分组成，如图 7–5 所示：

（1）未加密的报文，也称明文。

（2）加密后的报文，也称密文。

（3）加密解密设备或算法。

（4）加密解密的密钥。

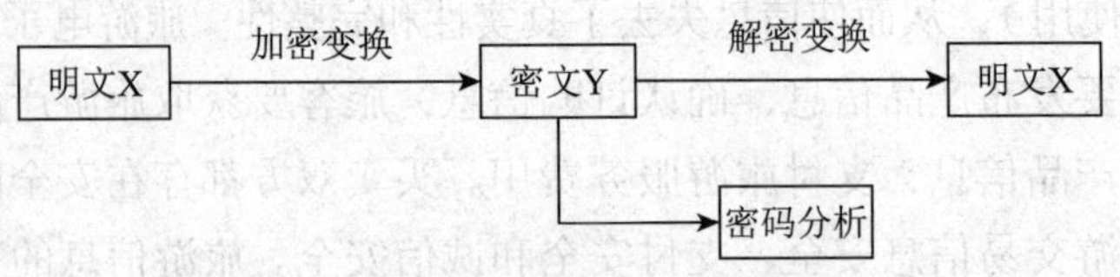


**图 7–5 计算机加密技术示意图**

上面的信息加密就是将原来大家可以理解的信息（明文）与一个特殊的字符串相结合，按照一定的规则进行运算，变成不可以理解的信息（密文），即信息加密就是将信息的真的内容隐藏起来。特殊的字符串就是密钥，运算的规则就是加密算法，这两个是信息加密技术的两个要素。加密算法涉及大量的数学知识。解密是加密的相反过程，分别应用于信息的发送端和接收端。

其表达式为：C=EK（M）

其中：C= 密文 M= 明文 E= 加密算法 k= 密钥

例： 明文：Road trip

算法：倒退算法

密钥：退 2 位，第 3 位

密文：Urdg wuls

Urdg wult=EK（Road trip）

E= 倒退字母 K >2（第 3 个）

加密就是通过密码算术对数据进行转化，使之成为没有正确密钥任何人都无法读懂的报文。而这些以无法读懂的形式出现的数据一般被称为密文。为了读懂报文，密文必须重新转变为它的最初形式——明文。而含有用来以数学方式转换报文的双重密码就是密钥。在这种情况下，即使一则信息被截获并阅读，这则信息也是毫无利用价值的。而实现这种转化的算法标准，据不完全统计，到现在为止已经有200多种。在这里，主要介绍几种重要的标准。按照国际上通行的惯例，将这200多种方法按照双方收发的密钥是否相同的标准划分为两大类：一种是常规算法（也叫私钥加密算法或对称加密算法），其特征是收信方和发信方使用相同的密钥，即加密密钥和解密密钥是相同或等价的。比较著名的常规密码算法有：美国的DES及其各种变形，比如3DES、GDES、New DES和DES的前身Lucifer；欧洲的IDEA；日本的FEAL N、LOKI91、Skipjack、RC4、RC5以及以代换密码和转轮密码为代表的古典密码等。在众多的常规密码中影响最大的是DES密码，而最近美国NIST（国家标准与技术研究所）推出的AES将有取代DES的趋势，后文将做出详细的分析。常规密码的优点是有很强的保密强度，且经受住时间的检验和攻击，但其密钥必须通过安全的途径传送。因此，其密钥管理成为系统安全的重要因素。另一种是公钥加密算法（也叫非对称加密算法）。其特征是收信方和发信方使用的密钥互不相同，而且几乎不可能从加密密钥推导解密密钥。比较著名的公钥密码算法有RSA、背包密码、McEliece密码、Diffe Hellman、Rabin、Ong Fiat Shamir、零知识证明的算法、椭圆曲线、EIGamal算法等。最有影响的公钥密码算法是RSA，它能抵抗到目前为止已知的所有密码攻击，而最近势头正劲的ECC算法正有取代RSA的趋势。公钥密码的优点是可以适应网络的开放性要求，且密钥管理问题也较为简单，尤其可方便地实现数字签名和验证。但其算法复杂，加密数据的速率较低。尽管如此，随着现代电子技术和密码技术的发展，公钥密码算法将是一种很有前途的网络安全加密体制。这两种算法各有其短处和长处。

## 二、对称加密

在对称加密体制中，加密使用的密钥和解密使用的密钥是相同的，如图7–6所示。这种加密方式也称为私钥加密算法。即信息的接收者和发送者都使用相同的密钥，所以双方的密钥都处于保密的状态，因为私钥的保密性必须基于密钥的保密性，而非算法上。这在硬件上增加了私钥加密算法的安全性。但同时我们也看到这也增加了一个挑战：收发双方都必须为自己的密钥负责，这种情况使两者在地理上分离显得尤为重要。私钥算法还面临着一个更大的困难，那就是对私钥的管理和分发十分困难和复杂，而且所需的费用庞大。比如说，一个n个用户的网络就需要派发n（n–1）/2个私钥，特别是对于一些大型的并且广域的网络来说，其管理是一个十分困难的过程，正因为这些因素从而决定了私钥算法的使用范围。而且，私钥加密算法不支持数字签名，这对远距离的传输来说也是一个障碍。另一个影响私钥的保密性的因素是算法的复杂性。现今为止，国际上比较通行的是 DES、3DES 以及最近推广的 AES。

数据加密标准（Data Encryption Standard）是 IBM 公司 1977 年为美国政府研制的一种算法。DES 是以 56 位密钥为基础的密码块加密技术。它的加密过程一般如下：

（1）一次性把 64 位明文块打乱置换。

（2）把 64 位明文块拆成两个 32 位块。

（3）用机密 DES 密钥把每个 32 位块打乱位置 16 次。

（4）使用初始置换的逆置换。

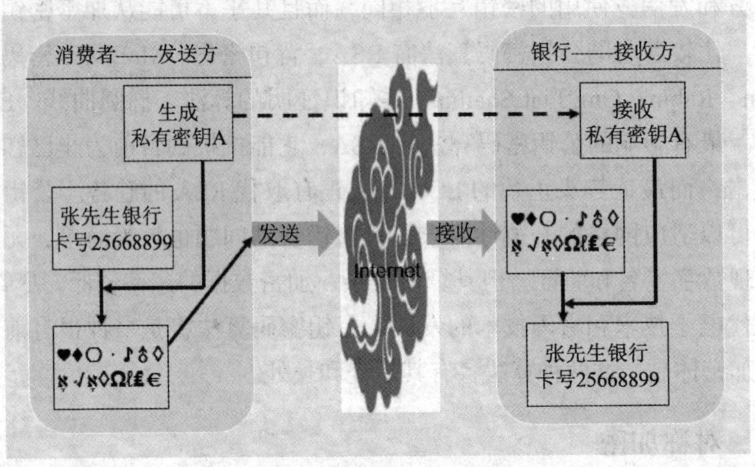


图 7-6 对称加密技术

## 三、非对称加密

非对称加密体制是在解决对称加密的不足的情况下推出的。非对称加密体制对信息的加密和解密使用不同的密钥，如图 7-7 所示，即需要两个密钥：公开密钥（Public Key）和私有密钥（Private Key）。公开密钥使用密钥对，如果用公开密钥对数据加密，只有用对应的私有密钥解密，反之亦然。

由于采取了公共密钥，密钥的管理和分发就变得简单多了，对于一个n个用户的网络来说，只需要2n个密钥便可达到密度。同时使得公钥加密法的保密性全部集中在极其复杂的数学问题上，它的安全性因而也得到了保证。但是在实际运用中，公共密钥加密算法并没有完全取代私钥加密算法。其重要的原因是它的实现速度远远赶不上私钥加密算法。又因为它的安全性，所以常常用来加密一些重要的文件。自公钥加密问世以来，学者们提出了许多种公钥加密方法，它们的安全性都是基于复杂的数学难题。根据所基于的数学难题来分类，有以下三类系统目前被认为是安全和有效的：大整数因子分解系统（代表性的有RSA）、椭圆曲线离散对数系统（ECC）和离散对数系统（代表性的有DSA）。

其中RSA公钥密码算法应用比较多，RSA体制被认为是当前理论上最为成熟的一种公钥密码体制，是目前应用最为广泛的公钥系统。RSA加密算法是一种非对称加密算法。在公钥加密标准和电子商业中RSA被广泛使用。RSA是1977年由罗纳德·李维斯特（Ron Rivest）、阿迪·萨莫尔（Adi Shamir）和伦纳德·阿德曼（Leonard Adleman）一起提出的。当时他们三人都在麻省理工学院工作，RSA就是他们三人姓氏开头字母拼在一起组成的。

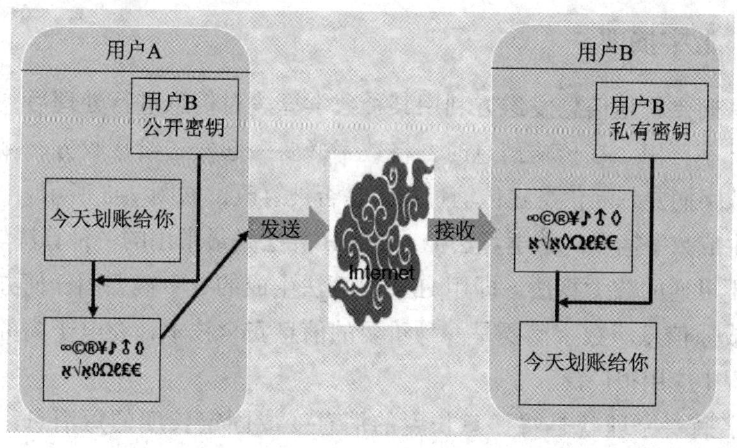


图7–7 非对称加密技术

## 四、两种加密法的比较

两种对称加密各有特点，对称密钥（私有密钥）加密法特点：

（1）要求提供一条安全的秘密渠道使交易双方在首次通信时协商一个共同的密钥，这个秘密渠道的安全性很重要（相对的）。

（2）由于密钥管理比较困难。对称加密系统最大的问题是密钥的分发和管理非常复杂、代价高昂。

（3）不能确认发送方身份。私有密钥是在发送前随机产生的，和发送者的身份没有对应关系。

因此，对称加密算法不能实现数字签名。

非对称密钥（公开密钥）加密法特点：

（1）一个密钥对中私人密钥和公开密钥一一对应。

（2）密钥管理简单。公钥在传递与发布工程中即使被截获，由于没有与公钥相匹配的私钥，截获公钥也没有意义。信息发送方只需要保管好自己的私人密钥即可。

（3）可以确认发送方身份。密钥对分配给发送方用户个人的，私人密钥可以代表用户的身份。因此，信息接收方可以对发送方的身份进行确认。

（4）公钥加密的缺点在于加密算法复杂，加密和解密的速度相对来说比较慢。

## 五、数字摘要

数字摘要就是信息发送方利用某种数学算法对信息进行处理后，生成的一个特殊字符串。在传输信息时，将数字摘要一起发送给接收方，接收方可以根据数字摘要判断信息在传输过程中是否被篡改，如图 7–8 所示。

在生成数字摘要的数学算法中，HASH 算法是最常用的一种算法。HASH 是一个不可逆的数学算法，即用 HASH 算法生成的数字摘要用任何办法都无法还原成原信息。数字摘要是一种重要的信息安全技术，在电子商务交易和支付过程中应用很广泛。

数字摘要原理就是将任意长度的消息变成固定长度的短消息，它类似于一个自变量是消息的函数，也就是 HASH 函数。数字摘要就是采用单向 HASH 函数将需要加密的明文“摘要”成一串固定长度（128 位）的密文，这一串密文又称为数字指纹，它有固定的长度，而且不同的明文摘要成密文，其结果总是不同的，而同样的明文其摘要必定一致。

HASH，一般翻译为“散列”，也有直接音译为“哈希”的，就是把任意长度的输入（又叫作预映射，pre–image），通过散列算法，变换成固定长度的输出，该输出就是散列值。这种转换是一种压缩映射，也就是散列值的空间通常远小于输入的空间，不同的输入可能会散列成相同的输出，而不可能从散列值来唯一地确定输入值。

数学表述为：$h = H(M)$，其中 $H(\ )$——单向散列函数，$M$——任意长度明文，$h$——固定长度散列值。

在信息安全领域中应用的 HASH 算法，还需要满足其他关键特性：

第一，单向性（one–way）。

第二，抗冲突性（collision–resistant）。

第三，映射分布均匀性和差分分布均匀性。

一个 HASH 函数的好坏是由发生碰撞的概率决定的。如果攻击者能够轻易地构造出两个消息具有相同的 HASH 值，那么这样的 HASH 函数是很危险的。一般来说，安全 HASH 标准的输出长度为 160 位，这样才能保证它足够地安全。这一加密方法亦称安全 HASH 编码法（SHA：Secure HASH Algorithm）或MD5（MD Standards for Message Digest），由 Ron Rivest 所设计。该编码法采用单向 HASH 函数将需加密的明文“摘要”成一串 128bit 的密文，这一串密文亦称为数字指纹（Finger Print），它有固定的长度，且不同的明文摘要成密文，其结果总是不同的，而同样的明文其摘要必定一致。这样一来，摘要便可成为验证明文是否“真身”的“指纹”了。

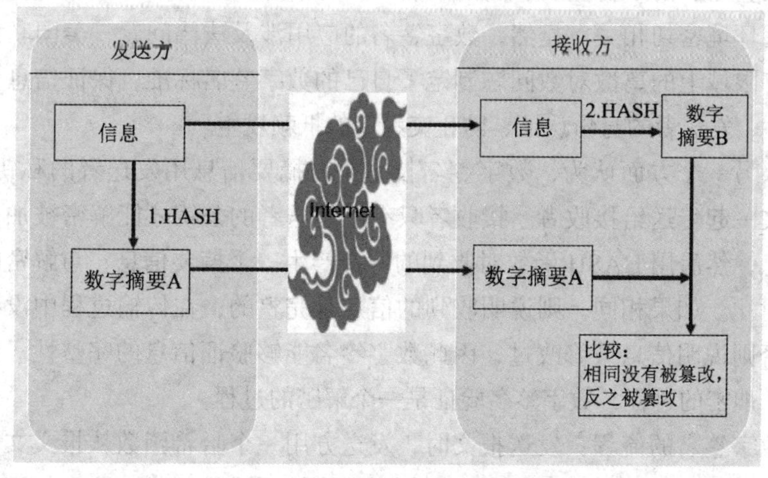


图 7–8 数字摘要工作原理

## 六、数字签名技术

数字签名（又称公钥数字签名、电子签章）是一种类似写在纸上的普通的物理签名，但是使用了公钥加密领域的技术实现，用于鉴别数字信息的方法。一套数字签名通常定义两种互补的运算，一个用于签名，另一个用于验证。数字签名就是只有信息的发送者才能产生的他人无法伪造的一段数字串，这段数字串同时也是对信息的发送者发送信息真实性的一个有效证明，如图 7–9 所示。数字签名是非对称密钥加密技术与数字摘要技术的应用。数字签名的文件的完整性是很容易验证的（不需要骑缝章，骑缝签名，也不需要笔迹专家），而且数字签名具有不可抵赖性（不需要笔迹专家来验证）。简单来说，所谓数字签名就是附加在数据单元上的一些数据，或是对数据单元所作的密码变换。这种数据或变换允许数据单元的接收者用以确认数据单元的来源和数据单元的完整性并保护数据，防止被人（如接收者）进行伪造。它是对电子形式的消息进行签名的一种方法，一个签名消息能在一个通信网络中传输。基于公钥密码体制和私钥密码体制都可以获得数字签名，主要是基于公钥密码体制的数字签名，包括普通数字签名和特殊数字签名。普通数字签名算法有 RSA、ElGamal、Fiat–Shamir、Guillou– Quisquarter、Schnorr、Ong–Schnorr–Shamir 数字签名算法、Des/DSA，椭圆曲线数字签名算法和有限自动机数字签名算法等。特殊数字签名有盲签名、代理签名、群签名、不可否认签名、公平盲签名、门限签名、具有消息恢复功能的签名等，它与具体应用环境密切相关。显然，数字签名的应用涉及法律问题，美国联邦政府基于有限域上的离散对数问题制定了自己的数字签名标准，保证信息传输的完整性、发送者的身份认证、防止交易中的抵赖发生。

从另一个方面认为，数字签名技术是将摘要信息用发送者的私钥加密，与原文一起传送给接收者。接收者只有用发送者的公钥才能解密被加密的摘要信息，然后用 HASH 函数对收到的原文产生一个摘要信息，与解密的摘要信息对比。如果相同，则说明收到的信息是完整的，在传输过程中没有被修改，否则说明信息被修改过，因此数字签名能够验证信息的完整性。数字签名是个加密的过程，数字签名验证是一个解密的过程。

数字签名的流程：发送报文时，发送方用一个哈希函数从报文文本中生成报文摘要，然后用自己的私人密钥对这个摘要进行加密，这个加密后的摘要将作为报文的数字签名和报文一起发送给接收方，接收方首先用与发送方一样的哈希函数从接收到的原始报文计算出报文摘要，接着再用发送方的公用密钥来对报文附加的数字签名进行解密，如果这两个摘要相同，那么接收方就能确认该数字签名是发送方的。

总之，数字签名是发送方用自己的密钥对报文 X 进行 Encrypt（编码）运算，生成不可读取的密文 Dsk，然后将 Dsk 传送给接收方，接收方为了核实签名，用发送方的公用密钥进行 Decrypt（解码）运算，还原报文。

数字签名有两种功效：一是能确定消息确实是由发送方签名并发出来的，因为别人假冒不了发送方的签名；二是数字签名能确定消息的完整性。因为数字签名的特点是其代表了文件的特征，文件如果发生改变，数字摘要的值也将发生变化。不同的文件将得到不同的数字摘要。一次数字签名涉及一个哈希函数、发送者的公钥、发送者的私钥。

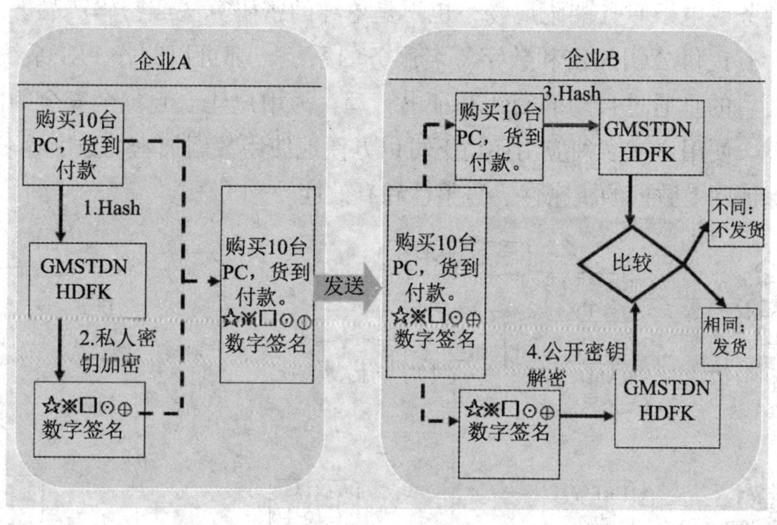


**图 7–9　数字签名案例**

数字签名的特点：

（1）不可伪造。数字签名是由发送方的私人密钥产生的，只要不泄露，也就无法伪造数字签名。

（2）经数字签名的消息无法篡改。如果信息在传输的过程中被篡改，那么对应的数字签名也将改变，这样在接收方进行数字验证时就不会通过，会要求发送方重新发送信息，原来的被丢弃。

（3）不可抵赖。因为数字签名是私人 / 公开密钥一一对应的，只要接收方对数字签名验证通过，就可以确认信息是发送方发送的。

## 七、公钥基础设施（PKI）

公钥基础设施（Public Key Infrastructure，PKI）是针对电子商务应用开发和构建的公共基础实施。PKI 技术就是利用公钥理论和技术建立的提供信息安全服务的基础设施，如图 7–10 所示，众所周知，Internet 是一个开放的网络，为了解决由此而带来的安全问题，在进行了多年的研究之后，基本上形成了一套比较完整的 Internet 安全解决方案，该方案就是目前被广泛采用的 PKI 体系结构。PKI 体系结构把公钥密码和对称密码结合起来，解决信息网络空间中各种行为主体（组织、个人）身份的唯一性、真实性和合法性，它既不是电子商务或电子政务的附属物，也不是单纯的密码算法或密码产品。广义上讲，所有提供公钥加密和数字签名服务的系统，都可以叫作 PKI 系统，PKI 的主要目的是通过自动的密钥和证书管理，为用户建立起一个安全的网络运行环境，使用户在多种应用环境下可以方便地使用数据加密和数字签名技术，从而保证网上数据的机密性、完整性和有效性。

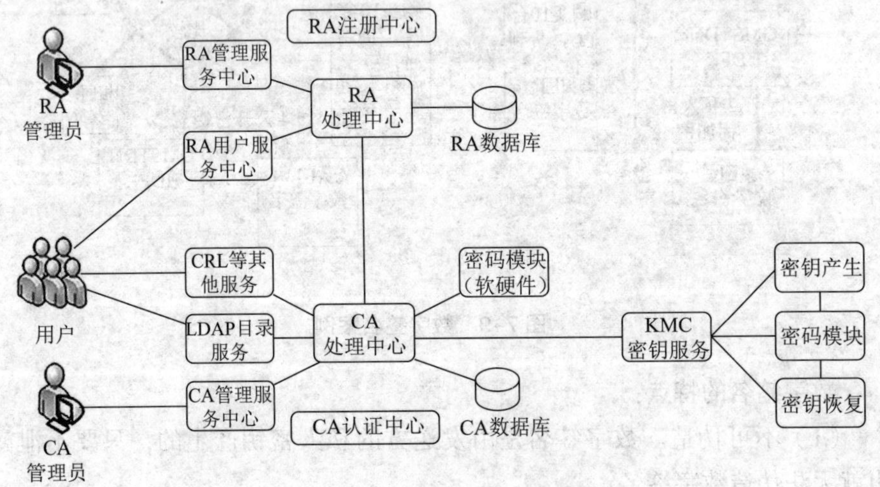


图 7–10 公钥基础设施（PKI）

基于国际和国内 PKI 发展的进程，为在维护国家利益的前提下促进国际与地区间的合作，促进超越地域和经济贸易领域的电子商务的应用推广，建设中国 PKI 体系，国家发展和改革委员会于 2001 年 2 月批准成立中国 PKI 论坛筹备工作组，并授权中国 PKI 论坛筹备工作组在筹建非营利性跨行业的中介组织“中国 PKI 建设推进协会”期间，代表中国参加亚洲 PKI 论坛组织和 PKI 领域其他相关国际组织的活动，组织国内 PKI 领域的有关活动。2001 年 6 月，中国政府代表参加了首届“亚洲 PKI 论坛”大会。会议通过了《亚洲 PKI 论坛宪章》和《亚洲 PKI 论坛组织代表联合声明》。2001 年 8 月，中国政府代表签署了《亚洲 PKI 论坛宪章》，成为亚洲 PKI 论坛成员，以中国 PKI 论坛名义任亚洲 PKI 论坛副主席。中国 PKI 论坛承认亚洲 PKI 论坛宪章，以推进 PKI 发展为目标，按照非营利性原则，通过开放和交流，促进亚洲地区各国 PKI 的应用。在维护国家利益的前提下促进国际与地区间的合作，促进电子商务的应用推广，为亚洲 PKI 论坛成员的共同利益和信息化建设的发展而服务。

中国 PKI 将在国家发展和改革委员会的直接领导下，接受国家有关部门的业务指导，对内推动和促进该领域国内产业、科研和应用行业的合作，对外维护国家整体利益，加强对外合作的整体实力。建立官举联办的机制，吸引一流人才，发挥四个桥梁（科研单位和企业间的桥梁；技术和应用部门间的桥梁；科研、产业和政府间的桥梁；中国和国际间沟通的桥梁）作用，联合研究机构、产业界、学术界、金融机构和国际组织，广泛开展合作，打破垄断分割，实现包容、结盟、整合，以合作求共同发展，推动建立具有中国特色的统一协调的 PKI 体系，为我国信息安全建设做出应有的贡献，为中国 PKI 论坛成员的共同利益和信息化建设的发展而服务。目前由中国信息协会具体承担相关的工作，中国信息协会卢时彻会长兼任中国 PKI 论坛主席。2005 年 7 月，亚洲 PKI 论坛推举中国 PKI 论坛主席国。

中国 PKI 论坛现有成员单位：国家密码管理委员会办公室，国家信息中心，国家信息安全测评认证中心，国家信息安全重点实验室，国家计算机网络与信息安全管理中心，中国电子商务协会，中国互联网协会，上海交大信息安全工程学院，人民银行金融认证中心，中国电信集团 CA 中心，北京国富安电子商务认证有限公司，国家信息安全基础设施研究中心，上海 CA 中心，北京天威诚信网络公司，北京数字认证中心，中社网盟信息技术有限公司，信息产业部信息化推进司等。

PKI 系统由五个部分组成：

（1）证书申请者（Subscriber）。证书申请者是证书的持有者，证书的目的是把用户的身份与其密钥绑定在一起，用户身份可以是参与网上交易的人或者应用服务器。PKI 为证书申请者提供如下功能：证书请求、生成密钥对、生成证书请求格式、密钥更新请求、安装 / 存储私有密钥、安装 / 存储证书（对外、公开）、私有密钥的签名和解密、向其他用户传送证书、证书撤销请求。

（2）注册机构（Registration Authority，RA）。根据 PKI 的管理政策，RA（Registration Authority）的主要功能是核实证书申请者的身份，这项功能通常由人工完成，也可以由机器自动完成，但是系统必须具有身份自动检查机制。RA 的功能有验证申请者身份、批准证书、证书撤销请求。

（3）认证中心（Certificate Authority，CA）。CA 主要完成证书的管理，CA 使用其私有密钥对 RA 提交的证书申请签名，来保证证书数据的完整性，任何对证书内容的非法修改，都会被用户使用 CA 的公共密钥进行验证而发现。CA 的功能有批准证书请求、生成密钥对、密钥的备份、撤销证书、发布 CRL、生成 CA 根证书、签发证书、证书发放、交叉认证。

（4）证书库（Certificate Repository，CR）。证书库存放了经 CA 签发的证书和已撤销证书的列表，网上交易的用户可以使用应用程序，从证书库中得到交易对象的证书、验证其证书的真伪或查询证书的状态。证书库的功能如有存储证书、提供证书、确认证书状态。

（5）证书信任方（Relying Party）。PKI 为证书信任方提供了检查证书申请者身份以及与证书申请者进行安全数据交换的功能。在电子商务应用中，用户通常同时扮演证书申请者和证书信任方的双重角色。证书信任方的功能有接收证书、证书请求、核实证书、检查身份和数字签名、数据加密。

以上，认证中心、注册机构和证书库三部分是 PKI 的核心，证书申请者和证书信任方则是利用 PKI 进行网上交易的参与者。

## 八、数字证书

### 1. 数字证书的概念

数字证书是一个经证书授权中心数字签名的包含公开密钥拥有者信息以及公开密钥的文件。最简单的证书包含一个公开密钥、名称以及证书授权中心的数字签名。一般情况下证书中还包括密钥的有效时间，发证机关（证书授权中心）的名称，该证书的序列号等信息，证书的格式遵循 ITUT X.509 国际标准。数字证书是证明在 Internet 上参与交换信息的个人、组织以及网络设备的身份是否合法的一种电子文档。数字证书的作用类似于日常生活中个人身份证、驾照、企业的营业执照等。

2. 数字证书的原理

数字证书采用公钥体制，即利用一对互相匹配的密钥进行加密、解密。每个用户自己设定一把特定的仅为本人所知的私有密钥（私钥），用它进行解密和签名；同时设定一把公共密钥（公钥）并由本人公开，为一组用户所共享，用于加密和验证签名。当发送一份保密文件时，发送方使用接收方的公钥对数据加密，而接收方则使用自己的私钥解密，这样信息就可以安全无误地到达目的地了。

3. 数字证书的作用

（1）信息的保密性。

（2）信息的完整性。

（3）信息的不可否认性。

（4）交易者身份的确定性。

4. 数字证书的用途

数字证书可以应用于公众网络上的商务活动和行政作业活动，包括支付型和非支付型电子商务活动，其应用范围涉及需要身份认证及数据安全的各个行业，包括传统的商业、制造业、流通业的网上交易，以及公共事业、金融服务业、工商税务海关、政府行政办公、教育科研单位、保险、医疗等网上作业系统。数字证书用途如表 7–1 所示。

**表 7–1 数字证书常见用途**

| | 个人证书 | 企业证书 | 设备证书 | 邮件证书 |
|---|---|---|---|---|
| 适用范围 | 公共服务平台<br>金融机构<br>电子商务平台<br>其他公众服务 | 电子政务<br>面对企业的服务平台<br>B2B电子商务平台 | 政府/企业内部网络<br>复杂设备环境<br>机要设备 | 企业<br>政府<br>公众邮件平台<br>对安全要求较高的个人 |
| 包含信息 | 个人身份信息 | 企业组织信息 | 设备信息 | 邮件地址信息 |

续表

| | 个人证书 | 企业证书 | 设备证书 | 邮件证书 |
|---|---|---|---|---|
| 应用价值 | 提高公众服务平台与电子商务平台的安全性，加强交易管理，为业务提供基础技术保障与法律保护 | 提高电子政务平台与B2B电子商务平台的安全性与服务水平，为平台业务提供基础安全保障保护 | 加强设备管理能力，提高网络安全性与设备访问控制，为网络设备提供基础安全保障与法律保护 | 提高邮件安全性，避免垃圾邮件、病毒邮件、仿冒邮件等侵害，保护用户隐私信息 |

# 第四节　旅游企业防火墙技术应用

## 一、旅游企业的 VPN 构建

旅游企业应用互联网，在内部将构建虚拟专用网络（Virtual Private Network，VPN），企业虚拟网，主要是因为整个 VPN 网络的任意两个节点之间的连接并没有传统专网所需的端到端的物理链路，而是架构在公用网络服务商所提供的网络平台，如应用 Internet 上的逻辑网络，用户数据在逻辑链路中传输。在跨共享网络或公共网络运行时，将进行封装、加密和身份验证链接的专用网络的扩展。VPN 主要采用了隧道技术、加解密技术、密钥管理技术和使用者与设备身份认证技术。旅游企业构建的 VPN，如图 7-11 所示。

1. VPN 的分类

按照 VPN 应用性质分类，VPN 可以分为以下几类：

（1）Access VPN（远程接入 VPN）。客户端到网关，使用公网作为骨干网在设备之间传输 VPN 的数据流量。

（2）Intranet VPN（内联网 VPN）。网关到网关，通过公司的网络架构连接来自同公司的资源。

（3）Extranet VPN（外联网 VPN）。与合作伙伴企业网构成 Extranet，将一个公司与另一个公司的资源进行连接。

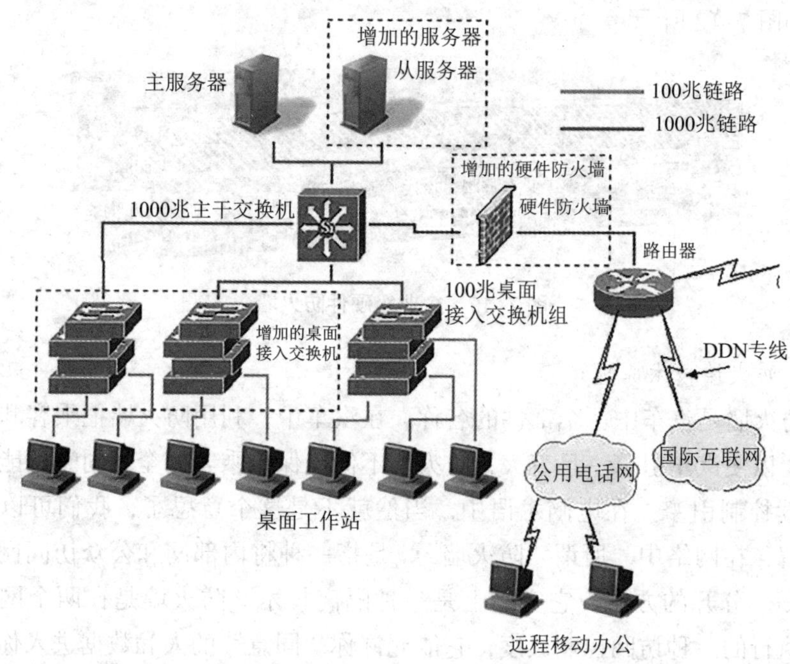


图 7-11　旅游企业构建的 VPN 网络

2. 企业 VPN 特点

（1）安全保障。VPN 通过建立一个隧道，利用加密技术对传输数据进行加密，以保证数据的私有和安全性。

（2）服务质量保证。VPN 可以为不同要求提供不同等级的服务质量保证。

（3）可扩充性和灵活性。VPN 支持通过 Internet 和 Extranet 的任何类型的数据流。

（4）可管理性。VPN 可以从用户和运营商角度方便进行管理。

## 二、防火墙技术应用

所谓防火墙指的是一个由软件和硬件设备组合而成、在内部网和外部网之间、专用网与公共网之间的界面上构造的保护屏障。防火墙是一种保护计算机网络安全的技术性措施，它通过在网络边界上建立相应的网络通信监控系统来隔离内部和外部网络，以阻挡来自外部的网络入侵。一般个人用户采用软件的防火墙，这样比较弱。企业需要强大的防火墙，一般采用硬件防火墙，如图 7–12 所示。

图 7–12 企业级硬件防火墙

1. 防火墙技术原理

防火墙是汽车中一个部件的名称。在汽车中，利用防火墙把乘客和引擎隔开，以便汽车引擎一旦着火，防火墙不但能保护乘客安全，同时还能让司机继续控制引擎。在电脑术语中，当然就不是这个意思了，我们可以类比来理解，在网络中，所谓“防火墙”，是指一种将内部网和公众访问网（如 Internet）分开的方法，它实际上是一种隔离技术。防火墙是在两个网络通讯时执行的一种访问控制尺度，它能允许你“同意”的人和数据进入你的网络，同时将你“不同意”的人和数据拒之门外，最大限度地阻止网络中的黑客来访问你的网络。换句话说，如果不通过防火墙，公司内部的人就无法访问 Internet，Internet 上的人也无法和公司内部的人进行通信，防火墙原理如图 7–13 所示。

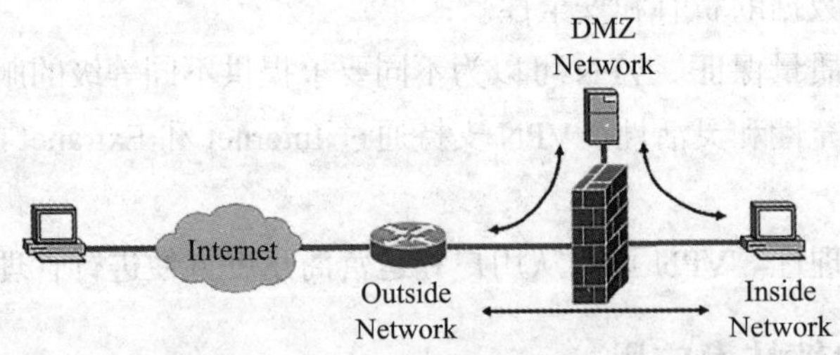


图 7–13 计算机网络防火墙原理

防火墙（FireWall）成为新兴的保护计算机网络安全技术性措施。它是一种隔离控制技术，在某个机构的网络和不安全的网络（如 Internet）之间设置屏障，阻止对信息资源的非法访问，也可以使用防火墙阻止重要信息从企业的网络上被非法输出。作为 Internet 网的安全性保护软件，FireWall 已经得到广泛的应用。通常企业为了维护内部的信息系统安全，在企业网和 Internet 间设立 FireWall 软件。企业信息系统对于来自 Internet 的访问，采取有选择的接收方式。它可以允许或禁止一类具体的 IP 地址访问，也可以接收或拒绝 TCP/IP 上的某一类具体的应用。如果在某一台 IP 主机上有需要禁止的信息或危险的用户，则可以通过设置使用 FireWall 过滤掉从该主机发出的包。如果一个企业只是使用 Internet 的电子邮件和 WWW 服务器向外部提供信息，那么就可以在 FireWall 上设置使得只有这两类应用的数据包可以通过。这对于路由器来说，就要不仅分析 IP 层的信息，而且还要进一步了解 TCP 传输层甚至应用层的信息以进行取舍。FireWall 一般安装在路由器上以保护一个子网，也可以安装在一台主机上，保护这台主机不受侵犯。

2. 防火墙技术介绍

防火墙最初是针对 Internet 网络不安全因素所采取的一种保护措施。顾名思义，防火墙就是用来阻挡外部不安全因素影响的内部网络屏障，其目的就是防止外部网络用户未经授权的访问。它是一种计算机硬件和软件的结合，使 Internet 与 Internet 之间建立起一个安全网关（Security Gateway），从而保护内部网免受非法用户的侵入，防火墙主要由服务访问政策、验证工具、包过滤和应用网关 4 个部分组成，防火墙就是一个位于计算机和它所连接的网络之间的软件或硬件（其中硬件防火墙只有国防部等地才用，因为它价格昂贵）。该计算机流入流出的所有网络通信均要经过此防火墙。

防火墙有网络防火墙和计算机防火墙的提法。网络防火墙是指在外部网络和内部网络之间设置网络防火墙。这种防火墙又称为筛选路由器。网络防火墙检测进入信息的协议、目的地址、端口（网络层）及被传输的信息形式（应用层）等，滤除不符合规定的外来信息。网络防火墙也对用户网络向外部网络发出的信息进行检测。

计算机防火墙是指在外部网络和用户计算机之间设置防火墙。计算机防火墙也可以是用户计算机的一部分。计算机防火墙检测接口规程、传输协议、目的地址及（或）被传输的信息结构等，将不符合规定的进行信息剔除。计算机防火墙对用户计算机输出的信息进行检查，并加上相应协议层的标志，用以将信息传送到接收用户计算机（或网络）中去。

使用防火墙的好处有：保护脆弱的服务，控制对系统的访问，集中的安全管理，增强保密性，记录和统计网络利用数据以及非法使用数据情况。防火墙的设计通常有两种基本设计策略。第一，允许任何服务除非被明确禁止；第二，禁止任何服务除非被明确允许。一般采用第二种策略。从技术角度来看，目前有两类防火墙，即标准防火墙和双穴网关。标准防火墙使用专门的软件，并要求比较高的管理水平，而且在信息传输上有一定的延迟。双穴网关是标准防火墙的扩充，也称应用层网关，它是一个单独的系统，但能够同时完成标准防火墙的所有功能。它的优点是能够运行比较复杂的应用，同时防止在互联网和内部系统之间建立任何直接的连接，可以确保数据包不能直接从外部网络到达内部网络。

随着防火墙技术的进步，在双穴网关的基础上又演化出两种防火墙配置，一种是隐蔽主机网关，另一种是隐蔽智能网关。目前，技术比较复杂而且安全级别较高的防火墙是隐蔽智能网关，它将网关隐藏在公共系统之后使其免遭直接攻击。隐蔽智能网关提供了对互联网服务进行几乎透明的访问，同时也阻止了外部未授权访问者对专用网络的非法访问。

3. 防火墙种类

从实现原理上分，防火墙的技术包括四大类：网络级防火墙（也叫包过滤型防火墙）、应用级网关、电路级网关和规则检查防火墙。它们之间各有所长，具体使用哪一种或是否混合使用，要看具体需要。

（1）网络级防火墙。网络级防火墙一般是基于源地址和目的地址、应用、协议以及每个 IP 包的端口来做出通过与否的判断。一个路由器便是一个“传统”的网络级防火墙，大多数的路由器都能通过检查这些信息来决定是否将所收到的包转发，但它不能判断出一个 IP 包来自何方、去向何处。防火墙检查每一条规则直至发现包中的信息与某规则相符。如果没有一条规则能符合，防火墙就会使用默认规则，一般情况下，默认规则就是要求防火墙丢弃该包。其次，通过定义基于 TCP 或 UDP 数据包的端口号，防火墙能够判断是否允许建立特定的连接，如 Telnet、FTP 连接。

（2）应用级网关。应用级网关能够检查进出的数据包，通过网关复制传递数据，防止在受信任服务器和客户机与不受信任的主机间直接建立联系。应用级网关能够理解应用层上的协议，能够做复杂一些的访问控制，并做精细的注册和稽核。它针对特别的网络应用服务协议即数据过滤协议，并且能够对数据包分析并形成相关的报告。应用网关对某些易于登录和控制所有输出输入的通信的环境给予严格的控制，以防有价值的程序和数据被窃取。在实际工作中，应用网关一般由专用工作站系统来完成。但每一种协议需要相应的代理软件，使用时工作量大，效率不如网络级防火墙。应用级网关有较好的访问控制，是目前最安全的防火墙技术，但实现困难，而且有的应用级网关缺乏“透明度”。在实际使用中，用户在受信任的网络上通过防火墙访问 Internet 时，经常会发现存在延迟并且必须进行多次登录（Login）才能访问 Internet 或 Intranet。

（3）电路级网关。电路级网关用来监控受信任的客户或服务器与不受信任的主机间的 TCP 握手信息，这样来决定该会话（Session）是否合法，电路级网关是在 OSI 模型中会话层上来过滤数据包，这样比包过滤防火墙要高两层。电路级网关还提供一个重要的安全功能：代理服务器（Proxy Server）。代理服务器是设置在 Internet 防火墙网关的专用应用级代码。这种代理服务准许网管员允许或拒绝特定的应用程序或一个应用的特定功能。包过滤技术和应用网关是通过特定的逻辑判断来决定是否允许特定的数据包通过，一旦判断条件满足，防火墙内部网络的结构和运行状态便“暴露”在外来用户面前，这就引入了代理服务的概念，即防火墙内外计算机系统应用层的“链接”由两个终止于代理服务的“链接”来实现，这就成功地实现了防火墙内外计算机系统的隔离。同时，代理服务还可用于实施较强的数据流监控、过滤、记录和报告等功能。代理服务技术主要通过专用计算机硬件（如工作站）来承担。

（4）规则检查防火墙。该防火墙结合了包过滤防火墙、电路级网关和应用级网关的特点。它同包过滤防火墙一样，规则检查防火墙能够在 OSI 网络层上通过 IP 地址和端口号，过滤进出的数据包。它也像电路级网关一样，能够检查 SYN 和 ACK 标记和序列数字是否逻辑有序。当然它也像应用级网关一样，可以在 OSI 应用层上检查数据包的内容，查看这些内容是否能符合企业网络的安全规则。规则检查防火墙虽然集成前三者的特点，但是不同于一个应用级网关的是，它并不打破客户机 / 服务器模式来分析应用层的数据，它允许受信任的客户机和不受信任的主机建立直接连接。规则检查防火墙不依靠与应用层有关的代理，而是依靠某种算法来识别进出的应用层数据，这些算法通过已知合法数据包的模式来比较进出数据包，这样从理论上就能比应用级代理在过滤数据包上更有效。

## 三、安全套接层协议

如果在 Web 浏览器传输信息均存在安全问题，所以网景（Netscape）公司提出的基于 Web 应用的安全协议，即安全协议套，主要是指安全套接层协议（Secure Sockets Layer，SSL），是一种在客户端 Web 浏览器和 Internet 上的服务器之间提供数据传输安全通道的协议。SSL 协议最初是网景公司在 1994 年年底开发的，后来微软、IBM 等公司也将其引入到浏览器和服务器中。应用 SSL 协议的目的就是解决在公共网络上传递数据的安全性和可靠性。

SSL 协议指定了一种在应用程序协议（如 HTTP、Telnet、NNTP 和 FTP 等）和 TCP/IP 协议之间提供数据安全性分层的机制，它为 TCP/IP 连接提供数据加密、服务器认证、消息完整性以及可选的客户机认证，如图 7–14 所示。对应的 VPN SSL 设备网关适合应用于中小企业规模，满足其企业移动用户、分支机构、供应商、合作伙伴等企业资源（如基于 Web 的应用、企业邮件系统、文件服务器、C/S 应用系统等）安全接入服务。企业利用自身的网络平台，创建一个增强安全性的企业私有网络。SSL VPN 客户端的应用是基于标准 Web 浏览器内置的加密套件与服务器协议出相应的加密方法，即经过授权用户只要能上网就能够通过浏览器接入服务器建立 SSL 安全隧道。

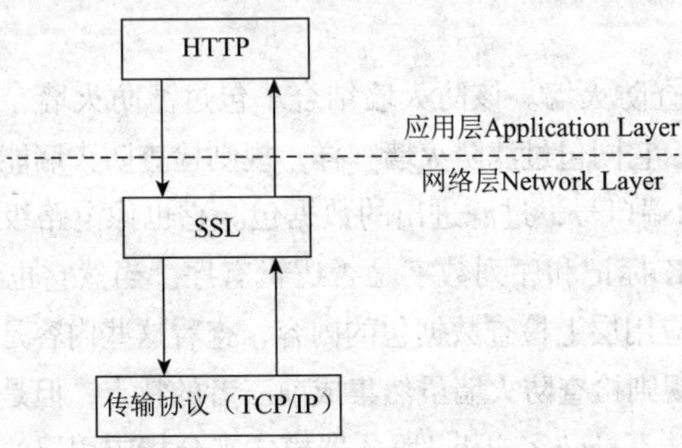


图 7–14 SSL 协议在整个网络协议中的位置

1. SSL 安全协议的主要功能

（1）信息保密。通过使用公开密钥和对称密钥技术以达到信息保密。SSL 客户机和服务器之间的所有业务都使用在 SSL 握手过程中建立的密钥和算法进行加密。这样就防止了某些用户通过使用IP数据包嗅探工具非法窃听。尽管数据包嗅探仍能捕捉到通信的内容，但却无法破译。

（2）信息完整性。确保SSL业务全部达到目的。应确保服务器和客户机之间的信息内容免受破坏。SSL利用机密共享和HASH函数组提供信息完整性服务。

（3）双向认证。客户机和服务器相互识别的过程。它们的识别号用公开密钥编码，并在SSL握手时交换各自的识别号。为了证明持有者是其合法用户（而不是冒名用户），SSL要求证明持有者在握手时对交换数据进行数字式标识。证明持有者对包括证明的所有信息数据进行标识，以说明自己是证明的合法拥有者。这样就防止了其他用户冒名使用证明。证明本身并不提供认证，只有证明和密钥一起才起作用。

2. 双向证书认证的SSL握手过程

以下简要介绍SSL协议的工作方式，如图7–15所示。客户端和服务器要收发几个握手信号：

（1）发送一个"Client Hello"消息，说明它支持的密码算法列表、压缩方法及最高协议版本，也发送稍后将被使用的随机数。

（2）然后收到一个"Server Hello"消息，包含服务器选择的连接参数，源自客户端初期所提供的"Client Hello"。

（3）当双方知道了连接参数，客户端与服务器交换证书（依靠被选择的公钥系统）。这些证书通常基于X.509，不过已有草案支持以Open PGP为基础的证书。

（4）服务器请求客户端公钥。客户端有证书即双向身份认证，没证书时随机生成公钥。

（5）客户端与服务器通过公钥保密协商共同的主私钥（双方随机协商），这通过精心谨慎设计的伪随机数功能实现。结果可能使用Diffie–Hellman交换，或简化的公钥加密，双方各自用私钥解密。所有其他关键数据的加密均使用这个"主密钥"。

（6）服务器将握手消息的MAC地址发送给客户端。

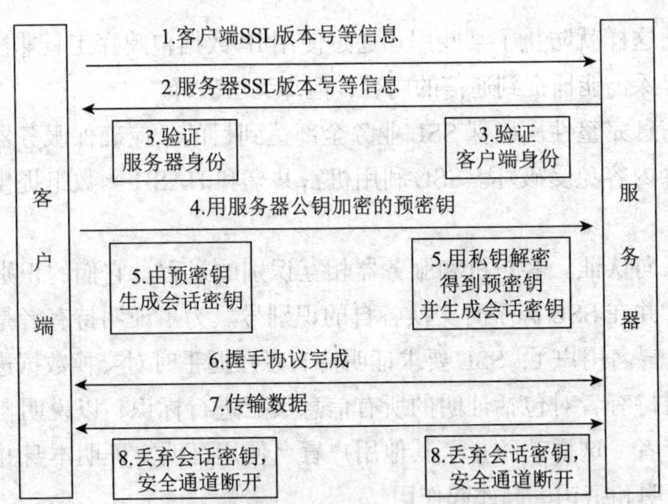


**图 7-15 双向证书认证的 SSL 握手过程**

# 第五节 电子商务法律简介

目前网络欺诈、电商价格战、虚假促销、售后服务不当、个人信息被泄露，电子商务引发的合同问题、知识产权问题、信息安全问题、纳税问题，以及围绕互联网支付、理财发展越来越热的互联网金融问题，伴随中国网购市场的高速发展，正变得越来越突出。由此电子商务立法主要解决目前出现的信息安全、知识产权保护、虚拟财产保护、支付等问题。同时对于第三方平台的监管也要有法可依，提高电商行业准入门槛，维护消费者权益和整个行业的良性发展。

电子商务法，是政府调整、企业和个人以数据电文为交易手段，通过信息网络所产生的，因交易形式所引起的各种商事交易关系，以及与这种商事交易关系密切相关的社会关系、政府管理关系的法律规范的总称。2013 年 12 月，中国正式启动了电子商务法的立法进程。电子商务法是社会共治原则作为电商立法的最大共识，已经非常明确，由于大众评审机制，吸纳社会力量共同治理平台交易纠纷，是未来电子商务法倡导的方向和趋势。

在国际上，1996年开始出现电子商务立法，如《联合国电子商务示范法》，该法律规定：电子商务是指通过电子行为进行的商事活动，广义的电子商务是指通过电子行为进行民商事活动。商事活动的范围被民商事活动所覆盖，商事活动是以营利为目的、具有营业性的民事行为，而民商事行为的外延显然大于商事行为，它不仅包括商事行为，也包括非商事主体之间的民事活动。电子商务中的“商务”并非名副其实，不仅包括“商事行为”，也包括非商事行为，例如自然人之间的电子商务。电子商务法是指调整平等主体之间通过电子行为设立、变更和消灭财产关系以及人身关系的法律规范的总称；是政府调整、企业和个人以数据电文为交易手段，通过信息网络所产生的，因交易形式所引起的各种商事交易关系，以及与这种商事交易关系密切相关的社会关系、政府管理关系的法律规范的总称。

通过法律手段对电子商务行为进行规范，是电子商务发展的基础，这样可以使电子商务更好地为大众服务，同样为旅游电子商务服务。

# 第八章　智慧旅游

**【本章导读】**

智慧旅游，也被称为智能旅游。就是利用云计算、物联网等新技术，通过互联网/移动互联网，借助便携的终端上网设备，主动感知旅游资源、旅游经济、旅游活动、旅游者等方面的信息，及时发布，让人们能够及时了解这些信息，及时安排和调整工作与旅游计划，从而达到对各类旅游信息的智能感知、方便利用的效果。智慧旅游的建设与发展最终将体现在旅游管理、旅游服务和旅游营销三个层面。现代的旅游业发展应该融入智慧旅游的大环境中，在智慧旅游的生态中前行。由此作为旅游专业的发展，智慧旅游是一个新的课题，要牢牢把握这个发展机遇，用智慧来发展旅游行业。

## 第一节　智慧旅游概念

### 一、智慧旅游概述

随着“互联网+”、物联网的技术不断发展和推广应用，在旅游产业链上，不断有计算机新技术、新的方法、新的渠道和新的运行模式出现，智慧旅游概念也随之产生，并得到迅速提升和应用。智慧旅游不仅是技术的创新，更是旅游市场的需求，旅客的期待。旅游业发展到今天的规模，智慧旅游的应用是必然的。为此我们学习和应用智慧旅游的新技术、新模式、新成果、新工具、新模式是行业发展的需要。旅游行业欢迎更多的智慧旅游的创新模式与应用。

1. 智慧旅游概念

“智慧旅游”是正在探索的一个应用性课题或领域，有的命名为“智能旅游”，是以互联网、通信网、物联网三网为基础，应用新的IT技术在旅游体验、产业发展、行政管理等方面的应用，使旅游物理资源和信息资源得到高度系统化整合和深度开发激活，并服务于公众、企业、政府等面向未来的、全新的旅游业态。这些新技术包括云计算、大数据、高性能信息处理技术、智能数据挖掘、物联网技术等，这些技术的应用将会不断被发展并会随时加入新的技术应用。

“智慧旅游”的发展是以游客互动体验为中心，借助各种终端上网设备（包括移动终端），主动或被动感知旅游相关信息，让游客与网络实时互动，使旅游过程进入触摸时代。同时实现旅游业一体化的行业信息管理，激励产业创新、促进产业结构升级，使旅游业进入信息化的大发展时代。

“智慧旅游”的建设与发展最终将体现在旅游管理、旅游服务和旅游营销的三个层面。

2. 智慧旅游的发展状况

2010年全国率先创造性提出“智慧旅游”应用性试点，开展“智慧旅游”项目建设，开辟“感知镇江、智慧旅游”新时空。智慧旅游的核心技术之一“感动芯”技术在镇江市研发成功。2012年年初，南京旅游局全力推进“智慧旅游”项目建设，项目分为六个部分，项目建成后，凡是使用智能手机的游客，到南京后会收到一条欢迎短信。游客根据短信上的网址，可下载“游客助手”平台，该平台分为资信、线路、景区、导航、休闲、餐饮、购物、交通、酒店九大板块，集合了最新的旅游信息、景区介绍和活动信息、自驾游线路、商家促销活动、实时路况、火车票等信息。安装后，可以根据个人需要实现——在线查询、预订等服务。国内很多著名景区推出旅游景点的手机端的智慧旅游，游客只要用手机下载相关的应用端软件（App），就可以在景区得到相关的信息和服务，如图8-1所示。

图 8-1 智慧旅游在移动手机端的应用

目前我国有 18 个城市入选首批“国家智慧旅游试点城市”，这 18 个城市分别为北京、武汉、福州、大连、厦门、洛阳、苏州、成都、南京、黄山、温州、烟台、无锡、常州、南通、扬州、镇江、武夷山。

上述这些初探、科研和行动，非常清晰地表明了智慧旅游的发展空间，同时也表明政府、行业、企业、市场的共同需要和该旅游的发展动态。

3. 智慧旅游应用界定

智慧旅游的应用面较广，今后发展会很迅速。在应用层面上可以涵盖线上营销、智慧景区、智慧酒店和智慧交通。在功能上，“智慧”体现 在“旅游服务的智慧”“旅游管理的智慧”和“旅游营销的智慧”这三大方面，后面章节我们会进行分析与讨论。

## 二、智慧旅游技术架构

1. 智慧旅游的技术环境

智慧旅游的兴起和初步发展，离不开信息技术（IT）及其应用的大发展，离不开信息网络（有线、无线）大发展，离不开电子商务的迅速普及。智慧旅游与酒店大的环境结构如图 8–2 所示。“智慧旅游”是基础性、技术性的架构，是以互联网、通信网、物联网三网为基础。而这三个网络的建设是靠国家和大型运营商逐步构建的，作为旅游行业是在此基础上运行应用性业务。较早构建的通信网是以国家级的大型通信企业为基础，形成的综合通信网络，这个网络是信息交换的基础，智慧旅游与智慧酒店离不开该网络。互联网的发展和普及已经使得各个行业、各个应用领域在此网络上运行各类业务，如电子商务、网络营销等。物联网正在发展中，各个层面的应用在探究中，还有许多技术需要解决。这三个网络将相互融合、相互支撑、相互应用，为智慧地球构建技术性框架。

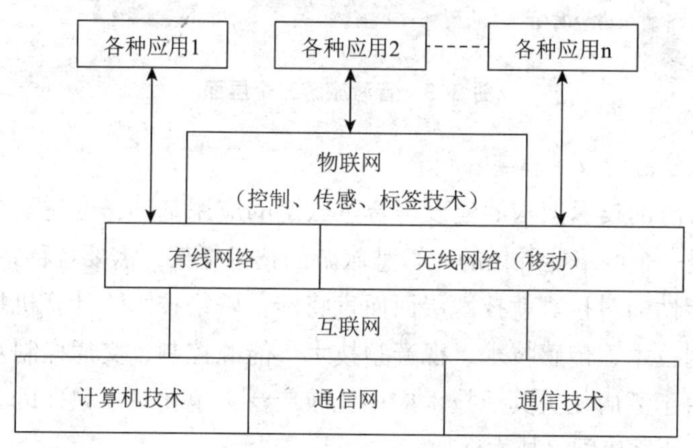


**图 8–2　智慧旅游技术架构示意图**

由于上述三个基础性网络的构成，使得智慧旅游成为现实和可行。目前许多旅游企业提出许多新应用和设想，技术厂商也不断推出新的技术应用，各地的政府大力支持智慧旅游的拓展，游客也正逐步享用这些高科技的应用成果。图 8–3 是智慧旅游所展现的三个层面，其中网络层是关键，在不断发展的同时日趋成熟，感知层正在逐步形成，在此基础上智慧旅游也将逐步得到推广。

图 8-3 智慧旅游三个层面

2. 智慧旅游的技术框架

智慧旅游的技术架构的建设是智慧旅游的应用基础，构建不是一天完成的，也不是一个网络能胜任的。智慧旅游的技术框架，需要各种系统的配合，联网和功能性的对接。就技术层面而言将涉及网络技术、计算机技术、通信技术、控制技术、传感技术、视音频技术、能源控制、交通控制及建筑等相关技术。由于酒店相关其他技术应用比较广泛，也比较成熟，因此下面重点介绍旅游企业酒店网络技术框架。

智慧旅游首先必须旅游企业构建内部局域网，该网络的建设是基础，通过企业内部网络的建设完成旅游企业，如酒店局域网（有线、无线）、内部通信（有线、无线）构建。在这些基础网络结构上，旅游企业可以运行与自身业务相关的各种业务和应用，如图 8-4 所示。具体的如酒店管理信息系统、酒店预订系统、酒店客房智慧控制、酒店能源系统（电力、给排水、燃气等）控制、酒店设备控制、酒店宾客服务信息系统、酒店磁卡门禁系统、酒店安防系统（消防报警、安防监控等）、酒店视频（电视）系统、酒店音响（视频）系统、酒店收益管理系统等。当然酒店的每个系统都有各自的技术方案，但智慧酒店最大的特点就是资源整合，做到了信息交换、实时控制、传感信号等技术要素的有效配置，最大限度为酒店提供先进的服务平台，最终为宾客服务和良好得体的体验。

在这个技术框架构成的基础上，需要对旅游企业应用的各种工程系统进行整合，形成信息交换（接口）、控制系统的构建、业务应用的设计等来完成智慧旅游的框架建设。

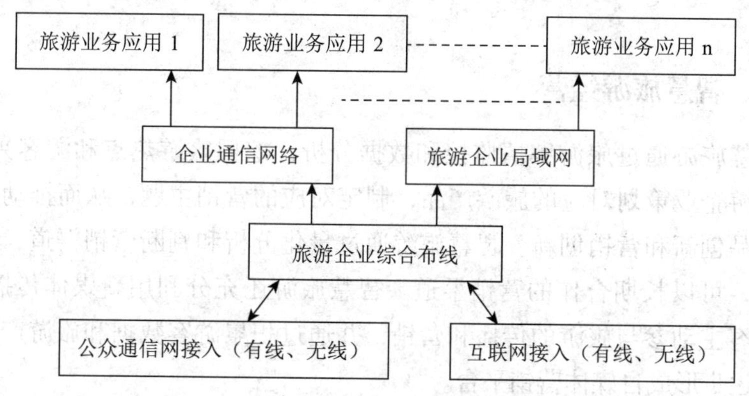


图 8-4　智慧旅游的网络架构

# 第二节　智慧旅游应用

智慧旅游的经营包括智慧管理、智慧经营与智慧营销。智慧经营的应用是一个逐步推广的过程，智慧经营除了技术层面的保障，更多的是智慧经营的人才培养。我国的旅游行业需要更多的智慧经营专业人士。

## 一、智慧旅游管理

智慧旅游将实现传统旅游管理方式向现代管理方式转变。通过信息技术，可以及时准确地掌握游客的旅游活动信息和旅游企业的经营信息，实现旅游行业监管从传统的被动处理、事后管理向过程管理和实时管理转变。智慧旅游将通过与公安、交通、工商、卫生、质检等部门形成信息共享和协作联动，结合旅游信息数据形成旅游预测预警机制，提高应急管理能力，保障旅游安全。实现对旅游投诉以及旅游质量问题的有效处理，维护旅游市场秩序。智慧旅游依托信息技术，主动获取游客信息，形成游客数据积累和分析体系，全面了解游客的需求变化、意见建议以及旅游企业的相关信息，实现科学决策和科学管理。智慧旅游还鼓励和支持旅游企业广泛运用信息技术，改善经营流程，提高管理水平，提升产品和服务竞争力，增强游客、旅游资源、旅游企业和旅游主管部门之间的互动，高效整合旅游资源，推动旅游产业整体发展。

## 二、智慧旅游经营

智慧旅游通过旅游舆情监控和数据分析，挖掘旅游热点和游客兴趣点，引导旅游企业策划对应的旅游产品，制定对应的营销主题，从而推动旅游行业的产品创新和营销创新。智慧旅游通过量化分析和判断营销渠道，筛选效果明显，可以长期合作的营销渠道。智慧旅游还充分利用新媒体传播特性，吸引游客主动参与旅游的传播和营销，并通过积累游客数据和旅游产品消费数据，逐步形成自媒体营销平台。

## 三、智慧旅游服务

智慧服务是更多体现在旅客享用旅游产品、过程或者服务期间的体验提升。对智慧服务应该更精准地区分客源市场并提供对应的服务。智慧旅游服务是从游客出发，通过信息技术提升旅游体验和旅游品质。游客在旅游信息获取、旅游计划决策、旅游产品预订支付、享受旅游和回顾评价旅游的整个过程中都能感受到智慧旅游带来的全新服务体验。智慧旅游通过科学的信息组织和呈现形式让游客方便快捷地获取旅游信息，帮助游客更好地安排旅游计划并形成旅游决策。智慧旅游通过基于物联网、无线技术、定位和监控技术，实现信息的传递和实时交换，让游客的旅游过程更顺畅，提升旅游的舒适度和满意度，为游客带来更好的旅游安全保障和旅游品质保障。智慧旅游还将推动传统的旅游消费方式向现代的旅游消费方式转变，并引导游客产生新的旅游习惯，创造新的旅游文化。

## 四、智慧旅游发展空间

在旅游产业链上，智慧旅游涉及智慧景区、智慧酒店、智慧购物、智慧旅途等，更可以拓展到与旅游相关的所有空间和产品的跟踪等。在网络时代，传统旅游需要的六要素，将向 N 要素演变，如图 8–5 所示，传统的线下旅游，将向线上和线下融合的旅游模式转变。

游客对旅游产品需求的改变

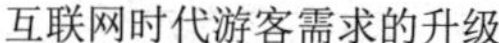


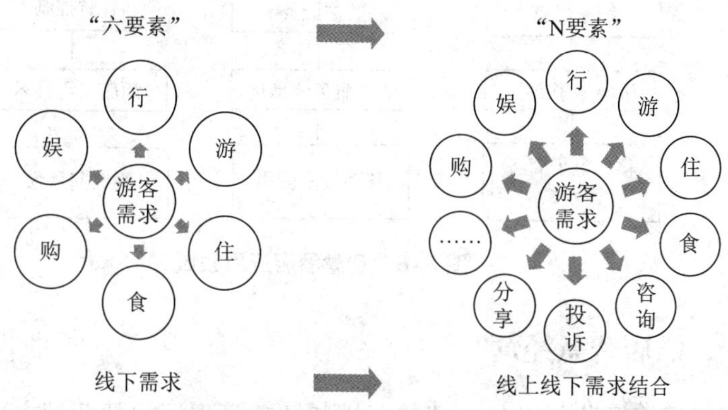


**图 8–5　旅游要素的转变**

# 第三节　智慧酒店应用

"智慧酒店"是属于"智慧旅游"的范畴，智慧酒店是一种以互联网（局域网、广域网）、通信网、物联网三网为基础，应用不断创新的IT技术，在酒店（Hotcl）体验、产业发展、经营管理等方面的应用，使酒店企业的各种资源包括信息资源得到高度信息化，在酒店各种服务应用平台上进行整合，并服务于宾客的新型的酒店（Hospitality）业态。这些新技术可以包括云计算、大数据、无线通信、智能数据挖掘、物联网技术等。这些技术的应用将会不断被发展并会随时加入新的酒店领域的应用。"智慧酒店"的建设与发展最终将体现在酒店智慧营销、酒店智慧管理、酒店智慧服务的三个层面，从而推荐酒店业的发展，使宾客有新的体验、感知，舒适度提高，酒店的综合能耗和成本科学地减低，为社会的发展做出行业性的贡献。

目前智慧酒店应用主要是根据酒店的业务需求而逐步推进应用的，智慧酒店是在践行过程中，酒店对智慧型酒店的投入，就是提高酒店的运营能力，使宾客能更好地体验和服务。智慧酒店可以从以下三个应用层面展开，即智慧经营、智慧服务和智慧控制，如图 8–6 所示。

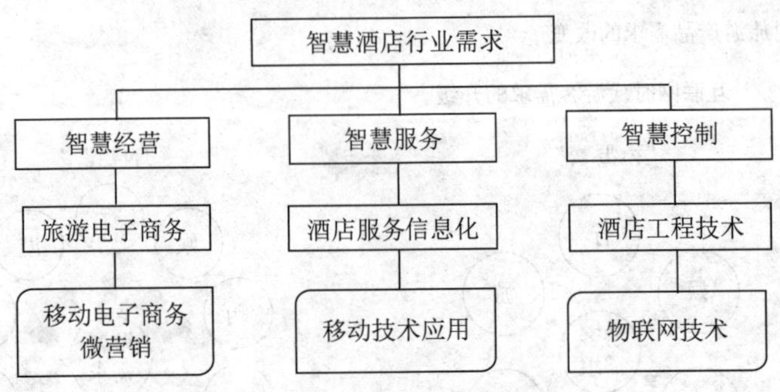


图 8-6 智慧酒店应用领域

## 一、酒店智慧经营

酒店智慧经营可以分为智慧营销和智慧管理，智慧营销主要从酒店市场视角展开，将构建全覆盖、多渠道的营销。从较早的网络营销、网上订房到从酒店直销网站，到第三方订房平台；从有线网络订房入口，到移动手机终端销售。酒店的智慧营销将是立体的、全天候的、多渠道的。智慧经营也包括了通过数据分析，构建模型，酒店开展的收益管理。通过各类的数据分析来为酒店智慧经营服务。

1. 酒店（集团）自主网站营销模式

在网络营销方面可以是酒店（集团）的直销模式，许多大型酒店集团具备了网络销售的能力，为酒店的客源市场构建起了营销平台，例如洲际酒店集团的自主网站，如图 8-7 所示，是酒店很好的销售渠道。自主网站配以电话预订达到了很好的效果。

图 8-7 洲际酒店集团的自主营销网站

2. 酒店第三方营销平台

目前的酒店第三方营销平台占市场份额很大，这是市场细分的结果。酒店企业从第三方平台得到市场份额，是渠道销售途径之一。酒店与第三方的信息交换，在网络技术架构上比较简单，只要酒店具备上网和浏览器就可以进行操作。酒店预订信息可以人工和部分自动进行处理。比较典型的国内第三方酒店平台，如携程、艺龙等，如图 8–8 所示。但目前这种营销模式受到新的移动终端的挑战。

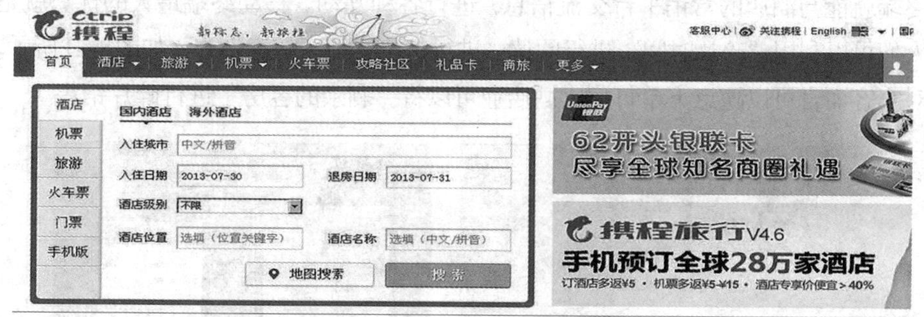


图 8–8　酒店住宿业第三方营销平台

上述几个渠道的整合形成了酒店，尤其是集团（连锁）型酒店在营销渠道的领先优势，是较成熟的营销模式，如图 8–9 所示。

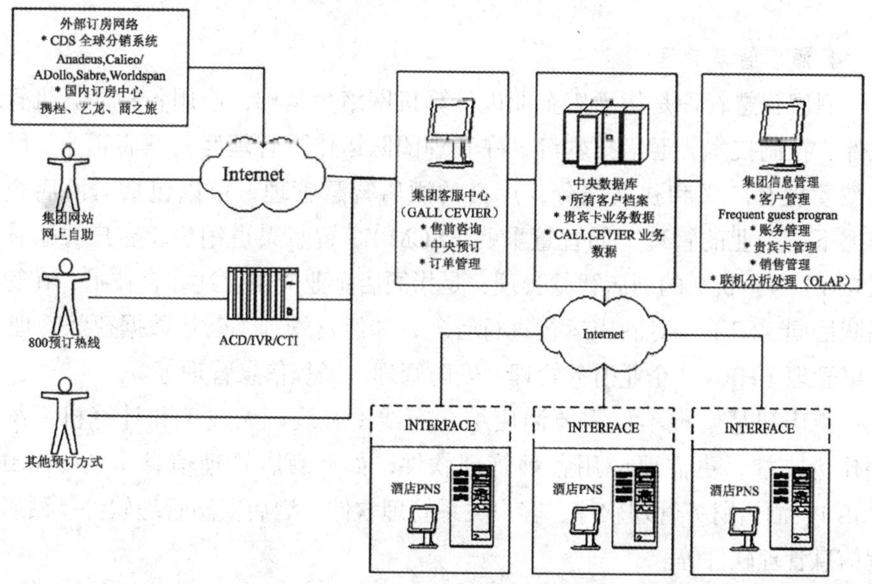


图 8–9　酒店集团线上销售渠道

3. 新媒体酒店营销

这里的新媒体主要是移动终端的普及带来的变化，人们使用移动终端已经到了无孔不入的阶段，只要有想法，就能实现移动终端的应用（App）。例如：App移动服务、微信或二维码订房、微博的营销、人人网的传播等，如图 8–10 所示。这些新媒体的传播渠道最大的特点就是，在各种移动终端上的应用，如移动手机、平板电脑等，总之只要能上网（移动网络），或者有 Wi–Fi 信号，这些移动终端就能与酒店的营销平台交流信息，进行各种互动。移动终端最大的优势就是人们可以利用“碎片时间”进行阅读，进行信息交流，随意性强，如图8–11所示。对宾客而言可以随意下单订房，酒店业可以将“剩余的客房”进行碎片销售。

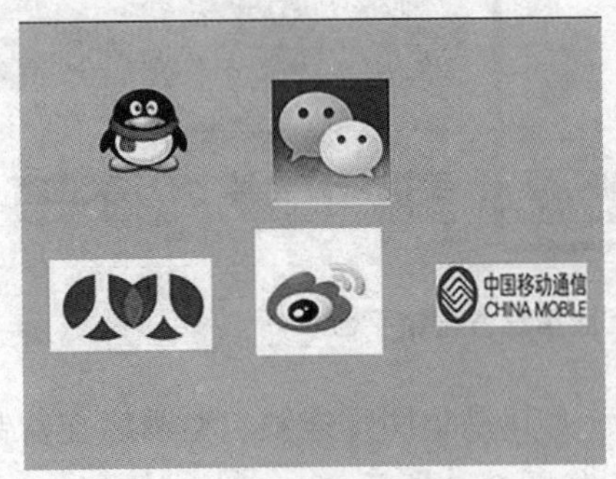


图 8–10 酒店营销新媒体渠道

图 8–11 酒店手机终端的预订应用（App）

4. 酒店智慧管理

酒店智慧管理是指酒店企业以计算机网络为基础，应用各种计算机管理软件、控制技术、通信技术等，在管理团队运作下管理经营酒店企业。酒店智慧管理有广义和狭义之分；广义的酒店智慧管理，可以包括对酒店企业的上下游企业的管理，如智慧采购（SCM）、智慧渠道销售、客户关系管理（CRM）等。狭义的酒店智慧管理，是指酒店企业应用上述综合技术，在管理团队协同组织下，对酒店运行进行管理，如经营管理（营运数据智慧管理）、人事管理（HR）、企业财务管理、安防管理、工程信息管理等。

酒店智慧管理不仅需要酒店综合布线（有线、无线）和计算机系统硬件作为支撑，更需要应用各种管理软件，如：酒店管理信息系统（HMIS、PMS）、酒店财务管理软件、客户关系管理软件、酒店安防管理软件、酒店工程信息管理软件等。

仅应用上述硬件和软件是不能构成智慧酒店的，酒店智慧管理需要管理人员的智慧和新的智慧系统，这些新智慧系统包括大数据处理技术、各种云计算应用等。酒店智慧管理是管理人员与计算机综合系统不断融合的过程，其目标就是管理的科学化，智慧地处理各种管理事务。

智慧酒店管理目前正在积极推进中，如采用云技术模式的酒店管理信息系统的应用、酒店（集团）收益管理（Revenue Management）、市场营销数据挖掘管理、酒店决策支持系统（HDSS）等。这些智慧管理的应用需要大量的知识型管理人才，酒店行业更需要大批懂计算机技术、经济管理和旅游电子商务的专业人士，智慧酒店管理是人与智能系统的结合。

## 二、酒店智慧服务

过去传统酒店接待模式是宾客到总台登记入住（Check-in），智能控制可以是客服管理的智能化。宾客入住酒店过程中能享受到更便捷的服务，例如当客人上网或电话订房时开始，酒店就通过远程订房系统完成对该房间的定时预留，并及时地为客人的特殊喜好做好准备，等候旅客的到来。当旅客到来后，在酒店大堂，只需要出示身份证，就可以立刻入住酒店预订好的客房；来到客房门前，用身份证或预先的会员卡就可以打开电子门锁，有的酒店已经可以启用微信打开电子门锁；进入客房，房间走廊的廊灯自动亮了，客房启用灯光“欢迎模式”，是客房明亮与温馨。房间灯光模式，可以根据客人需求，进入各种模式，如果是晚间，将启用“晚间模式”适时地选择了相应柔和的夜景模式，床头灯亮了，小台灯亮了，电视自动打开了，背景音乐放着柔和的音乐，客人愉快地享受着沐浴，然后轻触床头的触摸开关，选择睡眠模式，走廊的小夜灯亮，其他灯随着客人也熄灭了；愉快的入住时光结束了，客人来到大堂，刷了一下会员卡，自动在卡中扣除了费用。

如果是境外宾客，酒店接机人员可以在接机回酒店途中为宾客办理入住；宾客离店，可以到客房为宾客办理结账手续（Check-out）。随着时代发展，酒店在大堂设置自助入住的可能性将大大增加，公安部门不必担心宾客的控制，系统会有智能识别系统，支持公安部门进行人员的控制。年轻的宾客更喜欢自助登记时代的到来。

## 三、智慧酒店控制

智慧酒店控制主要是指酒店各种系统的智能控制，应用这些智能控制，达到为宾客智慧服务，宾客优质的体验。

酒店的智能控制可以从以下几个方面加以应用。

1. 智能客房控制

宾客在酒店停留时间最久的区域是客房，由此客房的体验是酒店产品的核心之一。目前酒店可以通过无线终端进行客房设备设施的控制，如图 8–12 所示，这些设备设施的控制包括客房区域的温湿度控制、照片控制、客房视频音频的控制、服务的响应（叫醒、洗衣）等。

图 8–12 酒店客房无线终端的综合控制应用

有些酒店应用客房电视机，采用综合技术控制技术，实现了多种系统并用的控制应用，如图 8–13 所示，这些控制包括休闲娱乐、客房智控、电视、酒店服务请求、商旅助手、计算机桌面应用等。

图 8–13 酒店客房电视智能综合控制系统

2. 智慧酒店控制

酒店智能化系统包括酒店安防系统（监控、消防、门禁和公安入住登记）、楼宇自动控制系统、客房智能化控制系统、智能通信系统、酒店视频音频系统、智能商务系统、酒店交通系统（电梯）、设备能源管理系统、智能会议系统和娱乐控制系统等。这些酒店工程系统在前面章节做了介绍，这里重点介绍其智能控制应用和发展趋势。

（1）客人体验。经过研究，我们对客人进入酒店的体验进行了分析，客人进入酒店的体验可以分为，物理环境、感情氛围等方面的体验，我们以物理环境的体验为主体，其包含酒店各个区域温度、湿度、空气清洁度、背景音乐声压、光环境模式等。同样在体验上也有一系列的需求，把体验需求转化成智慧酒店的智慧控制领域，如表 8–1 所示。这些领域的控制，给客人带来了便捷，酒店带来了效益。例如，对酒店客房的温湿度自动控制，既要满足客人的体验舒适度，又要有效控制空调系统的能耗。按标准酒店夏季温控应该在 24℃ ~ 28℃，但酒店可以根据该客人历史体验温控数据进行个性化的控制，如年龄较高的客人在夏天并不需要太低的温度，控制在 27℃ ~ 28℃，这样既满足客人体验需求又能节能减排。对酒店综合能耗（Hotels Comprehensive Energy Consumption）的研究，得出酒店的空调和暖通系统是高能耗的工程系统，对酒店的空调和暖通系统的智能控制，降低其综合能耗是可行并可控的，这样既达到了对客人的个性化服务，又降低了酒店的营运成本。

**表 8–1　酒店智慧控制的主要需求列表**

| 需求方 | 需求 | 酒店工程系统 |
|---|---|---|
| 客人体验 | 温度、湿度 | 空调、暖通系统 |
| | 背景音乐 | 音频系统 |
| | 光照 | 灯光照明系统 |
| | 水温 | 给排水等系统 |
| 酒店管理需求 | 火警探测 | 消防报警系统 |
| | 安防监控 | 视频监控系统 |
| | 客房酒吧计费 | 计费系统 |
| | 客房门禁 | 客房磁卡门禁系统 |
| | 入住登记、结账等 | 酒店管理信息系统 |

（2）酒店楼宇智慧控制。酒店建筑的智慧控制，将涵盖酒店的整个建筑与各个工程技术系统。工程系统之间的联动，相互控制，使酒店具备了集约化的控制，以下进行介绍。

酒店安防系统：这些系统的智能控制，主要体现在安防数据挖掘、智能设别、智能跟踪、云计算的数据比对等领域，这些新技术的应用大大提升了酒店安防的智能化程度，为酒店的安防起到积极作用。

酒店楼宇自控系统：该系统用于酒店客房及公共场所的环境参数自动控制，如温度、湿度、新风、气味、除菌等自动控制，目的是为宾客创造一个舒适、温馨的住宿环境，给宾客优质体验环境。

客房智能化控制系统：酒店客房管理系统行业内通常也成为酒店客房控制系统、酒店客房智能控制系统、酒店客房控制器等，系统主要用于房间的照明、音响、电视控制，服务请求，免打扰设置等。例如当宾客进入客房，室内灯悄然开启，音乐如流水般缓缓播出，智能房卡上显示室内的二氧化碳含量，判断屋里的空气清新程度。

智能通信系统：该系统用于客人对外通信、酒店内部通信交换。良好的通信网络使客人可以进行语言、图像、数据等多媒体信息传递，可开网络会议、视频电话、上网等。使宾客处在一个开放的、便捷的信息社会，即使旅行在外，也和在家一样，有宾至如归的感觉。

酒店视频音频系统：和传统的酒店视频音频系统不同的是，该系统综合信息系统的特点，可以处理各种需求，如录像、回放、编辑和数字处理等。该系统除了有传统的卫星、有线节目外，更为宾客提供及时新闻和娱乐互动节目。

智能商务系统：该系统可以和酒店管理信息系统对接，宾客可以对酒店进行各种信息处理，如预订（订房、订餐）、消费查询、公众信息查询、邮件管理等。

酒店交通系统（电梯）：该系统是综合电梯控制技术和其他系统技术，对酒店交通进行控制，使宾客在酒店移动更加安全和便捷，宾客进入客房区域更加私密和通畅。酒店交通系统会和酒店的门禁系统、管理信息系统交换信息，处理好宾客的服务。

设备能源管理系统：该系统既要保障宾客的舒适度，又要做到智能节能，使酒店的综合能耗得到很好的控制。让酒店既满足宾客的需求和体验，又能使酒店做到低碳高效。

智能会议系统，这个系统的特点就是提供酒店会议声光像智能服务，系统运用现代化的声光像技术，将会议资讯资料及时传递、存储等现代一流的服务。

总之，智慧旅游正在践行和实践中，旅游企业会有许多新的思路和想法，技术厂商会不断推出新的智慧产品、系统和各种运用模式，政府部门会对新技术的应用加以扶植和推广，其目标就是推进旅游行业的发展，为旅游客人得到更好的服务和体验不断努力与前行。

## 第四节　智能高新技术应用

### 一、智能技术的发展

智能高新技术这几年发展迅速，不断渗透到各个领域。旅游行业应用智能高新技术是必然的趋势，也是智慧旅游、智慧酒店应用领域之一。智慧旅游、智慧酒店在更广泛的领域推动了旅游行业的转型升级，并期待战略发展。而在智慧旅游、智慧酒店关键技术之一就是智能技术，智能技术的核心就是人工智能（Artificial Intelligence，AI），人工智能是研究、开发用于模拟、延伸和扩展人的智能的方法、技术及应用系统的一门新的科学。人工智能是计算机科学的一个分支，人工智能一直在探究解智能的实质，并生产出一种新的能以人类智能相似的方式做出反应的智能机器，该领域的研究包括机器人、语言识别、图像识别、自然语言处理和专家系统等。人工智能从诞生以来，技术与理论不断推进，应用领域也不断扩大，可以设想，未来人工智能带来的科技产品，将会是人类智慧的集中展现，是人类智慧的知识库、数据库、运行器、无边界的扩容器等。在智能技术发展过程中，人工智能是核心和关键技术。

1. 人工智能

所谓的人工智能，可以对人的意识、思维的信息过程的模拟。人工智能不是人的智能，但能像人那样思考、也可能超过人的智能。人工智能是一门极富挑战性的科学，从事这项工作的人必须懂得计算机知识、心理学和哲学。人工智能包括十分广泛的科学，它由不同的领域组成，如机器学习，计算机视觉等。总的来说，人工智能研究的一个主要目标是使机器能够胜任一些通常需要人类智能才能完成的智能性的工作。这涉及人类意识（Consciousness）、自我（Self）、思维（Mind）、无意识的思维（Unconscious Mind）等。

人工智能在计算机科学领域得到非常大的发展，许多学者对人工智能给予新的定义与解释。如：人工智能是解决怎样表示知识、怎样获得知识和使用知识的科学。也有人认为，人工智能就是研究如何使计算机去做过去只有人才能做的智能工作。这些说法反映了人工智能学科的基本思想和基本内容，即人工智能是研究人类智能活动的规律，构造具有一定智能的人工系统，研究如何让计算机去完成以往需要人的智力才能胜任的工作，也就是研究如何应用计算机的软硬件来模拟人类某些智能行为的基本理论、方法和技术。人工智能是计算机学科的一个分支，20 世纪 70 年代以来被称为世界三大尖端技术之一（空间技术、能源技术、人工智能）。通过近些年的发展，人工智能已逐步成为一个独立的分支，无论在理论和实践上都已自成一个系统。

人工智能主要是研究使计算机来模拟人的某些思维过程和智能行为（如学习、推理、思考、规划等）的学科，主要包括计算机实现智能的原理、制造类似于人脑智能的计算机，使计算机能实现更高层次的应用。人工智能将涉及计算机科学、心理学、哲学和语言学等学科。可以说几乎是自然科学和社会科学的所有学科，其范围已远远超出了计算机科学的范畴，人工智能与思维科学的关系是实践和理论的关系，人工智能是处于思维科学的技术应用层次，是它的一个应用分支。从思维观点看，人工智能不仅限于逻辑思维，要考虑形象思维、灵感思维才能促进人工智能的突破性的发展，数学常被认为是多种学科的基础科学，数学也进入语言、思维领域，人工智能学科也必须借用数学工具，数学不仅在标准逻辑、模糊数学等范围发挥作用，数学也已进入人工智能学科，它们将互相促进而更快地发展。例如，繁重的科学和工程计算本来是要人脑来承担的，如今计算机不但能完成这种计算，而且能够比人脑做得更快、更准确，因此当代人已不再把这种计算看作“需要人类智能才能完成的复杂任务”，可见复杂工作的定义是随着时代的发展和技术的进步而变化的，人工智能这门科学的具体目标也自然随着时代的变化而发展。

该科学一方面不断获得新的进展，另一方面又转向更有意义、更加困难的目标。

人工智能的具体应用和表现，主要是通过几个世界级的项目给人们以体验。例如，1997 年 5 月，IBM 公司研制的深蓝（Deep Blue）计算机战胜了国际象棋大师卡斯帕洛夫（Kasparov）。人工智能始终是计算机科学的前沿学科，计算机编程语言和其他计算机软件都因为有了人工智能的进展而得以存在。而 2016 年 1 月 28 日，英国《自然》发文称，美国谷歌公司旗下的人工智能（AI）开发商"DeepMind"研发的围棋电脑软件"AlphaGo"（阿尔法围棋）打败了职业棋手，开了全球先河。计算机和人类竞赛在棋类比赛中已不罕见，在三子棋、跳棋和国际象棋等棋类上，计算机都先后完成了对人类的挑战。19 年前，人工智能就在国际象棋的棋盘上打败了人类，人类只好自我安慰说："还好我们还有围棋。"对拥有 2500 多年历史的围棋而言，计算机在此之前从未战胜过人类。围棋看起来棋盘简单、规则不难，纵横各 19 条等距离、垂直交叉的平行线，共构成 19×19=361 个交叉点。比赛双方交替落子，目的是在棋盘上占据尽可能大的空间。再如：2011 年 3 月，以数学模型进行交易，并启用机器人作为"基金经理人"，进入交易程序。仅靠 6 个电脑程序就创造出 1.9% 的回报率，击败了日本最优秀的基金公司。据权威评级数据，在日本投资且交易活跃的基金当月平均亏损率达 6.9%。如此佳绩还得归功于机器人的"无情"。

人工智能发展主要的关键技术是自然语言处理，知识表现，智能搜索，推理，规划，机器学习，知识获取，组合调度问题，感知问题，模式识别，逻辑程序设计软计算，不精确和不确定的管理，人工生命，神经网络，复杂系统，遗传算法等。人工智能所体现的领先的应用领域，机器视觉，指纹识别，人脸识别，视网膜识别，虹膜识别，掌纹识别，专家系统，自动规划，智能搜索，定理证明，博弈，自动程序设计，智能控制，机器人学，语言和图像理解，遗传编程等。

人工智能的研究方法至今没有统一的原理或范式指导人工智能研究。由于是高新技术，许多关键技术上，研究者都存在争论与研究方向。例如：是否应从心理或神经方面模拟人工智能，或者像鸟类生物学对于航空工程一样，人类生物学与人工智能的关系，智能行为可否用逻辑或优化来描述等。

在人工智能发展过程中，有几个关键较为成功的交叉学科进展与应用。

例如：与统计学法的交叉应用，90年代，人工智能研究发展出复杂的数学工具来解决特定的分支问题。这些工具是真正的科学方法，即这些方法的结果是可测量的和可验证的，同时也是人工智能成功的原因。共用的数学语言也允许已有学科的合作，其中有运筹学、经济等。与智能模拟的交叉应用：机器视、听、触、感觉及思维方式的模拟：指纹识别，人脸识别，视网膜识别，虹膜识别，掌纹识别，专家系统，智能搜索，定理证明，逻辑推理，博弈，信息感应与辨证处理。

2. 人工智能实现方法

这里指的人工智能实现方法是指在计算机系统中实现的方法，人工智能在计算机上实现时有两条不同的途径。一是采用传统的编程技术，使系统呈现智能的效果，而不考虑所用方法是否与人或动物机体所用的方法相同。这种方法叫工程学方法（Engineering Approach），这个方向已经在一些领域内做出了成果，如文字识别、电脑下棋等。二是模拟法（Modeling Appoach），这个方法不仅要看效果，还要求实现方法也和人类或生物机体所用的方法相同或相类似。遗传算法（Generic Algorithm，GA）和人工神经网络（Artificial Neural Network，ANN）均属后一类型。遗传算法模拟人类或生物的遗传－进化机制，人工神经网络则是模拟人类或动物大脑中神经细胞的活动方式。为了得到相同智能效果，两种方式通常都可使用。采用前一种方法，需要人工详细规定程序逻辑，如果游戏简单，还是方便的。如果游戏复杂，角色数量和活动空间增加，相应的逻辑就会很复杂，一般按指数式增长，人工编程就非常烦琐，容易出错。而一旦出错，就必须修改原程序，重新编译、调试，最后为用户提供一个新的版本或提供一个新补丁，非常麻烦。采用第二种方法时，编程者要为每一角色设计一个智能系统（一个模块）来进行控制，这个智能系统（模块）开始什么也不懂，就像初生婴儿那样，但它能够学习，能渐渐地适应环境，应付各种复杂情况。这种系统开始也常犯错误，但它能吸取教训，下一次运行时就可能改正，至少不会永远错下去，用不着发布新版本或打补丁。利用这种方法来实现人工智能，要求编程者具有生物学的思考方法，入门难度大一点。但一旦入了门，就可得到广泛应用。由于这种方法编程时无须对角色的活动规律做详细规定，应用于复杂问题，通常会比前一种方法更省力。

## 二、智能管理

智能化管理技术就是能够代替人的脑力劳动的一种技术，它把人的重复性的脑力劳动被计算机所代替。如果大家第一次听到这种论调，会觉得很突然，也很难相信它是真的。因为大脑的处理能力特别强大，特别是要让计算机来处理企业管理问题，更加不可能。企业管理工作涉及的问题更加复杂多变。并且各个企业情况很不相同，在这种情况下，怎样使企业的管理工作被计算化，肯定非常难，即使实现了很多人也不会相信。

但是，智能化管理技术就是这样一种技术，能够代替人从事部分复杂的脑力劳动。例如："神舟"飞船的回归时间管理，飞船飞出去了，飞到宇宙里去又回来了，这本身也是一件非常复杂的事情，是一项系统工程，但为什么发射的时候就能够确信它会按期返回地面，就是因为有一个办法，叫准确计算法，通过这个办法，把各种不确定的问题确定了。不管飞船遇到多大阻力，不管返回地球会多么困难，只要经过计算、反复试验，找到正确的处理办法和应对措施，就能够准确把握事态的发展。经过多次试验，把各种环境可能遇到的各种情况考虑进去，让计算机来计算清楚，就敢于把人放到飞船舱里，让载人飞船在地球上指定位置旋转。保证"神舟"五号顺利归来的根本方法，就是通过各种实验所得出的准确计算方法。也就是说，无论什么事情，无论事情多么复杂，有多少变量等。只要能够找到准确的计算方法，把复杂问题简单化，这种方法能够把问题计算清楚，就可以肯定地知道，这样解决是正确的或是错误的。由于是依据准确计算所得出的结论，因此结论也肯定是正确的和无可辩驳的。除非提出更加准确的计算公式、计算方法。如果真提出了更加准确的计算方法，那就是一大贡献、一大进步，也就出现了新的创新。

与此同时，如果要让机器或让软件来代替人从事脑力工作，只要能为所从事的这项劳动找到准确的判断方法、思考方式或计算公式，能够用数据精确地度量，比如这个企业到底实现利润多少就是经营良好，通过数据描述，把各种情况都考虑了进去，描述就非常清晰了，目标也非常明确。这个结论数据就是一个准确的计算公式或各种准确计算公式的一个组合，有了这个数据，就可以准确地下定论这个公司多少利润才是正常的。

由此可见，智能化的管理技术，首先是要找到回答管理问题的准确计算方法或准确判断方法，这个方法让最专业、最权威的专家看了也没有争议，这个就是在智能管理领域的创新。用这个方法所得出的结论，对事物的分析评价，对决策的建议，是不能怀疑的，是准确的和唯一的。如果怀疑和不同的结论，只有通过准确计算保证“神舟”飞船就能按时回到地球上来，事实告诉我们也是这样。如果“神舟”飞船没有回到地球上，肯定是我们有些情况没有考虑到，只要我们把各种情况都考虑进去，并通过准确计算，确定了它的行动轨迹，即使像发射“神舟”这样非常复杂的工作，我们也能够通过准确计算得到预期的结果。

如果受我们的认识所限，我们现在的知识或经验没有达到能够准确计算的程度，或者我们所面对的不确定因素很多，达不到载人的程度，那么怎么办？需要继续进行模拟、试错试验，把各种因素、情况搞清楚，然后考虑进去，再进行准确计算，我们把这种考虑各种情况、不断穷尽各种情况的方法叫穷尽法。使用穷尽法来完成脑力劳动的最典型例子就是前面提及的“深蓝”机器人，这个机器人的下棋能力，超过了任何国际象棋大师，也就是说，所有国际象棋大师的思维都不及这个机器人。因为它通过和国际象棋大师下棋，不断把大师的高招固化到计算之中，并想出打败大师的对策，也固化进去，通过学习和固化众多象棋大师的高招，最后没有一个国际级大师能够下过“深蓝”。穷尽法是开发智能化管理软件的第二个核心技术。

当我们有了智能化管理技术的时候，使用智能管理和不使用智能管理的企业就完全不一样。这就好像流水生产线，当我们没有发明它的时候，大家生产汽车全靠能工巧匠，各个企业之间的产品质量有差别，但差别不算很大。但如果已经有了流水生产线，使用流水生产线生产汽车，和使用能工巧匠手工生产汽车，无论是在数量方面还是质量方面，均是不在同一个层次的，是没有办法竞争的。只有你上流水生产线，我也上流水生产线，我们才能够平等竞争，然后就看哪一个企业流水生产线更精、更专，生产出来的东西更好。一样的道理，如果把管理决策、判断、思考等脑力劳动的成功做法、思路、判断方法，都被计算机软件固定下来，管理者管理企业，应用经营管理的这个平台，而其他做企业经营管理的时候还是依靠个人的智慧、经验和能力，这两个企业的竞争就不在一个平台上，即企业的决策和管理水平肯定不是在一个档次上，几乎是不可比的。两个企业之间是没有办法竞争的。如果假设

A 企业做出一个分析报告，计算出存货降低 5% 会带来多少利润，只需要 2 分钟，B 企业需要 2 小时。A 企业回答企业经营管理的 12 个问题只需要 5 分钟，B 企业需要 7 天时间。最重要的是，许多问题我能够准确计算、准确回答，而 B 企业又算不清楚或算不准确，那么可以看出 A 企业与 B 企业肯定是不在同一个水平上竞争。

我们再深入讨论智能化中有不同意见时的处置，比如上面提及存货降低 5%，有人计算会带来 100 万元的利润，有人计算会带来 200 万元的资金节约，这是因为不同的人使用不同的计算方法，会得出不同的计算结果。但科学的方法只有一个，我们众多专家经过研究、验证，认为正确的、科学的方法就是这一个。如果不同的方法计算得不准确，而你提出更准确的方法，通过讨论、辩争，通过争论问题就清楚了，如果错了马上修改程序、修改计算公式，这个智能管理的算法又向前走了一步。如果提出新的方法是错误的，就还得使用原来的方法。只有使用正确的方法，才能得出正确的分析判断结论。

由此可见，使用智能化管理技术和不使用智能化管理技术企业之间的差异非常明显。再如，存货增加 1000 万，会带来多少资金缺口，使用智能软件的企业一下子就计算出来了。可动用资金总额是多少，企业要投资，能拿走多少钱不影响正常经营活动，智能软件一点击就算出来了。如果不是这样还要请咨询公司来算，或者咨询公司也算不清楚、算不准确，那就更糟糕了。正是因为有这么多经营管理问题智能化管理软件能够准确回答，使用软件的人和没有使用软件的人的感觉完全不同。使用的人不需要再手工计算，并且还能够计算准确。不使用的人不但不能快速准确地计算清楚，不能准确回答我们要回答的经营问题，而且还在怀疑计算机软件有没有可能做到。

在此需要提出一个关键的思索方法，即自己做不到，并不等于专家做不到。专家做不到，并不等于计算机做不到。在计算机的帮助下，过去我们做不到、不能准确回答的经营管理问题，现在我们可以准确地回答。自己做不到的根本原因，是自己没有一个科学的分析思路和计算方法。如果我们人也计算不清楚，回答不准确，让计算机智能软件来回答清楚，也比较困难。但是，只要我们人能够找到思考问题的正确方法，哪怕是只有一次，大脑比较清醒，把问题给想清楚了，那么只要我们把这个方法记录下来，让计算机智能软件固定下来，那么以后遇到同样的问题，我们就能够正确回答了。只有我们人事先找到分析思路、计算公式，把各种问题考虑全面，固化到计算机之中，这时候计算机所得出的分析结论大家都会服气的。当智能化管理软件把计算、判断、建议等重复性的，过去依靠经验、依靠技巧才能完成的决策工作，固化到计算机智能软件系统中，让计算机来实现的时候，我们人类就获得了解放，我们大多数人就只做过去没有出现、没有遇到过的，需要我们创造新的办法来回答和解决的问题。这个时候，人就会从烦琐的、重复性的脑力劳动解放出来，人就变成了创造性的人，我们的生活习惯、工作方式就会大大改观。

总之，智能化管理技术，就像英特尔的 CPU 一样，能够不断提高，最终达到它的分析判断能力超过任何一个个人。目前，智能化管理技术还仅仅用在企业的经营管理和财务分析之中，随着智能化管理技术的推广、传播，随着科研单位、学校、企业、大家的不断参与和推进，智能化管理技术将会在各个领域开花结果，最终使我们大量的管理劳动让计算机软件完成，使智力产品的质量和工业产品的质量一样，有了设备技术的保证，那么我们“智能化、泽中华”的初衷就一定能够快速实现，中华民族的伟大复兴，也就一定能够快速实现。

## 三、智能技术在旅游行业的应用

近些年我国的旅游业发展迅速，我国实现了从旅游短缺型国家到旅游大国的历史性跨越。“十二五”期间，旅游业全面融入国家战略体系，走向国民经济建设的前沿，成为国民经济战略性支柱产业。前期旅游业大发展为后期的旅游精细化发展奠定了基础，但跨越式、粗框式的发展在目前来看也碰到了发展的瓶颈。如：以我国的酒店行业为例，我国的传统酒店仍然在靠天吃饭，依照目前的科技进步水准与推进力度看，或者未来某一个时期市场发生巨大变化，大多数传统星级酒店可能进一步面临新的挑战，进一步要过苦日子。因为传统的酒店与科技进步不是很默契。2013 年之前，酒店业在讨论酒店发展的时候，基本上交流的是酒店业务要素。如基本局限在这么几个概念，比如说设施、设备、建筑材料、装饰材料等。这些东西构成了我们酒店业的“酒店硬件”。除了关注设备、设施和建筑材料、装饰材料以外，酒店业领导者还关注服务、关注流程、关注服务态度和相关规范等。这些就是我们所说的“酒店软件”。所以评定一个酒店标准就是硬件加软件，好的硬件加好的软件。这个概念在中国酒店业持续非常长的时间，大家认为好的硬件加好的软件就是好的酒店。

但是在今天科技迅速发展的当下，讨论酒店业发展上述的评估标准发生了变化，因为今天产生了许多跟酒店业相关的新的概念与科技应用，比如说大数据、云计算、物联网、定制化问题等。整个住宿业发展过程中科技含量与推进都不以酒店管理层所控制。例如：近些年移动互联网、手机 App 等大量新的概念出现。许多酒店对此的应用，只是被动地接受。再例如：现在 OTA 几乎成了酒店企业的一个大的市场部门或者销售部门了，不幸的是这个销售部门不像传统酒店那样，前台、房务、餐饮部等都归酒店企业总经理管控，这个部门已经独立管理了，所以今天酒店人谈起竞争对手的时候说不清楚是对面的酒店还是在网络上的 OTA。由此我们结论，旅游行业的发展迫切需要高新技术的推动。其中智能高新技术的应用是给我们旅游行业最佳的机遇。

1. 旅游行业高新技术应用

《国务院关于印发“十三五”旅游业发展规划的通知》中明确指出：旅游业发展要产业现代化。要依靠科学技术、文化创意、经营管理和高端人才对推动旅游业发展的作用日益增大。云计算、物联网、大数据等现代信息技术在旅游业的应用更加广泛。产业体系的现代化成为旅游业发展的必然趋势。大力推动旅游科技创新，打造旅游发展科技引擎。推进旅游互联网基础设施建设，加快机场、车站、码头、宾馆饭店、景区景点、乡村旅游点等重点涉旅区域无线网络建设。推动游客集中区、环境敏感区、高风险地区物联网设施建设。

旅游行业要建设旅游产业大数据平台。构建全国旅游产业运行监测平台，建立旅游与公安、交通、统计等部门数据共享机制，形成旅游产业大数据平台。实施“互联网 + 旅游”创新创业行动计划。建设一批国家智慧旅游城市、智慧旅游景区、智慧旅游企业、智慧旅游乡村。支持“互联网 + 旅游目的地联盟”建设。规范旅游业与互联网金融合作，探索“互联网 + 旅游”新型消费信用体系。到“十三五”期末，在线旅游消费支出占旅游消费支出 20% 以上，4A 级以上景区实现免费 Wi-Fi、智能导游、电子讲解、在线预订、信息推送等全覆盖。表 8-2 是旅游信息化推进的具体要求。

表 8-2 我国旅游信息化提升工程具体任务

| 旅游信息化提升工程 |
| --- |
| （一）建设“12301”智慧旅游公共服务平台。建立面向游客和企业的旅游公共服务平台，完善旅游公共信息发布及资信平台、旅游产业运行监管平台、景区门票预约与客流预警平台、旅游大数据集成平台。<br>（二）建设旅游行业监管结合平台。完善旅游团队服务管理系统、导游公共服务监管平台、旅游质监执法平台、旅游住宿业标准化管理信息系统、旅行社网上审批系统、旅游志愿者服务管理信息平台、旅游诚信网等。<br>（三）建设旅游应急指挥体系。建立覆盖主要旅游目的地的实时数据和影像采集系统，建立上下联通、横向贯通的旅游网络数据热线，实现对景区、旅游集散地、线路和区域的突发事件应急处理及客流预测预警。<br>（四）建设旅游作息化标准体系。建成涵盖旅游服务业态、信息数据、技术体系等在内的旅游信息化标准体系。<br>（五）建设国家旅游基础数据库。建立旅游统计年鉴数据库、旅游企事业直报数据库、国内旅游抽样调查基础数据库、入境花费调查基础数据库、国际旅游基础数据库、旅游产业基础数据库。 |

2. 旅游行业人工智能的应用

在旅游行业高新技术应用中，我们必须非常重视人工智能的应用。《国务院关于印发新一代人工智能发展规划的通知》中指出：人工智能的迅速发展将深刻改变人类社会生活、改变世界。为抢抓人工智能发展的重大战略机遇，构筑我国人工智能发展的先发优势，加快建设创新型国家和世界科技强国。为此各个行业应该努力抓住这个机遇。

在应用上有几个主要问题需要我们把握，一是战略态势：人工智能发展进入新阶段。经过60多年的演进，特别是在移动互联网、大数据、超级计算、传感网、脑科学等新理论新技术以及经济社会发展强烈需求的共同驱动下，人工智能加速发展，呈现出深度学习、跨界融合、人机协同、群智开放、自主操控等新特征。大数据驱动知识学习、跨媒体协同处理、人机协同增强智能、群体集成智能、自主智能系统成为人工智能的发展重点，受脑科学研究成果启发的类脑智能蓄势待发，芯片化硬件化平台化趋势更加明显，人工智能发展进入新阶段。当前，新一代人工智能相关学科发展、理论建模、技术创新、软硬件升级等整体推进，正在引发链式突破，推动经济社会各领域从数字化、网络化向智能化加速跃升。二是我们在这个领域的地位：我国发展人工智能具有良好基础。国家部署了智能制造等国家重点研发计划重点专项，印发实施了“互联网 +”人工智能三年行动实施方案，从科技研发、应用推广和产业发展等方面提出了一系列措施。经过多年的持续积累，我国在人工智能领域取得重要进展，国际科技论文发表量和发明专利授权量已居世界第二，部分领域核心关键技术实现重要突破。语音识别、视觉识别技术世界领先，自适应自主学习、直觉感知、综合推理、混合智能和群体智能等初步具备跨越发展的能力，中文信息处理、智能监控、生物特征识别、工业机器人、服务机器人、无人驾驶逐步进入实际应用，人工智能创新创业日益活跃，一批龙头骨干企业加速成长，在国际上获得广泛关注和认可。加速积累的技术能力与海量的数据资源、巨大的应用需求、开放的市场环境有机结合，形成了我国人工智能发展的独特优势。目前科技公司已经推出酒店企业应用的机器人，如图 8-14 所示。

**图 8-14　科技公司推出的第一代酒店机器人**

同时，也要清醒地看到，我国人工智能整体发展水平与发达国家相比仍存在差距，缺少重大原创成果，在基础理论、核心算法以及关键设备、高端芯片、重大产品与系统、基础材料、元器件、软件与接口等方面差距较大；科研机构和企业尚未形成具有国际影响力的生态圈和产业链，缺乏系统的超前研发布局；人工智能尖端人才远远不能满足需求；适应人工智能发展的基础设施、政策法规、标准体系亟待完善。面对新形势新需求，必须主动求变应变，牢牢把握人工智能发展的重大历史机遇，紧扣发展、研判大势、主动谋划、把握方向、抢占先机，引领世界人工智能发展新潮流，服务经济社会发展和支撑国家安全，带动国家竞争力整体跃升和跨越式发展。智能技术应用与旅游业发展的关系：智能技术的发展与应用是对旅游行业战略发展的最佳机遇，旅游行业应该清醒地认识到并为此行动。我们旅游行业要把握人工智能技术属性和社会属性高度融合的特征。既要迎合人工智能研发和应用力度，最大限度应用发挥人工智能潜力；又要预判人工智能对旅游行业的挑战，协调产业政策、创新政策与社会政策，实现激励发展与合理规制的协调，积极应对智能高新技术对旅游行业的战略影响。图 8–15 是酒店机器人应用的四大关键技术层。

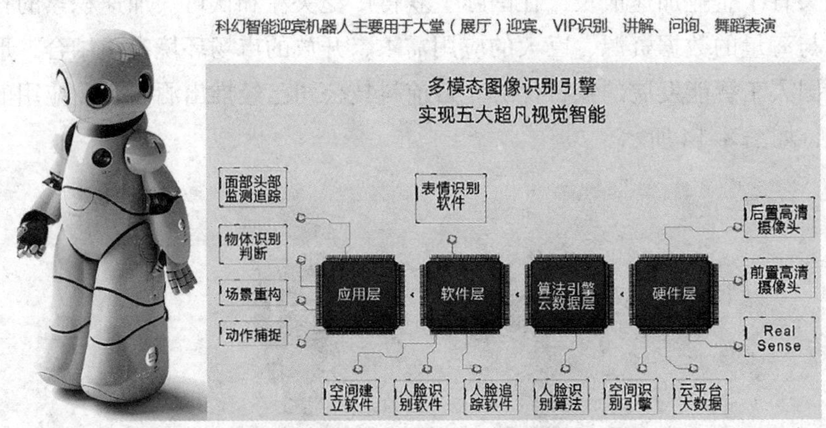


图 8–15　酒店应用机器人的四大关键技术层

3. 行业应用智能技术方向

旅游行业要面对智能技术的挑战与机遇，目前旅游行业应该做好以下几个领域的工作：

第一，建立智库要汇集旅游行业与行业外高级智库力量，为分析与研究旅游行业应用智能技术打下基础，引领行业在该领域的发展研究。

第二，智能技术对旅游行业的应用研究。开展对智能技术在旅游行业、酒店行业的落地应用，研究其发展方向、领域、效能等，为行业的全方位应用打下基础。

第三，旅游产业对智能技术的应用规划。要联合相关科技院所、科技公司、旅游企业、酒店集团（包括国际酒店集团）、OTA 等进行人工智能在旅游行业、酒店行业设计与规划，使人工智能的应用具有引领性与实操性。

第四，搭建智能技术建设能力评估平台。对智能技术的应用不能停留在理念、思路上，对前期的应用要有反馈。这样必须建立智慧旅游、智慧酒店、智能技术应用的检测与评估平台，使技术的应用有评估，对技术应用有反馈与控制。使得智能高新技术的应用发挥实际与可复制的效用。

第五，搭建旅游行业信息平台与智能平台。开展对物联网、云平台、大数据、智能终端设备、互联网进行学术、技术、经济效能等全方位在旅游行业应用研究。这方面必须有团队的组织、联合团队，开展多方位的研究，大力推动智能化信息基础设施建设，提升传统基础设施的智能化水平，形成适应智能经济、智能社会和旅游建设需要的基础设施体系。加快推动以信息传输为核心的数字化、网络化信息基础设施，向集融合感知、传输、存储、计算、处理于一体的智能化信息基础设施转变。优化升级网络基础设施，应用第五代移动通信（5G）系统，完善物联网基础设施，加快天地一体化信息网络建设，提高低时延、高通量的传输能力。统筹利用大数据基础设施，强化数据安全与隐私保护，为人工智能研发和广泛应用提供海量数据支撑。建设高效能旅游计算基础设施，提升旅游计算中心对人工智能应用的服务支撑能力。建设分布式高效能源互联网，形成支撑多能源协调互补、及时有效地接入新型能源网络，推广智能储能设施、智能用电设施，实现能源供需信息的实时匹配和智能化响应。平台的搭建将为旅游行业的发展起到关键作用。如：酒店集团搭建的能耗控制平台，为酒店集团节能减排打下基础。图 8–16 是某酒店集团构建运行的酒店能耗数据采集平台。

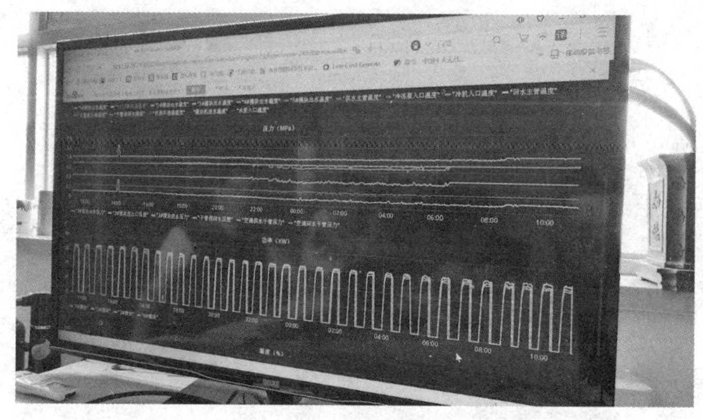

**图 8–16　某酒店集团工程系统能耗控制平台**

第六，智能高技术应用的教育。面对智能高新技术的发展与应用，大学教学教育一定要先行与引领，要培养适合时代发展的新生代，培养新的技术力量。为旅游行业发展服务，实现旅游发展的战略发展。旅游教育要把高端人才队伍建设作为人工智能发展的重中之重，坚持培养和引进相结合，完善人工智能旅游教育体系，加强旅游人才储备和梯队建设，特别是加快引进全球顶尖人才和青年人才，形成我国旅游人工智能人才高地。培育高水平人工智能创新人才和团队。支持和培养具有发展潜力的人工智能领军人才，加强人工智能基础研究、应用研究、运行维护等方面专业技术人才培养。重视旅游复合型人才培养，重点培养贯通人工智能理论、方法、技术、产品与应用等的纵向复合型人才，以及掌握“人工智能+”旅游经济、旅游信息化横向复合型人才。通过重大研发任务和基地平台建设，会聚旅游人工智能高端人才，在若干旅游人工智能重点领域形成一批高水平创新团队。鼓励和引导旅游国内创新人才、团队加强与高端人工智能研究机构合作互动。

总之，智慧旅游是行业发展的方向，也是智慧城市有机的组合，是国家战略发展的需要与实践。通过智慧旅游、智能高新技术的应用为旅游行业战略发展而为之。

# 参考文献

[1] 黄崎，康建成，黄晨皓．基于传感器网络的智慧酒店系统研究［J］．计算机时代，2015, 277（7）：7–12.
[2] 李臻，朱进．智慧酒店——酒店产品升级换代的必然趋势［J］．镇江高专学报，2013（1）.
[3] 蔡蓉蓉．智慧酒店人才培养机制探讨［J］．江苏科技信息，2014（20）.
[4] 程巍．基于信息化的旅游管理专业课程建设改革［J］．现代商贸工业，2014（10）.
[5] 杨宏．大数据与智慧酒店管理［J］．科技创新与应用，2015（19）.
[6] 李云鹏，胡中州，黄超，段莉琼．旅游信息服务视阈下的智慧旅游概念探讨［J］．旅游学刊，2014（5）.
[7] 张凌云，黎巎，刘敏．智慧旅游的基本概念与理论体系［J］．旅游学刊，2012（5）.
[8] 颜敏．智慧旅游及其发展——以江苏省南京市为例［J］．中国经贸导刊，2012（20）.
[9] 王清荣，秦胜忠．智慧旅游与桂林国际旅游胜地核心竞争力的提升［J］．社会科学家，2014（5）.
[10] 姚国章．“智慧旅游”的建设框架探析［J］．南京邮电大学学报（社会科学版），2012（2）.
[11] 王海洋，郭星．基于语音识别的智慧旅游系统研究［J］．计算机技术与发展，2015（5）.
[12] 李锦．“智慧旅游”新兴产业对高职院校旅游专业人才培养的影响［J］．天津职业院校联合学报，2013（9）.
[13] 王格．智慧旅游背景下高职旅游专业人才培养模式探讨［J］．天津职业大学学报，2014（5）.
[14] 旅游饭店星级的划分与评定（GB/T 14308—2010）．中华人民共和国国家标准［S］.
[15] 黄崎，康建成，等．酒店业碳排放评估与节能减排潜力研究［J］．资源科学，2014, 36（5）：1013–1020.
[16] 汪澄，龚玲，等．IEEE802. 11e 基于竞争的信道访问机制性能分析［J］．计算机工程，2006, 32（6）：124–126.
[17] 王淑玲，李云．电子商务时代酒店微博营销分析［J］．电子测试，2016（8）.
[18] 贝宇倩．酒店微博营销效果影响因素及效果评估研究［D］．杭州：浙江工商大学，2015.

[19] 王晓芝 . 酒店类微信公众账号营销模式研究［D］. 北京：首都经济贸易大学，2015.
[20] 郝丽洁 . 凯悦酒店网络营销策略研究［D］. 北京：北京交通大学，2015.
[21] 高源，张桂刚 . 基于大数据的网络营销对策研究［J］. 湖北经济学院学报（人文社会科学版），2014（2）.
[22] 王丽萍 . 微信：精准营销的新式武器——基于消费者调查的实证分析［J］. 出版广角，2014（2）.
[23] 齐超 . 你所不知道的微营销［J］. 中国商贸，2014（1）.
[24] 姜媛媛 . 网络环境下经济型酒店消费者购买行为研究［D］. 大连：东北财经大学，2014.
[25] 邱诗雨，吴思，毛秀利 . 微博与微信营销能力比较与未来预期［J］. 中国商贸，2013（7）.
[26] 陈丽荣，施慧 . 主题酒店微营销 SWOT 分析［J］. 城市地理，2015（2）.
[27] 谷慧敏，郭帆 . 基于信息技术的饭店服务创新研究［J］. 北京第二外国语学院学报，2013（1）.
[28] 黄崎 . 酒店工程技术应用与管理［M］. 上海：上海交通大学出版社，2015（3）.
[29] 陈为新，黄崎，杨荫稚 . 酒店管理信息系统教程 -Opera 系统应用（第二版）［M］. 北京：中国旅游出版社，2016（2）.
[30] 贾秋玲 . 电子商务视角下的主题式酒店营销策略创新［J］. 价格月刊，2014（7）：52-55.
[31] 徐蓉艳 . 酒店移动电子商务平台的构建探析［J］. 开封教育学院学报，2014（3）：283-284.
[32] 曲振涛，周正，周方召 . 网络外部性下的电子商务平台竞争与规制——基于双边市场理论的研究［J］. 中国工业经济，2010, 12（4）：120-129.
[33] 罗新星，等 . 电子支付系统的安全性研究及其设计［J］. 武汉理工大学学报（信息与管理工程版），2009, 25（1）：45-481.
[34] 代晓红 . 基于 SSL 协议的电子商务安全性分析［J］. 工业技术经济，2013, 23（6）：101-102.
[35] 柯新生 . 网络支付与结算［M］. 北京：电子工业出版社，2011, 50（3）：78-79.
[36] 于平，逯燕玲 . 我国旅游电子商务模式创新研究与平台设计［J］. 计算机与现化，2011,（7）：179-182.
[37] 陈璐 . 我国旅游电子商务的发展现状及对策分析［J］. 中国商贸，2012（2）：125-126.
[38] 李俊楼，马卫 . 我国旅游业电子商务发展现状及策略分析［J］. 电子商务，2013（9）：28-30.
[39] 刘文江 . 旅游电子商务现状及其发展研究［J］. 人民论坛：中旬刊，2012（6）：56-57.

[40] 陈露 . 西部旅游电子商务的发展状况及对策研究 [ J ] . 现代经济信息 , 2013 ( 7 ) : 210.

[41] 曾媛 , 兰宗宝 , 思利华 , 等 . 大数据时代背景下我国乡村旅游电子商务系统发展的 SWOT 分析 [ J ] . 南方农业学报 , 2014, 45 ( 8 ) : 1498–1506.

[42] 彭生顺 , 王寅宇 . 基于移动 SNS 的旅游电子商务发展问题分析与趋势预测 [ J ] . 电子商务 , 2015 ( 1 ) : 32–33.

[43] 王国锋 . 酒店企业电子商务发展的制约因素分析 [ J ] . 商场现代化 , 2014, 12 ( 9 ) : 175–176.

[44] 丁喜纲 , 毕军涛 , 林立巧 . 对 Web2. 0 模式下酒店电子商务的思考 [ J ] . 山东商业职业技术学院学报 , 2014, 8 ( 2 ) : 97–100.

[45] 余志山 . 酒店企业电子商务的应用价值 [ J ] . 决策与信患 ( 下旬刊 ) , 2014, 10 ( 2 ) : 114–116.

[46] 贾丽飞 . 我国移动电子商务运营模式分析与发展对策探讨[ J ]. 经营管理者 , 2015( 2 ): 294.

[47] 谭小燕 . 广西中小企业电子商务发展策略 [ J ] . 商场现代化 , 2014 ( 2 ) : 58–59.

[48] 刘玉军 , 杨晔 . 我国移动电子商务运营模式分析与发展对策研究 [ J ] . 情报科学 , 2014 ( 4 ) : 122–125.

[49] 盛革 , 蔡华盛 . 移动电子商务价值链研究——— 以中国移动应用商场为例 [ J ] . 肇庆学院学报 , 2013 ( 1 ) : 17–22.

[50] 李庆艳 , 金铎 . 移动电子商务发展趋势探讨 [ J ] . 电信科学 , 2011 ( 6 ) : 6–13.

[51] 艾瑞咨询 . 中国酒店网络销售渠道报告 2011–2012 [ EB/OL ] . http: www. ireasearch. com. cn/Report/1770. html, 2012–09–17.

[52] 丁宁 . 悠哉旅游网 : 要做最大的“在线旅行社”[ N ]. 中国旅游报 , 2011–10–10( 009 ).

[53] 董志文 , 张军 . 对酒店计算机信息管理系统的分析与展望 [ J ] . 海岸工程 , 2010.

[54] 巫宁 . 旅游电子商务理论与实务 [ M ] . 北京 : 中国旅游出版社 , 2013.

[55] 王振 , 侯功显 . 我国酒店电子商务体系构建研究 [ J ] . 湖北经济学报 , 2015.

[56] 吕萍 . 我国酒店行业网络营销研究[ J ]. 湘潭师范学院学报( 社会科学版 ), 2009( 4 ): 99–100.

[57] 彭磊 , 陈妍 . 酒店营销技巧的创新思考 [ J ] . 旅游纵览 ( 下半月 ) , 2013 ( 1 ) : 66.

[58] 唐代剑 , 黎彦 . 体验经济背景下酒店营销策略创新 [ J ] . 江苏商论 , 2009 ( 12 ) : 36–38.

[59] 欧阳驹 , 章卓尔 . 体验经济背景下酒店营销创新探讨 [ J ] . 中国商贸 , 2010 ( 2 ) : 135–136.

[60] 董超群 . 基于我国旅游电子商务瓶颈问题的对策研究 [ J ] . 商业经济 , 2007 ( 10 ) : 114.

[61] 雷霖 . 论基于个性化定制的旅游电子商务网站设计 [J]. 中国西部科技 , 2007 (6): 51–52.

[62] 冯英健 . 网络营销基础与实践 [M]. 3 版 . 北京 : 清华大学出版社 , 2007: 68–75.

[63] 程丛喜 , 向兰 , 耿鹏飞 . 我国酒店业网络营销的现状及策略研究 [J]. 武汉工业学院学报 , 2010 (1).

[64] 沈立真 , 姜华 . 酒店业电子商务的优势与不足 [J]. 商场现代化 , 2008 (32).

[65] 夏利华 . 公寓酒店电子商务运营模式的探索研究 [J]. 商场现代化 , 2014 (2): 70.

[66] 王会娟 . 浅议电子商务在我国酒店管理中的应用 [J]. 商场现代化 , 2014 (3): 63.

[67] Zhao Qinglin, Tsang D H K. An Equal-spacing-based Design for QoS Guarantee in IEEE802. 11e HCCA Wireless Networks [J]. IEEE Transactions on Mobile Computing. 2008, 7 (12): 1474–1490.

[68] Zhang Wei, Sun Jun, Liu Jing, et al. Performance Analysis of IEEE802. 11e EDCA in Wireless LANs [J]. Journal of Zhejiang University Science A, 2007, 8 (1): 18–23.

[69] Putra E H, Supriyanto E, Din J B, et al. Cross Layer Design of Wireless LAN Based on H. 264/SVC and IEEE802. 11e [C] // Proc. Of International Conference on Electrical Engineering and Informatics. Bangung, Indonesia: IEEE Press, 2011.

[70] Abito, J. M. and Julian Wright. Exclusive Dealing with Imperfect Downstream Competition [J]. International Journal of Industrial Organization, 2008, 26 (1): 227–246.

[71] Michal Rappa. Managing the digital enterprise business models on the web [EB/OL]. http: //digitalenterprise. org/models/models. html, 2011–2–20.

项目策划：孙妍峰
责任编辑：孙妍峰
责任印制：谢 雨
封面设计：何 杰

图书在版编目（CIP）数据

旅游电子商务基础 / 黄崎，杜鑫可主编 . -- 北京：中国旅游出版社，2018.6（2019.11 重印）

旅游电子商务系列规划教材

ISBN 978-7-5032-6032-2

Ⅰ . ①旅… Ⅱ . ①黄… ②杜… Ⅲ . ①旅游业—电子商务—高等学校—教材 Ⅳ . ① F590.6-39

中国版本图书馆 CIP 数据核字 (2018) 第 110553 号

书 名：旅游电子商务基础

作 者：黄崎 杜鑫可主编
出版发行：中国旅游出版社
（北京建国门内大街甲9号 邮编：100005）
http://www.cttp.net.cn E-mail:cttp@mct.gov.cn
营销中心电话：010-85166536
排 版：北京旅教文化传播有限公司
经 销：全国各地新华书店
印 刷：北京明恒达印务有限公司
版 次：2018年6月第1版 2019年11月第2次印刷
开 本：720毫米×970毫米 1/16
印 张：15.5
字 数：248千字
定 价：39.80元
ISBN 978-7-5032-6032-2